Juan Felipe Toruño en dos mundos

Análisis crítico de sus obras

Rhina Toruño-Haensly

Editoras *y*

Ardis L. Nelson

www.cbhbooks.com

Managing Editors: Manuel Alemán and Priscilla Colón
Designer and Illustrator: David Lara

Published in the United States by CBH Books.
CBH Books is a division of Cambridge BrickHouse, Inc.

Cambridge BrickHouse, Inc.
60 Island Street
Lawrence, MA 01840 U.S.A.

Library of Congress Catalog No. 2006018268
ISBN 1-59835-011-0

First Edition

Printed in Canada
10 9 7 8 6 5 4 3 2 1

Dedicatoria:

A mi esposo Paul Haensly, a mis hermanos, hijos, nietos, a la memoria de mis padres Juan Felipe y Juanita Contreras de Toruño, y a mis estudiantes de literatura de la Universidad de Texas del Permian Basin.

Rhina Toruño-Haensly

A la memoria de mi padre Louis Orvil Nelson (1914-2003).

Ardis L. Nelson

Índice

I Narrativa

II Poética

III Historiografía

IV Mentor y forjador de generaciones literarias

V Análisis lingüístico de sus obras

Agradecimientos:

Agradecemos de corazón a la administración y al personal de las respectivas universidades donde trabajamos por su apoyo moral y económico para poder concretizar el sueño de la publicación de esta colección de ensayos dedicada a la obra de un hombre que puso su vida al servicio de la juventud salvadoreña y centroamericana.

En la Universidad de Texas del Permian Basin, reconocemos especialmente al Rector Dr. David Watts; al Provost y Vice-Rector de Asuntos Académicos, Dr. William Fannin; al Dr. Jay Tillapaugh, Director del Programa de Investigaciones; al Dr. James Olson, ex Decano de la Facultad de Artes y Ciencias; a la Dra. Lois Hale, actual Decana de la misma Facultad; y a la Fundación Kathlyn Cosper Dunagan.

En la Universidad Estatal del Este de Tennessee (ETSU), reconocemos al Dr. Donald Johnson, ex Decano de la Facultad de Artes y Ciencias; al Dr. Gordon Anderson, actual Decano de la misma Facultad; y al jefe del Departamento de Idiomas Extranjeros, Dr. Kenneth Hall, por su apoyo en los viajes de investigación a Centroamérica. También le agradecemos a la Dra. Kelly Hensley, quien nos ayudó en la búsqueda de textos en la Biblioteca Sherrod de ETSU.

Agradecemos a la estudiante graduada en ETSU, María Julia Pestalardo, por su diligencia y dedicación en la preparación del manuscrito.También a la estudiante graduada de UTPB, Maricela Tapia de Armendariz, por haber colaborado eficientemente en las revisiones finales del manuscrito.

Rhina Toruño-Haensly
Odessa, Texas

Ardis L. Nelson
Johnson City, Tennessee

22 de febrero de 2006

Prefacio

Con mucho placer escribo estas palabras preliminares para una colección de ensayos en honor al maestro Juan Felipe Toruño, uno de los verdaderos pioneros de las letras centroamericanas y de esa disciplina que hoy llamamos centroamericanismo. Cuando los países del istmo estaban luchando por definirse como naciones, cuando los escritores centroamericanos tenían que publicar sus obras en ediciones privadas porque no había editoriales comerciales, cuando no se pensaba en historia de la literatura centroamericana porque su misma vigencia era cuestionada, Juan Felipe Toruño estaba enfrascado en sentar las bases de nuestra historiografía literaria. Su actividad febril como poeta nos enseñó que la poesía era una profesión de tiempo completo, que había que dedicarse a ella por entero, día a día, cultivando el oído y la imaginación. Su narrativa nos infundió confianza en la capacidad de América Central como materia narrable, como epicentro de una épica valiosa. Pero es sobre todo su trabajo como historiador de la literatura, como gestor cultural, y como crítico literario, lo que estableció en la primera mitad del siglo XX, las bases históricas sobre las que hemos ido construyendo la actual historiografía centroamericana.

En sus novelas, Toruño exploró lo desconocido y la realidad, las creencias ancestrales y las filosofías orientales, las condiciones del campo y de la incipiente ciudad. Fue novelista en un territorio donde poco se había novelado. En sus páginas demostró que el ambiente rural de Centroamérica no tenía que ser ajeno al cosmopolitismo de la modernidad, y que los centroamericanos teníamos mucho que decir al mundo, si mirábamos a nuestro interior.

Demostró en sus cuentos que dominaba el lenguaje popular

y campesino, y que no había que escribir como el diccionario de la Real Academia Española para crear obras que aspiraran a la universalidad y a la verdad. Su poesía confirmó lo mejor del Modernismo, acentuó la espiritualidad y la filosofía del centroamericano de la primera mitad del siglo XX, pero también experimentó con las nuevas poéticas, se aventuró en el vanguardismo, y sobre todo supo ver la riqueza de los cambios que estaba viviendo.

Es como crítico literario y como historiador de la literatura que Juan Felipe Toruño estableció escuela, ya que su obra es un ejemplo de visión crítica, de dedicación a la silenciosa labor del arqueólogo de la literatura, que se dedica a recoger datos, publicaciones, opiniones y lecturas de los escritores de su tiempo, y de los que le precedieron. Juan Felipe Toruño tiene una visión progresista, mira a la literatura desde la periferia, se interesa por las rupturas, por los cambios, por la diferencia. Desde su *Desarrollo* literario en El Salvador, pasando por sus *Desterrados*, sin olvidar sus antologías y estudios particulares, tenemos una labor seria e imprescindible para el trabajo que se está haciendo hoy en día. Una colección de ensayos como la presente, con críticos de primera categoría y ensayos ejemplares, es el mejor homenaje que le podemos rendir a un hombre que con su ejemplo y su obra nos mostró el camino que debemos seguir.

Nicasio Urbina

Tulane University, julio de 2004

Cronología

1898 Nace, el 1.ro de mayo en el barrio San Felipe de la ciudad de León, Nicaragua. Sus padres fueron Doña Leonor Toruño y José del Carmen Estrada. Sus hermanos por parte de la madre y el padre fueron Agenor, Antonio y Francisco. Por parte del padre, Herminia y Edmundo, y por parte de la madre, Francisco.

1910 Suspende la escuela secundaria con los Hermanos Cristianos y acepta la posición de maestro en una escuela en Posoltega.

1911 Se inscribe en el ejército liberal en contra de la intervención militar norteamericana en Nicaragua.

1916 Asiste a los funerales de Rubén Darío, y por esa fecha comienza a escribir poemas.

1917 Es aprendiz en el taller de talabartería y zapatería de don Julio Portocárrero.

1919 Año en que fundó la revista *Darío*

1921 Primer premio en el Concurso de poesía para principiantes en León, Nicaragua.

1922 Se publica su primer poemario, *Senderos espirituales*.

1923 Toruño vende la revista *Darío*, que había publicado 69 números, abandona el país y se dirige a Cuba para trabajar en la revista *El Fígaro*, en La Habana. Debido a un naufragio se queda en El Salvador donde trabaja como redactor columnista del *Diario del Salvador*.

1924 Se publica su segundo poemario en San Salvador: *Ritmos de vida*.

1925 Jefe de redacción del diario *El Día* y redactor de *Diario Latino*. Ingresa en el Ateneo Nacional de El Salvador. Es nombrado Venerable Maestro de la Logia Masónica.

1928 Se publica *La mariposa negra*, su primera novela, la cual es autobiográfica. La acción se desarrolla en León y se refiere a Cidha Villaseñor, su amor de los años adolescentes, quien muere de amor cuando la familia le impide su relación con Toruño. Él le promete recordarla siempre, promesa que cumple, pues le dedica un poema en cada aniversario de su muerte, hasta el último año de su vida.

1929 Sin dejar *Diario Latino*, empieza como director de *Diario Ahuachapán*.

1930 Inicia en El Salvador la misma labor de proselitismo literario que realizó en Nicaragua, llegando a ser considerado promotor de generaciones de escritores.

1935 Se publica la novela *El silencio*, y el poemario "Tríptico de vida".

1936 Recibe un premio en el Concurso de Sonetos Iberoamericanos en Argentina por "Tríptico de vida", incluido en *El libro de los 1001 sonetos*, de Héctor F. Miri.

1938 En el Concurso del Libro Americano, auspiciado por el Ministerio de Educación en Matanzas, Cuba, *El silencio* gana el primer premio de novela. Y su poema "Hacia el sol" también es premiado. Publica *Los desterrados*, Tomo I, un libro de historiografía literaria. Es condecorado con el Hollín de Oro por el Ateneo de El Salvador. El Ministerio de Cultura de El Salvador le confiere el título de Profesor de Castellano, Lenguaje y Literatura.

1939 Se publica *La Nicaragua de hoy*, crónicas. Recibe la Medalla Rubén Darío del Círculo Intelectual Rubén Darío en León, Nicaragua. Asume la Secretaría General del Ateneo de El Salvador.

1940 Se publica *Hacia el sol*, poemario. Nelson Rockefeller lo nombra Director del Instituto de Coordinación Internacional en El Salvador.

1940-1946 Miembro del Consejo Directivo de la Asociación Internacional de Prensa, Montevideo, Uruguay.

1940-1950 Presidente del Ateneo de El Salvador.

1941 Se publica *Vaso espiritual.*

1942 Se publica *Los desterrados*, Tomo II, libro de historiografía literaria. Se publica el ensayo "Walt Whitman, bíblico, futurista poeta de América".

1944 Se publica *Raíz y sombra del futuro*, poemario.

1945 Gana el Premio Hernández Catá por el cuento "Chupasangre" en La Habana, Cuba.

1946 Se publica *Arcilla mística*, poemario.

1947 Se publica *De dos tierras*, libro de cuentos. Defensor del idioma castellano ante la amenaza de eliminarse de las sesiones de trabajo de la ONU.

1948 Se publica *Huésped de la noche*, poemario.

1949 Ofrece conferencias en Tegucigalpa, invitado por el PEN Club y la Asociación de Escritores y Periodistas de Honduras.

1950 Se publica *El introvertismo en poesía*, ensayo. Gira por la América del Sur. Aceptó invitaciones para dar conferencias sobre literatura en las universidades y ateneos de América Latina. Condecorado como Caballero del Pensamiento Latinoamericano de la Asociación Libertadora Americana del Sur, en Buenos Aires, Argentina.

1951 Se publica *Un viaje por América*, crónicas. Doctor Honoris Causa de la Universidad Nacional Autónoma de Nicaragua.

1952 Se publica *Órbita de sonetos*, poemario, y *Los desterrados*, Tomo III, libro de historiografía literaria. Es nombrado Caballero de la Orden de Vasco Núñez de Balboa, en Panamá.

1953 Se publica *Poesía negra*, libro de crítica con antología. El Consejo Superior Universitario de la Universidad Nacional de El Salvador aprueba la creación de la Cátedra de Literatura Latinoamericana y su nombramiento como profesor titular de la universidad.

1955 Se publica *Ciudad dormida*, crónicas.

1957 Recibe el Primer Premio República de El Salvador en el Certamen Nacional de Cultura 1957, por *Desarrollo Literario de El Salvador. Ensayo cronológico de generaciones y etapas de las letras salvadoreñas.*

1958 Se publica *Desarrollo Literario de El Salvador. Ensayo cronológico de generaciones y etapas de las letras salvadoreñas.*

1959 Se publica el ensayo "Una sucinta reseña de las letras nicaragüenses en 50 años: 1900-1950" en *Panorama das Literaturas das Americas*, Tomo III. Nueva Lisboa, Angola, Portugal.

1960 Premio de Crítica Internacional por el Consejo del Escritor Argentino. Nombrado Periodista Distinguido por la Asociación de Periodistas de El Salvador.

1965 Se publica "Historia y tiempo", ensayo en *Diario Latino*. Recibe la medalla Miguel Larreynaga, máxima condecoración de la Mui noble i legal civdad de Santiago de León de los Caballeros, León, Nicaragua.

1967 Condecorado con la Cruz de Comendador por la Orden Rubén Darío, Managua, Nicaragua.

1968 Recibe la Medalla Francisco Núñez Arrué, como Periodista Distinguido del Club de Prensa en San Salvador.

1969 Se publica el libro *Gavidia entre raras fuerzas étnicas de su obra y de su vida*. Recibe la Gran Placa de Oro de la Orden José Madriz, en León, Nicaragua; la Llave de Oro de la Ciudad de Chinandega, Nicaragua; y la Medalla del Centenario de la Guardia de Honor, Rubén Darío.

1976 Se publica la segunda edición de *El silencio*.

1977 Se publica *Poemas andantes*, libro de ensayos sobre literatura europea y oriental.

1980 Muere el 31 de agosto en San Salvador, El Salvador.

Introducción

Esta colección de ensayos analíticos sobre la obra narrativa, lírica y de historiografía literaria de Juan Felipe Toruño constituye un homenaje al mismo. El legado que Toruño ha dejado es tan prolífico a nivel literario y humano que la respuesta a nuestro llamado para este volumen no se hizo esperar; los ensayos recibidos y aprobados provienen de poetas y académicos de diversos países, entre ellos Alemania, Canadá, Cuba, Francia, El Salvador, Estados Unidos, Nicaragua, Perú y Venezuela.

En esta introducción se ofrece un retrato de Juan Felipe Toruño como profesional de las letras y promotor de generaciones de poetas y escritores. También se presentan algunos datos biográficos, relatando algunas anécdotas familiares.

Toruño nació el primero de mayo de 1898 en la ciudad de León, Nicaragua. Desde joven fue muy independiente. A la edad de doce años, abandonó la escuela secundaria de los Hermanos Cristianos de San Juan Bautista de la Salle en León y aceptó una posición de maestro en una escuela primaria en Posoltega. A partir de allí comenzó su vida independiente. Contaba que a veces visitaba a sus tías. Un día que no había ingerido alimento, ellas lo invitaron a comer, sin embargo él no aceptó, no quería que supieran las dificultades por las que él atravesaba, se negaba a contarles "que no estaba en un lecho de rosas" como dijo Cuauhtémoc a su compañero de tormento, cuando Hernán Cortés le quemaba los pies por negarse a entregarle el tesoro que suponía escondían los aztecas.

En 1911, siendo todavía adolescente, Toruño mostró su tendencia liberal al enlistarse en el ejército para defender la constitucionalidad del presidente José Madriz, derrocado por el general Juan José Estrada, quien recibió apoyo de los Estados Unidos. Se escondió en la selva nicaragüense por seis meses. Regresó a León descalzo y cubierto de harapos. Contaba que su fusil era más alto que él. Esta experiencia en la selva le proporcionó el material y el escenario para su novela cumbre *El silencio*, como también para algunos de sus cuentos, como “Chupasangre”.

Esa experiencia reveló la personalidad del futuro poeta: su carácter independiente, su capacidad para entregarse a una causa, su voluntad de servicio en la lucha por la justicia y sobre todo, un espíritu revolucionario para luchar en contra de las convenciones y seguir sus propias convicciones. Personalmente, Toruño se sintió humillado por la presencia de las fuerzas militares de los Estados Unidos en su querida Nicaragua. Escribió poemas en contra de esta invasión.

En 1916, al asistir a los funerales de Rubén Darío, quedó impresionado por el respeto, la admiración, los discursos panegíricos y la presencia de grandes escritores del mundo entero que le rindieron tributo al fundador del Modernismo hispanoamericano. Ya para esa época, Toruño estaba marcado por la estética modernista, influenciado tanto por los primeros poemas daríanos, como por los últimos de *Cantos de vida y esperanza* (1905).

Toruño comenzó a escribir poesía desde muy joven, pero no se ha conservado nada de ella; posiblemente se deba a que abandonó Nicaragua en 1923. Su dedicación a las letras no se registra hasta abril de 1918 cuando se inició en el periodismo trabajando en *El Eco Nacional*, en su ciudad natal. En ese mismo año, fundó la revista quincenal consagrada a Darío, la primera dedicada a la memoria del gran vate nicaragüense, en la misma ciudad que vio morir al autor de *Azul* y nacer a Toruño, es decir León. A través de ella, quiso estimular especialmente a los jóvenes de su generación a continuar la labor lírica y narrativa iniciada por Darío.

En 1922, Toruño publica su primer poemario, *Senderos espirituales* (1922), bajo la influencia de Darío. En el preámbulo que él titula "Al tropezar" dice: "Más que todo encontraréis sinceridad en esta obra. He querido adaptarme al concepto de Darío: 'Ser sincero es ser potente'".

Al año siguiente, un domingo 23 de abril, después de vender su revista *Darío* que había publicado 69 números, salió de Nicaragua rumbo a Cuba donde lo esperaba un amigo, el Dr. Manuel Carbonel, que le había ofrecido trabajo en la revista *El Fígaro* de La Habana. El sueño de Toruño se vino a pique cuando la embarcación que abordó en Tempisque, Golfo de Fonseca, naufragó obligando a Toruño a quedarse en suelo salvadoreño con poco dinero y sin trabajo.

Gozaba ya de la experiencia del periodismo en Nicaragua y solicitó trabajo en los periódicos salvadoreños. Las respuestas fueron negativas, excepto en el último, que pertenecía a don Román Mayorga Rivas (de León), quien con su *Diario del Salvador*, renovó el periodismo centroamericano. Cuenta Toruño a don José Jirón Terán, que cuando saludó al señor Mayorga Rivas, quien estaba escribiendo, no levantó la cabeza y por respuesta le dijo: "¿Qué vienes a hacer aquí? ¿Ya te sacudiste el polvo partidarista de los zapatos?" y agregó otras frases duras que dejaron paralizado a quien estaba acostumbrado a las luchas y a las rudezas. Por toda respuesta el visitante le manifestó que él llegaba a saludarlo, pero no para que lo tratara de tal manera. Cuando se retiraba Toruño, le preguntó Mayorga Rivas si él escribía con lápiz o sobre máquinas. El interpelado halló la oportunidad para decirle: "Yo escribo con lo que sale de mi cerebro". Don Román le dio cuartillas de papel y le dijo que escribiera en una de aquellas antiguas máquinas.

Toruño escribió una crónica sobre el Golfo de Fonseca, sus aspectos históricos, paisajes y el fracaso de Drake, y el porqué no logró pasar por los farallones del Golfo. Don Román tomó las cuartillas: las leía y miraba a Toruño. De pronto gritó llamando al jefe de talleres para que eso saliera publicado al día siguiente, domingo. Aquél le dijo que no cabía ni un renglón más. Pero como don Román era imponente le gritó: "¡Esto debe salir mañana!" Asimismo, le dijo a Toruño que regresara el lunes, que ya tenía trabajo como redactor columnista.

Las experiencias sufridas y los obstáculos vencidos, tanto en Nicaragua como en El Salvador, formaron en Toruño una personalidad muy fuerte e independiente. Nunca pidió un favor para él ni para sus hijos e hijas, pero sí para otras personas. En El Salvador, se mantuvo al margen de la política partidista, y nunca aceptó representar al gobierno de El Salvador ni siquiera para ir a París, adonde lo iban a enviar con gastos pagados ni para ir a la América del Sur, viaje que realizó después de ser invitado y de haber aceptado impartir conferencias en universidades, ateneos y centros de cultura en los diferentes países desde Panamá hasta el Cono Sur.

Esta personalidad en el mundo profesional se reflejaba en el ámbito familiar. Tenía en la punta de la lengua las ideas, sugerencias y consejos que hicieron madurar rápidamente, tanto a sus hijos como también a los jóvenes poetas. Rhina Toruño, la hija de él, recuerda que cuando ella iniciaba sus estudios en la Universidad Católica de Lovaina, en Bélgica, le envió una carta donde se quejaba del idioma, del clima y de otras cosas más. Su respuesta llegó rápidamente: "En tus manos, tienes tu destino, eres inteligente, si tú quieres puedes terminar tus estudios de doctorado en filosofía o convertirte en una turista en Europa, tú decides". Rhina recuerda también cuando su segundo hermano, Oscar René, se fue becado a Alemania a la edad de 17 años, a estudiar ingeniería. Fueron todos al aeropuerto, padres e hijos. Cuando Juan Felipe Toruño abrazó a su hijo René, le dijo: "Si tienes problemas en Alemania, acuérdate de que eres Toruño, amárrate los pantalones y hazle frente". Juanita Contreras de Toruño, llorando por la partida de su hijo, le reclamó a Juan Felipe: "¿Por qué no le dijiste, si tienes problemas allá, acá están tus padres?" Respondió Juan Felipe: "No, yo quiero que sea un hombre y no un niño dependiente de nosotros".

Algunos pincelazos de su vida familiar muestran a Toruño como una persona honrada, afectuosa y romántica, aunque parecía muy serio. Era generoso en sus ideas, recto de carácter, puntual al extremo. Le gustaba desde pequeño decir la verdad a tal grado que una vez, contaba él, cuando su mamita (siempre llamó en esa forma a su madre, doña Leonor) le explicó que no siempre se puede decir la verdad, porque a veces hiere, le aconsejó que mejor se callase en vez de lastimar los sentimientos de otra persona. En su juventud, Toruño era romántico; Juanita contaba que le cantaba tocando la mandolina. Era muy sensible al dolor tanto de los suyos como de los demás.

En 1925, después de trabajar en el *Diario del Salvador* trabajó como jefe de redacción del diario *El Día*. Fue redactor del *Diario Latino* desde 1925, y después pasó a ser editorialista del mismo diario desde 1936 hasta jubilarse en 1973, pero mantuvo su página cultural: "Sábados de *Diario Latino*" hasta la edad de 82 años, tres meses antes de morir, en 1980.

Todavía hay muchas obras inéditas escritas por Toruño que han sido legadas a su familia, quien algún día espera tener la oportunidad de publicarlas. Entre este legado también se encuentra la correspondencia que él mantenía con importantes escritores de diversos países. Además de su labor periodística, Toruño ha publicado más de treinta libros, entre ellos: nueve de poesía, dos novelas, uno de cuentos, trece de ensayos, tres de crónicas y tres de crítica literaria. Toruño escribió muchos ensayos sueltos, algunos con extensión hasta de cien páginas, por ejemplo: "Sucinta reseña de las letras nicaragüenses en 50 años: 1900-1950" publicado en Portugal. Además escribió los editoriales del *Diario Latino*, donde cumplió sus cincuenta años de periodismo literario.

Entre los galardones que Toruño recibió se encuentran dos honores Doctor Honoris Causa; uno de la Universidad José de la Luz y Caballero (La Habana, Cuba) y el otro de la Universidad Nacional Autónoma de Nicaragua, entre varios premios, medallas de oro y otras condecoraciones. Rhina Toruño-Haensly recuerda que todas ellas estaban en una vitrina en la oficina de su casa. Se reproduce acá solamente una nota de Darío Cossier sobre un premio otorgado a Toruño en Argentina:

> En la Sala Leopoldo Lugones del Teatro Municipal de San Martín, Buenos Aires, Argentina, fueron conferidos los premios que otorga el Consejo del Escritor a los valores intelectuales del Continente que más se han destacado... El Premio Internacional de Crítica y Divulgación Literaria, a Juan Felipe Toruño, conjuntamente con el crítico Valentín de Pedro.
>
> En Juan Felipe Toruño, a sus nobilísimos méritos de intelectual acucioso y crítico severo, se unen paralelamente la incorruptible dignidad del poeta y el escritor que en una labor silenciosa y paciente de toda su vida, ha sabido mantener una conducta rectilínea ajustada a su sentido de severa autocrítica. (*La Prensa Gráfica,* San Salvador, enero 1965, reproducido en *Poemas Andantes* 24)

En el Homenaje a Juan Felipe Toruño, organizado por El Ateneo de El Salvador y La Academia Salvadoreña de la Lengua (San Salvador, 17 de mayo de 1994) el Dr. David Escobar Galindo, refiriéndose a Toruño, constató: "A uno le publicaba los poemas como los presentaba, pero siempre los corregía y le sugería nuevas ideas, le explicaba cómo sería mejor tal expresión en vez de otra".

A la edad de 82 años, Juan Felipe Toruño todavía gozaba de una voluntad fuerte y una amena conversación. Conservaba su máquina de escribir y siempre respondía las cartas aun con dificultad física debido a la artritis que le había invadido sus manos.

Murió el domingo 31 de agosto de 1980 en San Salvador, de un derrame cerebral. La noche anterior, Rhina Toruño platicó extensamente con su padre sobre sus proyectos de realizar estudios de post doctorado en la Universidad de Stanford en California.[1] La estimuló a que no vacilara en alejarse del país.

Al morir dejó como legado: sus hijos, sus libros, sus condecoraciones, su ejemplo de trabajador incansable y, sobre todo, su gran amor por servir y educar a la juventud.

En este volumen, nos limitamos a estudios sobre la narrativa, poesía, historiografía literaria, crítica y observaciones sobre la influencia de Toruño en los jóvenes escritores.

La sección I, "Narrativa", es un compendio de nueve ensayos referidos a las dos novelas y a algunos cuentos de Toruño.

En "El camino del adepto en *El silencio*", M. Ellen Blossman explora las influencias esotéricas que impelen al héroe de la novela. A través de filosofías orientales, ciertas doctrinas del yoga, libros sagrados y los conocimientos encontrados en el ambiente centroamericano, Blossman sigue el transcurso de la realización personal de Oscar Cruz hacia el "estado iluminado".

En "La cesura del sujeto: Toruño, Edipo y la tragedia", Rafael Lara Martínez parte de la premisa de Toruño de que "el poeta es un desterrado de sí mismo" e indaga la figura del poeta como héroe edípico en sus dos novelas. Con amplias bases filosóficas Lara

---

[1] Los realizó al año siguiente, al recibir una invitación como profesora visitante (1981-82) y una beca de la Federación Internacional de Mujeres Universitarias de Suiza.

Martínez considera la preponderancia del conocimiento poético sobre el saber científico y el enigma de la verdad en la narrativa de Toruño.

A través de los desenlaces de tragedias griegas, el exuberante lenguaje utilizado y la narrativa apasionante con la selva nicaragüense de telón de fondo, Nydia Palacios Vivas, en "El legado del Modernismo en *El silencio*", estudia los dos elementos esenciales empleados por Toruño como soporte estructural del drama que viven los personajes de la novela: la naturaleza bravía tropical y lo esotérico.

En "Región, naturaleza y lo criollo en *El silencio*", Amelia Mondragón examina la idea de región, la noción de propiedad, la relación del hacendado con ambas y el papel del criollo en la vida rural nicaragüense, diferenciándolo del criollo modernista en una de las últimas novelas de la tierra nicaragüense.

Los tres ensayos de Ardis L. Nelson tratan diversos acercamientos a las dos novelas de Toruño. En "Mito e historia en *El silencio*", Nelson coteja el trasfondo socio-político de las primeras décadas del siglo veinte en Nicaragua con el de la novela, y descubre enlaces entre el protagonista de la novela y Augusto Cesar Sandino, considerado como la voz del pueblo en esa época. Nelson continúa con el enfoque histórico, pero relacionado más bien con un movimiento literario en "Lo histórico en *La mariposa negra*: Influencia del Modernismo". Sigue la faceta del Modernismo que tiende a la historicidad y cómo ésta se despliega en la primera novela de Toruño. Se remite a lo que entiende como base de la narrativa de Toruño en "Lo esotérico en *La mariposa negra*". Partiendo de la premisa antigua de que la mariposa es símbolo del alma, Nelson estudia la presencia del mal en esta novela autobiográfica.

William O. Deaver sigue la corriente histórica en su ensayo "Juan Felipe Toruño: cuentista comprometido de la insurrección" en el que se destaca el compromiso asumido por Toruño a través de sus cuentos: "La medicina" y "La caldera", con la realidad política de Nicaragua y El Salvador. Deaver marca la transición de la literatura fantástica, con sus personajes y lugares imaginarios, hacia una literatura con escenarios más reales, donde los "monstruos" cobran vida para reflejar los verdaderos enemigos de aquellos tiempos en ambos países.

Mara García, en "Una mira fantástica a 'Chupasangre'", explica cómo Toruño se vale de la imaginación y de lo fantástico para transportar al lector hacia el maravilloso y misterioso mundo de la selva nicaragüense.

La Sección II, "Poesía", incluye seis ensayos que abarcan la obra poética de Toruño desde distintos enfoques, desde el Modernismo hasta la vanguardia. En "La poesía de Juan Felipe Toruño: Tradición e innovación", Yvette Aparicio expone estas vertientes en su análisis de varios poemas de Toruño publicados en los años cuarenta del siglo XX. Desde el conjunto de la afirmación vivencial y el dolor que la acompaña en su obra, resalta la tensión entre la vanguardia y la convención.

Rafael Antonio Lara Valle, en "Análisis estructural del soneto alejandrino: 'Ego'", utiliza un enfoque estructuralista para estudiar la función poética del lenguaje de Toruño. Centrándose en el modelo explicativo de la construcción recurrente del discurso poético, describe la tríada que encuentra en esta obra de Toruño compuesta por el poeta, la naturaleza y Dios.

John Andrew Morrow, en "Juan Felipe Toruño: Auténtico eco daríano", subraya las influencias en la forma y contenido del poema "Mensajes a los hombres de América". Demuestra sobre todo que Toruño comparte con Darío la convicción del pan-americanismo y el mismo juicio sobre el imperialismo estadounidense.

En "La gitana: Reivindicando la marginalidad y el sentido

de la vida", Ana Torres analiza la influencia contextual y temporal del poema "Aquella gitana" escrito durante la invasión alemana a Polonia y la consecuente Segunda Guerra Mundial. También estudia los elementos que glorifican y plasman positivamente a Rurha, la heroína, y presenta una imagen positiva de los gitanos que históricamente han sido marginados.

En el ensayo "Poesía contestaria y estética modernista de Rubén Darío en poesías de Juan Felipe Toruño", Rhina Toruño-Haensly considera la influencia estética y política daríana y aquellos eventos histórico-culturales de la intervención de los Estados Unidos en Nicaragua que marcaron la obra de Toruño, especialmente en sus poemas "Las XI de la mañana" y "Mensaje a los hombres de América".

Jorge J. Rodríguez-Florido, en su ensayo "Juan Felipe Toruño, crítico de la poesía negrista", señala el profundo interés de Toruño por la poesía negra en varias de sus publicaciones, especialmente *Poesía negra: Ensayo y antología* (1953). El aporte que brindó Toruño al canon afro-hispano y a la corriente crítica de la negritud está acompañado de una discusión del auge de la negritud como corriente crítica y los rasgos de la misma.

La Sección III, "Historia y crítica literaria", continúa con "La historiografía literaria salvadoreña", ensayo en el que Rhina Toruño-Haensly da a conocer el primer esfuerzo de sistematización de la historia del pensamiento literario y cultural de El Salvador. Se trata de *Desarrollo literario de El Salvador: Ensayo cronológico de generaciones y etapas de las letras salvadoreñas*, libro que presenta detalladamente el origen y el desarrollo histórico de las letras desde la época precolombina hasta 1957 y también de las instituciones culturales que coadyuvaron al desarrollo de la educación en El Salvador.

Antonio Velásquez analiza el aporte de Toruño a la

literatura, las letras y el periodismo nicaragüense en su ensayo "Juan Felipe Toruño, capitán sin barco o el buceador de las letras salvadoreñas y universales". A través del análisis de algunas de sus obras y de sus múltiples labores, rescata el papel de Toruño entre los intelectuales y novelistas hispanoamericanos.

Es innegable la labor prolífera de escritor y crítico literario de Toruño, pero su labor de educador y forjador de jóvenes poetas es muy grande y poco conocida. En la Sección IV, "Mentor y forjador de generaciones literarias", tres escritores directamente influenciados por Toruño escriben sobre sus recuerdos.

En su ensayo "Juan Felipe Toruño, Historia literaria y 'Sábados de *Diario Latino*', Juan Felipe Toruño: Un ave en la tempestad", desde una perspectiva personal, Manlio Argueta rescata la obra llevada por Toruño en el suplemento literario "Sábados de *Diario Latino*" y su esmero por promover a las jóvenes generaciones de intelectuales, entre las cuales se encontraba él, así como Roque Dalton García, José Roberto Cea, Tirso Canales y muchos más.

En su ensayo "Juan Felipe Toruño: Aquella estrella de la dicha cautivante", David Hernández recuerda los tiempos en los cuales compartía con Toruño sus pasiones literarias. Hernández describe el aporte de Toruño al desarrollo intelectual de San Salvador durante los tiempos del gobierno militar, cuando su figura era la última referencia literaria con la que contaban algunos jóvenes escritores.

En su ensayo "Apuntes de un heredero desconocido", Armando Molina destaca el legado dejado por Toruño en la literatura hispanoamericana. Rescata sus obras, su labor de maestro, su vida y sus constantes diálogos culturales con otros intelectuales, personificándolo como el hombre de letras centroamericanas.

La Sección V, "Análisis lingüístico", da a conocer "La creación del lenguaje centroamericano en la obra narrativa de Juan

Felipe Toruño" de John M. Lipski, quien hace un detallado análisis lingüístico del lenguaje "pan-centroamericano" creado por Toruño, enfocándose en el empleo del voseo, las modificaciones fonéticas y el léxico regional en la obra narrativa de Toruño.

I Narrativa

El camino del adepto en *El silencio*

por M. Ellen Blossman

La novela *El silencio* (1935), de Juan Felipe Toruño, presenta la búsqueda de lo trascendental a través de la observación de las hazañas que el hombre solitario realiza en medio de la naturaleza exuberante en su camino hacia el estado iluminado.[1] El personaje principal Oscar Cruz exhibe ciertas características parecidas a las de los adeptos en las escuelas ocultas de la India.[2] Tales adeptos o avatares poseen habilidades físicas, mentales y espirituales superiores a las de los seres normales. A la vez que el autor sitúa al protagonista en las tierras centroamericanas, lo arma con el anhelo de indagar los conocimientos encontrados no solamente en el ambiente centroamericano y en la filosofía occidental, sino también en las doctrinas del yoga y del budismo, en los libros sagrados de los *Upanisads*, los *Vedas* y en los libros de H.P. Blavatsky *La doctrina secreta* y *La voz del silencio*.[3] El propósito de este análisis es examinar algunas influencias esotéricas que impelen al personaje principal en la senda vital de su realización espiritual.

---

[1] Juan Felipe Toruño, *El silencio* (1935) 2.ª edición (San Salvador: Editorial Universitaria, 1976); después será citada en el texto como: *Silencio*.

[2] T. Subba Row, "*Occultism of Southern India*", *The Esoteric Studies Guide*, ed. Katinka Hesselink. <http://www.geocities.com/katinka_hesselink/sr_in- dia.htm>. Es un resumen de una conversación con el señor Subba Row en la biblioteca de Adyar, el primero de diciembre de 1888.

[3] Helena Petrovna Blavatsky, *La voz del silencio* (Málaga: Editorial Sirio, 1995). Toruño menciona, entre otros, los textos los *Upanisads*, los *Vedas* y *La doctrina secreta*, pero no los cita específicamente. En cambio, nunca menciona directamente el título *La voz del silencio*, pero se verá más adelante en este análisis el empleo de ciertas imágenes del texto de Blavatsky en el libro de Toruño.

Antes de adentrarnos en la novela, conviene hablar de varias teorías esotéricas que constituyen la base de la novela. Es preciso constatar que este análisis no pretende abarcar las influencias filosóficas occidentales. También, es necesario apuntar que no siempre se puede decir con certeza la fuente específica de una idea esotérica en la novela porque ciertas ideas se encuentran en múltiples obras y en una variedad de tratados de distintas filosofías esotéricas. No obstante, en *El silencio* se hace evidente el interés en el desarrollo espiritual del individuo para llegar al estado iluminado. Toruño traza la vida del personaje principal Oscar Cruz desde su nacimiento hasta la mayoría de edad cuando alcanza un estado espiritual de conciencia budista.

Al final de la novela, ese estado representa la realización del individuo. Dicha realización se llama *samadhi* o contemplación/éxtasis, y es el nivel más elevado de los que se explican en *Los Yoga Sutras* de Patañjali.[4] *Los Sutras* de Patañjali, escritos entre 400 y 200 años antes de Jesucristo, describen la senda para controlar la mente y poder realizarse. Las primeras cuatro ramas constan de las prácticas exteriores y las últimas cuatro ramas, de las prácticas interiores. Se suele nombrar estas últimas como Raja yoga.[5] Hasta el mismo Buda o Shidarta Gotama pasa por las filosofías expuestas en los libros sagrados de la India, pero Buda se da cuenta de que para llegar al estado iluminado hace falta otro elemento que es la compasión. Buda no rechaza el yoga sino que añade su versión personal e insiste en que el individuo que busca el estado iluminado

---

[4] Bernard Bouanchaud, *The Essence of Yoga: Reflections on the Yoga Sutras of Pantañjali*, trans. Rosemary Desneux (Portland: Rudra Press, 1997) 29. Bouanhaud traduce *samadhi* como "contemplación perfecta", pero muchas veces se traduce este vocablo sánscrito como "éxtasis o realización".

[5] Juliet Pegrum, *Ashtanga Yoga: The Complete Mind and Body Workout* (New York: Sterling Publishing, 2001) 14-19. Véase la explicación de Pegrum por ser bien concisa.

sea "*energetic, resolute, and perservering*" (enérgico, resuelto y perseverante).[6] Rara vez la iluminación llega con la experiencia obtenida durante una sola vida porque normalmente se necesita el desarrollo del ser durante muchas vidas. Es decir, el alma pasa por muchas reencarnaciones para llegar al estado iluminado.[7] Según las doctrinas de la parte sur de la India, los individuos ya avanzados en la senda hacia la iluminación son los adeptos llamados avatares o encarnaciones divinas como Buda y los del Visnú que entran en el mundo de forma tangible mediante la reencarnación (Row 1).

Es posible que un adepto avanzado se reencarne en otro cuerpo en el que puede depositar su sabiduría (Row 1). En toda reencarnación la Ley del Karma actúa para elevar el alma. El karma es la justicia de las acciones, la causa y el efecto. Cada acción atrae consigo cierta consecuencia y a través de la justicia kármica "the present life is influenced by the actions of previous lives" (la vida presente es influenciada por las acciones de las vidas anteriores).[8] Durante las varias reencarnaciones el alma se conecta con la Fuerza Única o Universal que es la energía en la que subyace toda la materia de la vida.

Si la meta es la unión con la Fuerza Universal, la senda es

---

[6] Karen Armstrong, *Buddha* (New York: Viking Penguin, 2001) 67. También, Armstrong explica que: "*The disciplines of yoga were designed to destroy the unconscious impediments to enlightenment and to decondition the human personality*" (52). (Las disciplinas del yoga fueron diseñadas para destruir los impedimentos inconscientes a la realización o la iluminación y para deshacer las costumbres superfluas de la personalidad humana.) La traducción es mía, como todas las traducciones del inglés al español en este análisis.

[7] Prefiero usar la palabra "alma" porque refleja aquella parte indestructible del individuo. En el yoga se usa el vocablo "el Yo o *the Self*" para referirse a lo permanente del ser, mientras el ego es la personalidad que cambia. La purificación del Yo se logra mediante las varias reencarnaciones.

[8] Rosalyn L. Bruyere, *Wheels of Light: Chakras, Auras, and the Healing Energy of the Body* (New York: Simon & Schuster, 1994) 178.

de doble índole, según la doctrina de la escuela oculta del sur de la ndia. Los dos caminos llevan al individuo al mismo fin, que es la inmortalidad. Subba Row explica que: "*The one [path] is the steady natural path of progress through moral effort, and practice of the virtues [...]. The other road is the precipitous path of occultism, through a series of initiations. Only a few specially organized and peculiar natures are fit for this path*" (3). (Un camino es la progresión natural a través del esfuerzo moral y la práctica de las virtudes y el otro camino es la senda precipitada del ocultismo mediante una variedad de iniciaciones. Solamente los temperamentos organizados y especiales son aptos para este camino.) Claramente, el segundo camino puede traer consecuencias dolorosas y no es el camino recomendado excepto para algunos individuos con habilidades especiales.

En la novela *El silencio*, Oscar Cruz se porta como un individuo con habilidades especiales desde su nacimiento. Supuestamente nace huérfano, un bebé expuesto a los elementos de la naturaleza y dejado entre dos piedras en las montañas de León. Lo recoge Evaristo Menenes que se escapa de las autoridades a causa de su intervención en la organización del atentado contra el general José Santos Zelaya, figura política de Nicaragua a principios del siglo veinte. El lenguaje que se usa para describir el encuentro del bebé, que lo llamarán Oscar, refleja una y otra vez la preocupación por la vida interior y su manifestación en el mundo exterior. La necesidad de adentrarse en la montaña selvática a la que se dirige Meneses con el bebé se describe en términos de urgencia de: "Caminar lo más que pudiera en la noche e internóse por entre los caminos de la obscuridad" (*Silencio* 21). Dentro de esa obscuridad nocturna Meneses se fija en los ojos del bebé que parecen ser brindados por la naturaleza telúrica y astral:

Evaristo vio aquellos ojitos brillantes y extraños. Las

> estrellas, como a manera de mil pupilas centuplicadas, parpadeaban débilmente en la cara interminable del infinito. Las luciérnagas seguían escribiendo signos y jeroglíficos para que los descifraran los genios de la noche. (*Silencio* 29)

Mientras que las estrellas reconocen la superioridad del bebé y su unión con el infinito, las luciérnagas anuncian la preeminencia de un nuevo ser al mundo misterioso o trascendental.

En la infancia de Oscar hay señales de su inclinación al estudio del esoterismo por su precocidad tanto intelectual como física. De niño, en poco tiempo aprende a dominar los animales de la finca y a entrenar su propio cuerpo en los ejercicios hechos en la barra fija y el trapecio. A través de su vida, Oscar tiene varios maestros que le enseñan lo necesario para desarrollarse. En la finca tiene al Pastor Suazo que le educa en los estudios formales, y al Tío Chepe y a Toy que le narran consejos para interpretar la vida y las aventuras de los hombre en el campo. De Toy, Oscar escucha la explicación de la ley de la justicia aunque Toy nunca la llama la Ley del Karma. No obstante, la declaración de Toy inicia a Oscar en la Ley del Karma y, también, en la idea de la Ley Universal. Toy propone que hay un principio único que gobierna la vida. Comenta que: "Esa ley divina, que está en todas partes, que regula los mundos, que hace que el árbol crezca, que la semilla germine y que la tierra dé vida a la semilla [...]. Nosotros mismos tenemos nuestra parte de esa ley en sí. Nosotros mismos somos producto de esa ley" (*Silencio* 55).

La finca no es el único lugar de donde Oscar recibe conocimientos útiles. Cuando Meneses manda a Oscar al colegio, en León, éste se esfuerza mucho en los estudios porque tiene una gran ansiedad por aprender. En la ciudad escucha los cuentos del anciano don Tacho que relata leyendas de brujas y de la magia negra de personas que pueden transformarse en animales. También Oscar escucha los relatos de un tal Pascual que practica el espiritismo y se cree que es un médium, o sea, que su cuerpo puede ser ocupado por un espíritu.

Después de terminar los estudios, Oscar quiere volver a la montaña para completar su educación. Oscar sabe que "allá [en la montaña] estaba la riqueza y que dentro, los bosques vírgenes, la existencia era pura, palpitando con más fuerza diferentes manifestaciones de Vida" (*Silencio* 91). No quiere seguir una profesión porque dice que puede aprender más "el libro verde y sonoro de la montaña" *Silencio* 108). Sin embargo, Oscar no deja de estudiar por su cuenta porque tiene gran interés en la filosofía, la lógica y las matemáticas. Pasa por las filosofías occidentales de Aristóteles y Kant, pero se interesa más en adentrarse en las filosofías trascendentales. Oscar afirma su deseo de palpar la vida latente de la montaña donde hay "una concatenación de manifestaciones, claras u obscuras, visible e invisibles, la fortaleza de ese Pensamiento Único, poderoso e insustituible" (*Silencio* 108).

Con sus dieciséis años, Oscar obtiene la admiración de Carlos, el hijo de Meneses que tiene treinta y cuatro años. Carlos alaba a Oscar y dice que éste se expresa con una lógica contundente y que sus apreciaciones sicológicas llegan a conocer "no la parte extrínseca de los seres, sino que la intrínseca [...]" (*Silencio* 107). Carlos dice que Oscar tiene el poder de la superconciencia y que tiene "un espíritu creador, [...] un espíritu renovador, [...] un espíritu inconfundible" (*Silencio* 107).

Además del desarrollo espiritual, Oscar muestra su proeza al matar un león a los diecisiete años. Luego muestra su capacidad organizadora al realizar las obras de modernización en la finca El Caracol. En la finca selvática de San Evaristo, Oscar encuentra a otro maestro, el curandero Ramón Cuá, que lo enseña a hipnotizar a las serpientes y a las víboras. Es decir que el curandero lo inicia en un antiguo rito secreto de la serpiente.

Desde los tiempos antiguos, la serpiente representa, según Rosalyn L. Bruyere, "*the divine knowledge*", (117) (la sabiduría divina) y se asocia con el misterio de renacimiento por su habilidad de mudar la piel. En la novela de Toruño, la iniciación al misterio viene con un encanto secreto que llama a los hermanos para que no le hagan daño. En este caso, el rito parece una versión muy primitiva del *kundalini* o de la serpiente que la filosofía esotérica asocia con los poderes de: "*Siddhi or perfection that one adquires in the advanced stages of yoga*" (133) (*siddhi* o perfección que se adquiere en las fases avanzadas del yoga).

El curandero también le enseña los poderes secretos de las hierbas. El curandero le proporciona una iniciación en la senda del ocultismo y esto indica que Oscar es un ser especial que puede escoger la vía de los adeptos más iluminados. De hecho, Oscar posee un conocimiento sobre el amor sin haber tenido una experiencia amorosa hasta este momento. Oscar declara que sus lecturas de la filosofía oriental y de la metafísica le han influenciado para creer que tal vez sus vidas anteriores le hablan "subconscientemente, sin la experiencia de hoy, pero con la de ayer" (*Silencio* 159). Oscar afirma que ya se había metido en los escritos de la secretaria de la Sociedad Teosófica, H. P. Blavatsky y en los de otro miembro, el Reverendo Leadbeater.[9]

En la tercera parte (Libro tercero) de la novela de Toruño, Oscar clarifica sus influencias metafísicas nombrando los libros y tratados ya mencionados en el primer párrafo de este análisis

---

[9] Helena Petrovna Blavatsky (1831-1891) era de la nobleza rusa y la Secretaria de la Sociedad Teosófica en 1875. Escribió *The Theosophical Mahatmas* (1886), *La doctrina secreta* (1888), *La voz del silencio* (1889). Blavatsky era una persona muy polémico porque afirmaba recibir la inspiración directa de los mahatmas, pero

(*Silencio* 186-87). Tales libros y tratados del yoga y otras metafísicas le indican a Oscar la manera de avanzar en la senda de la iluminación. El narrador comenta:

> Y por estos conocimientos [Oscar] iba templando su voluntad, iba dominando su Yo interior apartando su no Yo; pero sí haciendo y realizando lo que envolvía con el poder de su Yo que modelaba conforme su aspiración, sin llegar, desde luego, a la perfección ya que, [...] no podía aún substraerse completamente de lo que pesaba en él como karma: Ley de causa y efecto creada voluntaria o involuntariamente. (*Silencio* 186)

La noción de la justicia que Oscar había recibido de Toy en su niñez ya viene plenamente incorporada en la Ley del Karma. Oscar reitera que dicha ley es inexorable, "tal vez no en esta forma de vida, tal vez no hoy ni mañana; pero sí en otra existencia, ya que nada se pierde [...]" (*Silencio* 187).

Para recalcar la importancia de la ley de karma en la novela, una y otra vez dicha ley se hace palpable en la vida de los otros personajes. Por ejemplo, Evaristo Meneses muere porque años atrás le disparó en la pierna a un tal Juan mientras éste intentaba robarle el ganado. Después de unos años, Juan, que llevaba una vida pobre, escuálida y amargada, mata a Evaristo. Si Juan no hubiera intentado robar a Evaristo, Juan habría vivido mejor y si Evaristo no hubiera hecho daño a Juan, Juan no lo habría matado.

Otro personaje que es castigado por la Ley del Karma es Carlos, el hijo de Evaristo Meneses. Carlos tiene todas las oportunidades para llevar una vida útil para el país.

---

luego se descubrió que había traducciones de los textos antiguos. No obstante, tuvo un gran papel en traducir la metafísica y presentarla al mundo occidental. Leadbeater, también, era una persona muy controversial. La Sociedad Teosófica llegó a echar al Reverendo Leadbeater por haber abarcado un tema indiscreto con los niños.

Su padre Evaristo lo manda a estudiar a los Estados Unidos para sacar una carrera, pero el hijo vuelve con sífilis y se queda casi ciego y paralizado. Sin embargo, con el tiempo, la vida apagada de Carlos se convierte en algo positivo a través de la influencia de Oscar. Con los conocimientos aportados por Oscar, Carlos ve la posibilidad de desarrollarse aunque su cuerpo está incapacitado. En efecto, al final de la novela, Carlos llega al estado budista.

La Ley del Karma alcanza también a Oscar, pero es en el tema del amor donde opera la ley. Las dos relaciones amorosas de Oscar traen consecuencias de unas equivocaciones involuntarias. Sin saberlo, Oscar tiene relaciones incestuosas con su propia madre y luego con su propia hija. Con la hija engendra a un bebé y así Oscar es a la vez el padre y el abuelo de la criatura. A Oscar, la Ley del Karma le imposibilita una vida conyugal feliz.

Al igual que en el caso de Carlos, la Ley del Karma no impide el desarrollo de la persona, más bien indica su senda apropiada. El karma de las vidas anteriores de Oscar le había preparado para gozar de sus habilidades físicas y mentales. Cuando Oscar intenta dominar el caballo (macho), Oscar sufre una caída que le causa la pérdida de su propia personalidad. Hay un tipo de enajenación o posesión en la cual el espíritu de su tío muerto Fernando Farraind entra en su cuerpo. El espíritu sabe todo lo del incesto. Ninguno de los otros personajes de la novela sabe explicar lo ocurrido, pero el Pastor Suazo busca información en los libros de Teosofía y de Filosofía oriental donde deduce que "el golpe que repercutió en el cuerpo astral de Oscar, haciéndole una fisura, por la que pasó la personalidad de Fernando Farraind [...]" (*Silencio* 293).

Mientras estaba inconsciente, a Oscar le pasa otra cosa extraña, que es la manifestación de las figuras de Bertha (su madre-amante), de Sara Amelia (su hija-amante) y de su propia persona. El narrador comenta que: "Era como a modo de un desdoblamiento.

Estaba como en un estado de conciencia budista (*turiya*) porque el cuerpo permanecía insensible, mientras la mente se encontraba actuando en el astral, [...]" (*Silencio* 303).

Por fin, Oscar vuelve en sí y su primera acción es hacer que el caballo le obedezca. Según Bruyere, no hay que perder "*the symbolism of the horse with power, sexuality, and the dark side of the unconscious that also is equivalent to the images of the serpent*" (116) (el simbolismo del caballo con el poder, la sexualidad y el lado oscuro de la inconsciencia que también es equivalente a las imágenes de la serpiente). Dominar el caballo significa tener dominio sobre el impulso sexual y la conciencia.[10] Precisamente a lo largo de su vida, Oscar ha tenido dificultad en contener su impulso sexual y por eso sufre las consecuencias de la Ley del Karma.

Al regresar a su casa, Oscar se fija en la belleza natural del predio y en los colores de la plantas. Piensa que oye voces, pero nadie habla. Afirma que lo que oye es el silencio que "tiene idioma" (*Silencio* 302). Los colores de las plantas que Oscar ve y las voces que oye apuntan a la existencia de las vibraciones de las plantas y de todas las creaciones del universo, las cuales emiten movimientos oscilatorios de distintas frecuencias. Se sabe que el color es "la impresión que hace en la retina del ojo la luz reflejada por los cuerpos" y que cada color se manifiesta a base de una diferencia vibratoria.[11] En el mundo esotérico, la vibración es de suma importancia. La energía se produce por las vibraciones, muchas de las cuales son invisibles a la percepción humana. Para el ser humano,

---

[10] Ardis L. Nelson, "Lo esotérico en *El silencio*", *Voces* (octubre 1998) http://members.aol.com/SFVoces/ardis.html. La crítica Nelson da otra interpretación al caballo. En su artículo explica que el caballo: "Es un símbolo de la transición al otro mundo, por la cual el alma viaja para aprender los secretos de la vida, la muerte y la magia, y regresa a la tierra [*sic*] con conocimientos divinos".

[11] Ramón García-Pelayo y Gross, ed., *Pequeño Larousse Ilustrado* (Barcelona: Ediciones Larousse, 1990).

los sonidos audibles son de baja frecuencia. Supuestamente, el ser desarrollado tiene la capacidad de percibir las altas frecuencias que consisten en las frecuencias "de varios millones de períodos por segundo" (*Larousse* 482). Lo inaudible y lo invisible se manifiestan al adepto o al ser desarrollado.

La importancia de las vibraciones no solamente se refleja en la naturaleza, sino también en Oscar. Oscar es capaz de percibir las vibraciones del mundo y, además, a él le aumenta la vibración de su propio ser porque las picaduras de hormigas o de avispas que tiene en las manos son símbolos de una vibración de alta frecuencia.[12] Hasta el narrador sugiere que las picaduras hacen un papel en el retorno de la verdadera personalidad de Oscar. Con las picaduras en las manos se alude en la literatura esotérica a la aceleración de las vibraciones del primer *chakra* porque, según Bruyere, "*the bumblebee becomes the symbol of the first chakra in the ancient world*" (112) (el abejarrón se convierte en el símbolo del primer *chakra* en el mundo antiguo). Bruyere añade que: "*The buzzing sound is often related to the opening of the kundalini*" (111) (el sonido del zumbido frecuentemente se relaciona con la apertura del *kundalini*).

Después de recuperar su propia personalidad, Oscar parece normal. En realidad se encuentra libre de las ataduras del Yo y se queda expiando sus errores. Llegan a callar los impulsos y deseos mundanos. Así con la mente dominada por sí misma puede entrar en comunicación con la Fuerza Universal. El narrador describe el proceso de la siguiente manera:

> Llegará el momento en que la mente común ascienda a grados luminosos y ligue, o copule, el Yo superior con el Yo inferior y que, comunicado el Yo astral con el Yo

[12] Nelson comenta que: "Las hormigas también son símbolos de conocimientos ocultos".

> mental, pasando por el cuerpo etéreo, opere conscientemente, mediante el vehículo del cerebro, en el cuerpo físico. (*Silencio* 293)

Por medio del dominio del cuerpo y de la mente como se describe en los niveles del yoga o en otros procesos similares basados en la metafísica o en la filosofía oriental, el individuo llega al estado de *samadhi* o de realización. En dicho estado, uno puede reunirse con la energía latente y disfrutar de la Fuerza Única o de lo trascendental.

La energía, la luz y el sonido consisten de vibraciones de las cuales los seres humanos normalmente perciben una mínima parte. En cambio, el ser realizado llega a sentir las vibraciones. El narrador deja plasmada la unión de la energía entre el mundo eminente y trascendente. La novela termina con Oscar y Carlos como seres realizados, serenos y en armonía con las vibraciones del mundo trascendental:

> Y ahí estaban clavados [Oscar y Carlos], símbolos de silencio, las dos formas que se recortaban en la benignidad de las horas que goteaban lo eterno sobre la casita blanca, sobre los pinos que parecían señalar con sus índices verdes al infinito; sobre las rosaledas, sobre los naranjos que sonreían estrellas; sobre el terciopelo de las begonias, sobre la lobreguez de estanque en que se adormilaba el ensueño, en la quietud de éxtasis de aquel santuario de silencios. (*Silencio* 306)

Desde luego, el silencio interior de estos dos personajes facilita la unión con las vibraciones profundas del mundo trascendente. Han llegado al estado de *samadhi* y se comunican con la Fuerza Única.

Aunque en su novela, Toruño nunca menciona el libro *La voz del silencio,* de Blavatsky, es obvio que recibe alguna influencia. *El silencio* centroamericano refleja o repite unas imágenes de la naturaleza del libro de Blavatsky. Compare el texto de Toruño con el de ella:

> La estrella argentina comunica con su centelleo la nueva feliz a las flores nocturnas; el arroyuelo, con el rumor de sus ondas, transmite la noticia a los guijarros; los bramidos de las oscuras olas del océano lo participarán a las rocas que bate la marea cubriéndolas de espuma; las perfumadas brisas lo cantarán a los valles, y los majestuosos pinos murmurarán misteriosamente: "Ha aparecido un Maestro, un Maestro del Día". (*La voz del Silencio* 84)

Mientras que la escena de Toruño tiene lugar en la tierra selvática y la de Blavatsky en un paisaje a la orilla del océano, el paralelismo entre las imágenes de los dos textos recalca la idea de la comunicación entre la naturaleza y los seres espiritualmente elevados.

La naturaleza de los dos lugares no es estática porque emite "voces" o vibraciones ignoradas por los seres normales. En las imágenes de Blavatsky, de las plantas (los pinos y las flores nocturnas), del agua (las olas) y de las estrellas se encuentra un parecido en las de Toruño. Hay que fijarse en la descripción de las plantas (los pinos, las rosaledas, los naranjos, las begonias), del agua (el estanque), y de las estrellas. Sin embargo, la escena de Blavatsky cita los vocablos de la naturaleza mientras que la escena de Toruño describe a Carlos y a Oscar como "las dos figuras, emblemas de resignación y de paz..." (*Silencio* 304). El poder de la naturaleza de comunicarse con los dos personajes se expresa en la conversación entre Oscar y Carlos:

> —¿No oyes, Carlos, cómo cae la lluvia? ¿Y cómo habla, cómo grita y cómo arrulla?
> —¡Es la voz del infinito! [...]
> —[...] quizás es la voz del silencio... [.] (*Silencio* 304)

Hay otra diferencia importante entre los dos textos. En el de Blavatsky hay un maestro y en el de Toruño hay dos maestros puesto que Oscar y Carlos se encuentran en el estado de *samadhi.*

Aunque los dos personajes de Toruño han seguido caminos distintos, han llegado a la unión con la Fuerza Universal. Específicamente, el camino del adepto que ha seguido Oscar le ha conducido a su realización. Desde el nacimiento hasta la madurez, se ha exhibido como un ser humano extraordinario con ganas de sobrepasar los conocimientos del mundo normal para identificarse con el mundo trascendental. Creo que el autor al trazar la vida de Oscar hace patente la influencia esotérica de varias fuentes en su novela, *El silencio.*

La cesura del sujeto. Toruño, Edipo y la tragedia

por Rafael Lara-Martínez

"La naturaleza es un centro de enigmas [...] enigma es para nosotros la vida y la muerte."
—Juan Felipe Toruño

"La osadía no tiene otra definición: exilio sin retorno. Pérdida del nombre."
—Alain Badiou

"He atestiguado el mundo; he confesado la rareza del mundo."
—Jorge Luis Borges

La obra narrativa del escritor nicaragüense-salvadoreño Juan Felipe Toruño, consta de dos novelas: *La mariposa negra* (1928) y *El silencio* (1935/1976); y de un libro de cuentos: *Dos tierras* (1947).[1] Lo más sorprendente de esta doble vena reside en el hecho de que el cuento prosigue los dictados de una corriente regionalista clásica, mientras la novela recobra un sesgo de neto carácter poético y filosófico. Ya sea que la trama suceda en la ciudad de León, Nicaragua, o bien en las montañas centroamericanas, en

[1] Juan Felipe Toruño, *La mariposa negra* (Ahuachapán: Empresa Guttenberg, 1928); *El silencio*, 2.ª ed. (San Salvador: Editorial Universitaria, 1976); *De dos tierras* (San Salvador: Imprenta Funes, 1947). Todas las traducciones de textos citados en otra lengua distinta a la castellana son nuestras.

ambos escritos, el héroe acaba siendo un "desterrado". En esta idea de exilio se entrelaza el concepto que el mismo Toruño utilizó en sus trabajos críticos y semblanzas sobre poetas latinoamericanos, así como también la esfera de acción de los personajes principales en ambas novelas.[2]

El argumento que desarrollaremos parte de la premisa de que la figura mítica de Edipo define a todo desterrado. Al emplear la imagen de ese personaje en la comprensión de los héroes novelescos, es necesario despojarla de su contenido tardío, popularizado por un freudianismo vulgar. Hay que remitir la cuestión del incesto a un segundo plano. El punto central es reflexionar sobre el carácter excepcional del héroe edípico y su calidad de filósofo o poeta. De acuerdo al trabajo del escritor francés Jean-Joseph Goux,[3] Edipo es el primer filósofo; en Toruño, es el poeta o el pensador por excelencia: Oscar de la Cruz y Carlos Meneses en *El silencio*, al igual que José Eduardo Zomar y Cidha Villaseñor en *La mariposa negra*.

Es cierto que el mismo Toruño concluye su segunda novela con la revelación de un doble incesto, sin parricidio. Pero, a nuestro juicio, este rasgo resulta secundario con respecto a la marginación social del héroe. Un elemento de reclusión unifica ambas novelas, concediéndoles su verdadera calidad poética y dimensión trágica. Las dos obras desglosan la figura del poeta, su arte, exclusión y verdad personal como punto central de la trama. Nos ofrecen no sólo una reflexión sobre el campo y sus moradores, un documento histórico; ante todo, ahí se despliega la imagen de quien se dedica a

---

[2] Juan Felipe Toruño, *Los desterrados* (San Salvador: Tipografía "La Luz" de *Diario Latino*, 1938).

[3] Con respecto a la figura de Edipo, nuestra interpretación se fundamenta en Jean-Joseph Goux, *Oedipus Philosopher* (Edipo filósofo) (Stanford: Stanford UP, 1993). Varios, *Les travaux d'Edipe d'après "Edipe philosophe" de Jean-Joseph Goux* (Los trabajos de Edipo según "Edipo filósofo" de Jean-Joseph Goux) (Paris: Editions L'Harmattan, 1997).

representar ese paisaje natural y humano.

Juzgamos que el héroe edípico en Toruño nos remite a una teoría romántica del arte y a otra aristotélica de la tragedia, anterior a cualquier psicoanálisis freudiano.[4] Toruño retomó una teoría tal de las lecturas que los personajes novelescos indican como ejemplares a: Aristóteles, Charles Baudelaire, Emmanuel Kant, Longos el sofista, Friedrich Nietzsche, Jean Richepin, Jean-Jacques Rousseau, Auguste Villers de l'Isle Adam, etc. Por supuesto, sus escritos, teorías del arte y la tragedia, aparecen mezclados con nociones esotéricas y teosóficas que se sitúan más a flor de tierra. Como muchas grandes personalidades de la época —Maximiliano Hernández Martínez, Salarrué, César Augusto Sandino—, Toruño practicó la Teosofía.

No indagaremos influencias literarias directas; para ello necesitaríamos realizar una investigación en su biblioteca personal en San Salvador; en cambio, nos proponemos rastrear los conceptos filosóficos, provenientes del romanticismo, que sustentan el pensamiento poético de los héroes. Interesa retrazar un pensamiento laico, reclamando una esfera terrena y secular para el concepto de verdad. Por su entronque con la Teosofía, Aristóteles y el romanticismo, la novelística de Toruño abre un espacio en el cual filosofía y literatura conforman un todo único.

Nuestra participación será puntual; se concentrará en el análisis de dos problemáticas. Primeramente, hay la prevalencia del conocimiento poético sobre el saber científico; aunada a esa primacía anotaremos el carácter trágico, edípico y excepcional del héroe. Luego, estudiaremos el giro que cobra el concepto subjetivo

---

[4] Nuestro punto de arranque teórico se funda en Aristóteles, *Poética* (Madrid: Aguilar, 1967) 77-107 y Ph. Lacoue-Labarthe, *L'imitation des modernes* (La imitación de los modernos) (París: Editions Galilée, 1986) 203-25 y *Typography: Mimesis, Philosophy, Politics* (Tipografía: Mimesis, filosofía, política) (Cambridge, MA/London: Harvard UP, 1989) 209-35.

de verdad o, mejor dicho, su enigma en ambas novelas. Concluiremos observando cómo se produce una cesura, una despersonalización en el sujeto que descubre su verdad individual.

Con ello deseamos abrir un espacio de debate y de interpretación insospechado para la *intelligentsia* metropolitana. En efecto, desde que el monopolio de los "*cultural studies*" (estudios culturales) absorbió todo comentario sobre la literatura, cualquier consideración filosófica ajena ha pasado desapercibida. Mientras en El Salvador, la filosofía clásica seguía vigente gracias a los trabajos de Ignacio Ellacuría y al único doctorado al que se podía optar, al de "Filosofía Latinoamericana" (www.uca.edu.sv); en los Estados Unidos, la cuestión filosófica ha quedado relegada a la política y al ámbito cultural.

En primer lugar, se trata de la destitución de la ciencia y de casi todo conocimiento positivo. En cambio, los personajes privilegian la intuición y la introspección, situando la "experiencia interior" al origen del conocimiento.[5] Tal como lo consigna el poeta José Eduardo Zomar desde el inicio y en repetidas ocasiones:

> Los doctores [...] lo someten todo a la terrible mecánica de la ciencia; esa que se aprende a fuerza de sistemas equilibrados. No saben lo que se prolonga más allá de la vida [...]. Eso que llamamos alma, no lo entiende la razón, no lo sanciona la dinámica material: eso es para el fuego espiritual [...] puede la ciencia [...] desmenuzar los átomos y extraer mucho sorprendente para los hombres [...] pero la vibración de las almas, el silencio oscuro o luminoso de lo absolutamente desconocido, el copulativo de las fuerzas

---

[5] El concepto de "experiencia interior" proviene de George Bataille, *La experiencia interior* (Madrid: Taurus, 1954). Baste insistir en el fundamento nietzscheano de Bataille y en el de Toruño, que desarrollaremos en seguida, para justificar su empleo.

con que se unen, sólo pertenece al Misterio. (*La mariposa,* 11-12 y 94)

Lo que reemplaza el saber exacto es el autoconocimiento; los personajes indagan lo propio a lo humano: una intimidad personal, "las capas interiores del hombre", al igual que el amor como enigmática comunión espiritual (*El Silencio* 86).

Esta sustitución sitúa la novelística de Toruño en plena modernidad poética. Por modernidad entendemos el sentido que Friedrich Nietzsche le otorga en el Capítulo XIV de *El nacimiento de la tragedia*.[6] La ficción sólo existe para la ciencia; "es el suplemento obligatorio de la ciencia". Optar por la modernidad en poesía es repetir un gesto nietzscheano y anticientífico. Una posición tal rechaza toda subordinación de la poesía a la filosofía; denuncia la "antinomia irreductible" que hay entre "socratismo y arte". La modernidad declara la índole literaria de toda letra escrita (*gramma*, traza, marca, inscripción, escritura...). Inaugura una "edad de los poetas". Esta edad es un período del desengaño, en el que la poesía se apropia del terreno baldío que una filosofía demasiado ocupada en cuestiones de índole científica (positivismo lógico), o bien de carácter político (marxismos), ha dejado vacante.

Tanto positivismo lógico como marxismos (los estudios culturales anglosajones, etc.) olvidan el significado de pensar, la cuestión del ser y la del estar, la verdad y su modo de producción, la disonancia entre verdad y saber, la noción de sujeto y su destitución, la anulación del contraste que funda la tecnología entre sujeto y objeto, el carácter no-objetivado del conocimiento, el amor y el erotismo, el problema del tiempo, una geografía poética, etc. Estos ejes temáticos son sólo algunos de los que inauguran la edad de los poetas, el período que se extiende desde la Comuna de París (1870)

---

[6] Friedrich Nietzsche, *El origen de la tragedia* (Madrid: Espasa-Calpe, 1969) 85-89.

y Arthur Rimbaud hasta nuestros días. La modernidad es el instante en que la filosofía se jubila, heredándole a la poesía una amplia esfera de pensamiento. La poesía declara el error de todo absolutismo científico y, en nuestro medio, político; éste reduce su autonomía, sujetándola a la exclusiva esfera de acción de la ciencia o de la política.

A la vez, la razón se convierte en enemiga del conocimiento; la belleza y la pasión la suplantan: "Ante la belleza no se razona, está fuera de análisis [...] ante una estatua [= *Bild*, símbolo], la lógica se embaraza" (*La mariposa* 129). La intuición y el sentimiento sustituyen la observación experimental; la poesía reemplaza el ensayo. Lo íntimo prevalece por encima de lo social y natural confrontando, paradójicamente, al héroe con lo único que puede conocer: el misterio de sí. Por este medio, Toruño nos ofrece un procedimiento inédito para la formación de una persona autocentrada y autónoma. Gracias a la experiencia y a la práctica de la poesía, la potencia subjetiva emerge del nicho social en el cual se hallaba oculta, adormecida.

Al despertar esa subjetividad, Edipo derroca la religión ancestral y toda enseñanza sacerdotal clásica, mientras que el héroe novelesco en Toruño pone en tela de juicio el carácter holístico de toda una sociedad que anula, ya no las libertades individuales; de manera más esencial, el personaje denuncia la imposibilidad de que surja el individuo; pone al descubierto la inexistencia misma de la persona:

> [L]a sociedad que restringe la voluntad personal de los que la forman, es culpable de tantas anomalías, de tantas cosas que se desarrollan en muchos hogares [...] algunos hombres, por respeto, o por temor a ese prejuicio social, se sacrifican y se casan para ser infelices. (*La mariposa* 140)

En el caso de Cidha Villaseñor, se trata del imposible paso de un régimen conservador y jerárquico, hacia otro de libre arbitrio elección personal con respecto a su propia madurez erótica. El despertar de la persona hace posible el inicio de una crítica social y, con los años, lo que ahora se conoce como testimonio.

El poeta autodidacta, Edipo, hace caso omiso de la tradición. G. W. F. Hegel lo presenta como la travesía de Egipto hacia Grecia; en este lugar tiene origen la filosofía, el pensamiento poético crítico de Toruño:

> El Espíritu se le presenta a la conciencia de los egipcios, en la forma de un problema [...] evidente en la celebrada inscripción en el santuario de la Diosa Neith en Saís: 'Soy aquélla que es, que era, y que será; nadie ha removido mi velo' [...]. Lo que resulta claro en sí es [...] la solución del problema en cuestión. Esta lucidez es el Espíritu [...]. En la egipcia Neith, la Verdad todavía es un problema. El griego Apolo es la solución; su expresión es: 'ser humano, conócete a ti mismo' [...]. La humanidad en general está destinada al autoconocimiento. Este mandato lo recibieron los griegos [...] la leyenda griega narra [...] que la Esfinge —el gran símbolo *[Bild]* egipcio— apareció en Tebas, pronunciando las palabras: ¿Cuál es el animal que camina en la mañana con cuatro patas, a mediodía con dos y en la tarde con tres? Al dar la solución: Ser humano, Edipo precipitó a la Esfinge de las rocas. La solución y liberación del Espíritu oriental [...] es ésta: que el Espíritu Interior (la Esencia) de la Naturaleza es el Pensamiento (el Espíritu), el cual existe sólo en la conciencia humana.[7]

[7] G. W. F. Hegel, *The Philosophy of History* (La filosofía de la historia) (New York: Dover, 1956) 220.

El conocimiento de sí, una antropología introspectiva, precipita ya no a la Esfinge, sino al héroe edípico hacia los márgenes del sistema social. Hegel agregaría que el héroe emerge de su prisión en la naturaleza, y nosotros continuaríamos diciendo que brota de su adormecimiento en lo social. Así descubre su aislamiento trágico. El precio del autoconocimiento es la exclusión. Es el suicidio de Cidha Villaseñor, así como el destierro de Oscar de la Cruz, Carlos Meneses y Jorge Eduardo Zomar en la novelística de Toruño.

El personaje novelesco es la figura misma del poeta, de Edipo o *sophos* como desterrado. La clave del Edipo romántico, que Hegel heredó de Friedrich Hölderlin y de F. W. Joseph Schelling, pone el acento en la solución solitaria del enigma de la Esfinge. Esta cuestión Sigmund Freud la dejó de lado, poniendo el incesto en un primer plano. El enigma, la Verdad, no es exterior al sujeto; el enigma de la Verdad es lo humano. Ésta es la herejía, la tragedia de Edipo y la de la modernidad: el autoconocimiento. Lo divino, la Teología y lo natural, la Física y la Biología, se reducen a lo antropológico.[8]

En *El introvertismo en poesía* y luego la “Introducción” al

---

[8] Dejamos sin estudiar en detalle el hecho de que la subversión original de Edipo, el sacrilegio, no se refiere al incesto. La posesión de la madre sólo ocurre en un segundo momento. En un principio, Edipo cuestiona la adquisición del conocimiento de manera jerárquica y tradicional, a través de un ritual de iniciación dirigido por una clase sacerdotal. El modelo edípico es el de un autodidacta; apunta hacia una creciente secularización del conocimiento. De ahí que Edipo resuelva el enigma de la Esfinge por sí mismo, sin ayuda de los dioses ni sin el recurso de un saber mágico ancestral. Además, esta revocación de la herencia religiosa debemos entenderla en relación a la falta de autoridad paterna y a la de todo dogma: “El hijo liberado de toda tutela externa, se sitúa en los comienzos de la formación del pensamiento filosófico [...] la disciplina de la filosofía nace a partir de un movimiento de autointernalización que hace posible una autoiniciación” (Goux, *Edipo,* 141 y 143). Para la novelística de Toruño, estos dos principios se traducen en un doble corolario. Por una parte, una posición liberal, anticonservadora y antiliberal, puede rastrearse en su primera novela.

Por la otra, la ausencia del padre y el abierto desafío al tutor, en el caso de Cidha Villaseñor, definen a los personajes más importantes en ambas novelas. Casi estaría demás anotar que el propio Toruño fue autodidacta y liberal.

Índice a los poetas de El Salvador de un siglo, 1840-1940, Toruño reconoce la prevalencia de la antropología, de lo humano, incluso en la lírica, por encima de cualquier elemento telúrico, de la propia imagen poética y de toda esencia musical del idioma:

> El hombre es el mayor problema planteado sin que pueda ser resuelto por el mismo hombre a través de generaciones y de evolución científica.
> La lírica debe vibrar con energía creadora [...] en lo humano y con lo humano [...] porque el paisaje no es lo primordial aunque hayan quienes crean lo contrario. El paisaje es marco o detalle de vida [que es] esencia y potencia [...]. Lo humano, porque humana es la conciencia de percibir y por lo humano manifestamos esta conciencia sentimental [...] es lo primordial.[9]

El planteamiento, la búsqueda y la resolución del Misterio, hacen del héroe novelesco en Toruño un ser excepcional, edípico. De Oscar se afirma que es "la excepción [...] diferente a todos, distinto a cómo son los demás [...] domina porque ha aprendido a dominarse" (*El silencio* 92, 102, 121). Igualmente sucede con José Eduardo:

> Quien a fuerza de voluntad, de talento y tal vez de privaciones, ha llegado a ocupar un puesto visible [es] extraño, distinto [...] tenaz y constante, si un pequeño obstáculo, o grande, quería hacer variar la corriente de su anhelo, no se atemorizaba; al contrario, era eso acicate para su espíritu [quería] imponer su yo consciente [...] ser como las rocas del océano. (*La mariposa* 89, 106, 111, 176)

Y Cidha Villaseñor "fue como un mártir [...] llegó hasta el

---

[9] Toruño, *El introvertismo en poesía* (San Salvador: Imprenta La Unión, 1950) 5; y Toruño, *Índice de poetas de El Salvador en un siglo, 1840-1940* (San Salvador: Ministerio de Instrucción Pública, 1941) 9.

sacrificio en amor, al grado de exponer su honra al prejuicio, motivando que se le juzgara mal [...] ¡qué amor tan arraigado, tan profundo!" (481).

La voluntad superior de los tres personajes los identifica con el clásico héroe trágico: "La tragedia [...] es imitación [...] de seres de elevado valor moral o psíquico" (Aristóteles, *Poética,* 81). Edipo es el paradigma de la tragedia; la tragedia, el de la poética. En los tres héroes se halla en juego una trasgresión. Se trata del reemplazo de un sujeto accidental, sometido al servicio del sistema, hacia un proceso de subjetivización individual. Sólo en la medida en que el sujeto autónomo se perciba soberano podrá, en seguida, denunciar las arbitrariedades de una sociedad. La tragedia sería el instante de una cesura y cumplimiento de un destino personal autocentrado, al igual que de otro social de relajamiento de los valores holísticos tradicionales. Sólo la cesura permite la crítica del sistema social. La memoria del testimonio se juega a partir de ese espacio, de la distancia crítica que se abre luego de la cesura.

En segundo lugar, el concepto de verdad adquiere un giro de corte heideggariano. Ya no se trata de la adecuación de un enunciado a un estado natural; en cambio, se afirma una revelación (*aletheia*) al interior del sujeto. Es el descubrimiento de una intimidad, del amor o de un sentimiento. La verdad revela lo real del sujeto. En Oscar de la Cruz es su origen familiar; en Carlos Meneses, "el Yo verdadero"; en José Eduardo Zomar y Cidha Villaseñor, "el mundo que llevan en sí mismos", así como el prohibido, secreto y "silencioso" amor que fluye entre ambos. A la convención social, el héroe opone no una tentativa de revolución social sino, en un inicio, la búsqueda y la elaboración de una subjetividad auténtica. Al indagar lo íntimo, el héroe confronta naturaleza y sociedad; se aísla y acaba en el exilio. Cualquier testimonio de denuncia social es posterior a esta cesura del sujeto con respecto al régimen social.

Como lo declara Cidha Villaseñor, en ese callado aislamiento se conserva la pureza de todo sentimiento: "Nuestro amor debe ser silencioso, sin exhibicionismos, puro, para que no lo manchen las miradas de la gente" (*La mariposa* 149). De igual manera, para Carlos Meneses y Oscar de la Cruz recluidos en las montañas centroamericanas: "El silencio habla [...] tiene un idioma [...] las voces del misterio en su cerebro fatigado [...] miraba sólo a sus recintos interiores" (*El silencio* 302-04). La interiorización, la internalización del conocimiento es el momento inaugural, edípico, del pensamiento filosófico occidental: "Edipo [...] logra [...] el gesto filosófico por excelencia: el movimiento reflexivo del pensamiento, el acto de autoconciencia a través del cual la subjetividad se conoce a sí misma" (Goux, *Oedipus,* 166).

A principios de la década de los cincuenta, Toruño abordó ese punto de arranque de toda reflexión filosófica bajo el título de "El introvertismo en poesía" donde expresa: "La poesía es un reportaje obtenido en fuerza de angustia, de afán emotivo, de zozobras íntimas" (Toruño, *El introvertismo* 13). Se trata de "alimentar al lobo humano [...] y la soledad propicia a la meditación", exclama el poeta José Eduardo Zomar a la hora de componer un poema en la primera novela de Toruño (*La mariposa* 104, 98). En este "alejamiento" se funda la "estrategia" que liga la literatura a la filosofía haciendo, como veremos al final, que el pensamiento sobre el sujeto existente se vuelque sobre el Ser en general.[10]

Ningún otro ejemplo resulta más significativo de la primacía de la experiencia subjetiva que la correlación entre naturaleza y cultura. Tal como la concibe Oscar de la Cruz en

[10] Ph. Lacoue-Labarthe, *Le sujet de la philosophie* (El sujeto de la filosofía) (París: Aubier-Flammarion, 1979) 137.

El silencio:

> [Q]uiero practicar en este libro de los montes, lo que aprendí en los libros de la escuela [...] si he aprendido algo, deseo practicarlo como si escribiera en este libro de la montaña [...] creo que debe darse cuenta Ud. de lo que tiene, de su haber, ya no del deber, porque supongo que no hay deudas. Y en viendo cómo está todo, planearé un proyecto a desarrollar [...] he preferido estudiar en el libro verde y sonoro de la montaña [...] la montaña enseña lo que se debe aprender [...] yo prefiero el estudio entre la naturaleza, en medio de los montes en donde está la vida en todas formas. (*El silencio* 108)

El juego entre dos concepciones contradictorias de lo natural no podría ser más obvio. Por una parte, se concibe la naturaleza como "libro". Estaría entonces dotada de un contenido poético y cognitivo en sí. Sería jurisdicción del ser humano "estudiar", leer y descifrarla. La naturaleza estaría compuesta de signos gráficos o de símbolos; sería un anuncio.

Por la otra, en cambio, más que un libro escrito se trata de un cuaderno medio vacío y abierto para que la acción humana lo complete y escriba ahí su propio "proyecto" de explotación. "La potencia original que hace el mundo, la *physis*, degenera en un prototipo a copiarse e imitarse".[11] Lo que interesa de la naturaleza no es conocerla en sí; en cambio, al ser humano le compete perfeccionarla, someterla a los dictados de la tecnología y explotarla en beneficio de lo social. La naturaleza ya no representa un "ser-en-sí", convirtiéndose en el "deber-ser" de un proyecto cultural: una reserva de recursos útiles a la sociedad, al plan de una nación. La

---

[11] Martin Heidegger, *Introduction to Metaphysics* (Introducción a la metafísica) (New York: Anchor Books/Doubleday, 1961) 52.

"verdad" de la naturaleza equivale a la planificación social; lo natural se cumple en la cultura, despojándose de su ser natural. La naturaleza como símbolo, como "libro", queda rebajada a la simple calidad de objeto utilitario. Parafraseando a Hegel, la esencia de la naturaleza acaba reducida al Espíritu libre del poeta; éste sólo se despliega en lo humano.

En términos aristotélicos clásicos, hay dos mimesis o procedimientos de correlación entre arte y mundo, entre arte y política. Por una parte, se nos ofrece una mimesis restringida; al arte le correspondería copiar, "leer" fielmente el mundo. Por la otra, se halla una mimesis generalizada; al arte le concierne depurar y producir (*poiesis*) el hecho natural en el seno mismo de la naturaleza.[12] Si por la primera mimesis la naturaleza cumple su destino en sí misma; por la segunda, se completa en el trabajo y en el espíritu humano.

Por último, nos queda por discernir un punto sobre cómo la subjetividad auténtica se diluye en su entorno; la revelación del Misterio se realiza por una cesura del sujeto con respecto a la naturaleza, a la sociedad, e incluso consigo mismo. El Misterio abre una doble paradoja. Por una parte, revelar el Misterio significa descubrir su existencia sin por ello identificar su contenido, sin traicionar la esencia misma del enigma. "Sólo el Misterio es eterno" (*La Mariposa* 96). "El 'misterio', en el sentido original de la palabra

---

[12] Sobre las dos mimesis, véase: Aristóteles, *Física*, Libro II, 199a-199b, *Obras*: 597, y Ph. Lacoue-Labarthe, *La imitación*: 23-24. La determinación aristotélica de la mimesis reza así: "En general el arte [*tekhne*] perfecciona [*epitelei*] la naturaleza y acaba en parte lo que la naturaleza [*physis*] misma no puede acabar y ultimar [*apargasasthai*] y, en otra parte, imita [*mimeitai*] a la misma naturaleza; la misma recíproca relación hay entre lo posterior [el árbol maduro, el fruto] y lo anterior [la semilla] de los seres naturales".

Desde los cincuenta, dentro del sistema de la literatura comprometida que ha regido la esfera artística centroamericana, la pareja arte-naturaleza debe reemplazarse por arte-política. Pero el problema de la doble mimesis del arte sigue vigente: en la poesía no sólo se da cuenta, sino se completa lo político.

[es] el 'mutismo' del *myste*, el guardián del secreto" (Goux, *Oedipus* 188).

Por la otra, la auténtica subjetividad destituye la integridad del Yo. Efectúa una "despersonalización" del héroe, haciendo aflorar el complejo mosaico de fuerzas íntimas, en pugna, que componen el sujeto (*El silencio* 290). Algo comienza a pensar y hablar en el mismo sujeto, de suerte que el sujeto se pierde. Deja de ser idéntico a sí mismo y propietario de sí. "Oscar transformado", escuchando "voces" y poseído por el espíritu de un ancestro, acepta la fatalidad (*El silencio* 295, 301). El Yo difiriendo consigo mismo, el sujeto reduplicado, distanciado de sí, ¿no es acaso una de las más clásicas temáticas griegas y borgeanas: "Borges y yo"? La subjetividad plena establece una diferencia entre el sujeto que habla y una identidad subjetiva, un aleph íntimo, un nahual inefable:

> Al otro, a Borges, es a quien le ocurren las cosas [...] yo me dejo vivir para que Borges pueda tramar su literatura [...] sólo algún instante de mí podrá sobrevivir en el otro [...] Yo he de quedar en Borges y no en mí (si es que alguien soy) [...] no sé cuál de los dos escribe esta página.[13]

El enigma es lo propio a la *ex-sistencia*. *Ex-sistir* significa localizarse a sí mismo (Borges/ César Augusto Sandino) por fuera (*ex*-) de sí (Yo/ Oscar de la Cruz), diferir consigo mismo, engendrar una diferencia. En palabras del propio Toruño, el escritor no sólo se

[13] Jorge Luis Borges, *El hacedor* (Madrid: Alianza Editorial, 1979), 69-70. El trasfondo griego de ese desdoblamiento original lo escuchamos en expresiones como: "el uno difiriendo consigo mismo", "el otro en lo mismo"; o más recientemente, "Yo es Otro". En un sentido más estricto, la dualidad Yo/Otro-en-lo-Mismo remite al triángulo que Borges desarrolla en "El otro tigre" (Borges, *El hacedor,* 103-05), tal vez como lectura de la segunda tópica freudiana (Ego-Superego-Ello); la tradición indígena mesoamericana ha concebido una tripartición similar bajo los términos Yo-nahual-tonal. Valga esa semejanza entre el escritor porteño, el freudianismo y lo indígena, para indicar una confusión usual entre lo posmoderno y lo premoderno.

ha jubilado de lo natural y de lo social; a la vez, "el poeta es un desterrado de sí mismo".[14] La enseñanza nietzscheana está a la obra. "Ser desterrado de sí mismo" es una paráfrasis del inicio de *La genealogía de la moral*:

> Nosotros, los que conocemos somos desconocidos para nosotros, nosotros mismos somos desconocidos para nosotros mismos [...] permanecemos extraños a nosotros mismos, no nos entendemos, tenemos que confundirnos con otros, en nosotros se cumple por siempre la frase que dice: "Cada uno es para sí el más lejano".[15]

A partir del retiro, Oscar y Carlos reconocen la *physis*, la montaña o lo natural como fuerza animada, espiritualizada. Por medio de un panteísmo que comparte también José Eduardo Zomar, la apertura de la Verdad en el sujeto se traduce en el surgimiento del Ser real de la naturaleza: "[Lo natural] rompió el velo, abrió la puerta de la verdad y enseñó el drama íntimo" (*El silencio* 298).

La despersonalización del Yo, su disolución en el mundo y su reverso, la animación de la naturaleza, abren la esfera en la cual se despliega una Verdad integral, íntima y cósmica a la vez.[16] Ese momento sella la confluencia del existente y el Ser. La conjugación de pensamiento (*mythos-logos*) y mundo (*physis*) sólo Edipo puede descubrírnosla: "Nacemos con los ojos cerrados porque no queremos

---

[14] Toruño, *Desterrados*: I. Con respecto a la identidad entre Oscar de la Cruz y César Augusto Sandino, véase: Ardis L. Nelson, "Mito e historia en *El silencio*" en *Juan Felipe Toruño en dos mundos Análisis crítico de sus obras.*

[15] Friedrich Nietzsche, *La genealogía de la moral* (Madrid: Alianza Editorial, 1997) 21-22.

[16] Este mismo panteísmo que "se remonta a pretéritas funciones. A los poetas védicos o al Guamantismo", Toruño lo exalta en el poeta estadounidense Walt Whitman, antecesor del Modernismo ("Walt Whitman, bíblico futurista poeta de América", *Journal of Inter-American Studies*, Vol. IV, No. 1 (1962): 23-31). Si la modernidad

ver la vida [...] y morimos con los ojos abiertos queriendo buscar, en el misterio, la verdad" (*La mariposa* 10). El arte construye la verdad; la hace obrar en la obra.

En conclusión, cuando en la actualidad se habla de un sujeto testimonial, quien asume el Yo sólo a condición de referirse a un Nosotros comunitario, el dilema de la despersonalización y de la cesura del sujeto no dista mucho de aquél que Toruño anticipó en su novelística. Juan Felipe Toruño es nuestro contemporáneo. Él le abrió a la Generación Comprometida un espacio editorial en "Sábados de *Diario Latino*". Y, ante todo, predijo la experiencia de un Yo "posmoderno"; por simple paradoja, al reconocer su más íntima realidad, ese Yo se percata de su carácter múltiple, diluyéndose en las "voces" naturales o sociales que lo rebasan.

---

poética en Toruño presupone el paso de una visión personal de la divinidad a otra de carácter panteísta, es algo que se halla fuera de nuestras consideraciones actuales. No obstante, cabe anotar el paralelismo que existe entre la destitución del sujeto y una correspondiente diseminación de la divinidad en el cosmos. En ambos casos se trata de una despersonalización de la instancia humana y de la divina. Dentro de la historia de las ideas en Centroamérica, la justificación del panteísmo y de la despersonalización del Yo, se asienta sobre la práctica de la Teosofía a la cual fueron adeptas varias generaciones de la primera mitad del siglo XX.

El legado modernista en *El silencio,* de Juan Felipe Toruño

por Nydia Palacios Vivas

> *"El Modernismo fue nuestro verdadero romanticismo y, como en el caso del simbolismo francés, su versión no fue repetición, sino una metáfora: otro romanticismo."*
>
> —Octavio Paz, *Los hijos del limo*[1]

Esta afirmación del Premio Nóbel mexicano legitima la enorme importancia que tuvo el Modernismo para nuestro continente y confirma, una vez más, cómo Rubén Darío abrió nuevas rutas para marcar un hito, que hasta el momento no se ha superado.

El legado del Modernismo en Hispanoamérica, se extendió hasta mediados del siglo XX con la excelencia de las obras de Leopoldo Lugones, Julio Herrera y Reissig, Rafael Arévalo Martínez y el gran César Vallejo con sus *Heraldos negros.* Si en todos estos poetas, la huella del gran nicaragüense Rubén Darío es innegable, en su país natal su influencia poderosa se extiende hasta bien entrado los años treinta, como lo demuestra Juan Felipe Toruño nacido en León, Nicaragua, quien publica su novela *El silencio*[2] en El Salvador donde vivirá el resto de su vida. Profesor, poeta, ensayista, periodista, crítico literario, cuentista y novelista, incursionó en varios géneros. Debido a sus méritos obtuvo el doctorado Honoris Causa por la Universidad Nacional Autónoma de Nicaragua. De ideología

[1] Octavio Paz, *Los hijos del limo* (Barcelona: Editorial Seix Barral, 1981) 128; Citas subsiguientes a esta obra aparecerán en el texto como: Paz, *Los hijos*.

[2] Juan Felipe Toruño, *El silencio* (San Salvador: Editorial Universitaria, 1976); Citas subsiguientes a esta obra aparecerán como: *El silencio*.

liberal, fundó diarios y revistas. Una de ellas se titulaba *Rubén Darío*, como homenaje al líder indiscutible del Modernismo. Toruño con *El silencio,* obtuvo el primer premio en el concurso del Libro Americano celebrado en Cuba en 1938. En esta novela, asistimos al drama de una familia que nos recuerda a los desenlaces terribles de las tragedias griegas. Su narrativa apasionante tiene como telón de fondo la selva nicaragüense. Al respecto, Gabriela Mistral en una carta a su autor afirma: "*El silencio* me ha sido sumamente gozosa por la exhuberancia del lenguaje y por la descripción de nuestra tierra de América. Cosa rara hay en Ud., un realismo muy grande, una observación minuciosa y conocimientos sicológicos, que casi nunca tienen los que se dan a esos estudios". Otro juicio que merece consignarse es el del Dr. Stanislan Pazurkiewich de la Universidad de Polonia, quien en 1947 escribiera en estos términos:

> *El silencio* no sólo me deleitó, sino que me hizo conocer lo que hay en la montaña de su tierra y además lo que Ud. maneja con acierto, porque yo también he hecho estudios esotéricos y puedo, con el conocimiento que poseo, apreciar lo que Ud. tan sabiamente ha ahondado en su obra.[3]

Ambos escritores mencionan dos elementos que son esenciales para nuestro análisis, la naturaleza bravía tropical, una especie de Edén terrenal pero lleno de peligros, y lo esotérico, dos columnas que sirven de soporte estructural al drama que viven los personajes. Esta naturaleza que responde a la armonía universal, si nos atenemos a la correspondencia de la armonía de las esferas según Pitágoras con la concordia que debería existir entre los seres humanos, se verá abruptamente rota por la Ley del Karma. Lo esotérico, los mitos griegos, lo exótico, la obsesión por el misterio,

[3] Estas citas se publicaron en "Párrafos de algunos juicios acerca de *El silencio*" en las primeras páginas de *El silencio*.

"la *femme* fatal", características del Modernismo se transparentan en cada una de las páginas de *El silencio*. Encontrar ecos del Modernismo en Toruño es de esperar, porque en Nicaragua la presencia de Darío es como un culto, una herencia, un legado que los escritores a lo largo del siglo XX no han podido sustraerse a su influjo.

Recordemos que en ese extraordinario poema "El coloquio de los centauros", de hondas resonancias ocultistas, Darío lo sitúa en un ambiente paradisíaco, la Isla de Oro, y en ese ambiente agreste, la discusión se focaliza sobre el misterio de la vida y la muerte, la mujer y lo desconocido, porque según el poeta, "cada hoja de cada árbol, canta un propio cantar y hay un alma en cada una de las gotas del mar".[4] Estos seres mitológicos que dialogan, exponen sus ideas empapados del pitagorismo en la armonía del cosmos, en lo erótico místico, muy propios del hinduismo y el tantrismo y otras doctrinas esotéricas.

El realismo de la novela, como dijo la poeta chilena, se debe al conocimiento profundo que tiene Toruño de la montaña nicaragüense, por haber participado en las luchas de ese gran héroe de nuestra dignidad nacional Augusto César Sandino, quien encontró en la selva nuestra su aliada más importante. Su ejército de campesinos, siempre soportando calamidades, también son protagonistas en esta novela, pues Oscar Bravo, una especie de Edipo criollo, vive entre ellos, conoce su sufrimiento, su hambre sempiterna y por ello se siente hijo de la montaña y no soporta la vida de la ciudad.

El hilo de la trama de la novela, hábilmente manejado, recrea los mitos de Edipo y de Electra, la creencia en el karma, la ley de la causalidad que rige la vida de los humanos y que lleva a los

---

[4] Rubén Darío, *Poesías Completas* (Madrid: Aguilar, 1967) 574; citas subsiguientes a esta obra aparecerán como: Darío.

personajes a un desenlace fatal, al igual que en las tragedias griegas. El incesto entre Oscar y su madre Berta y luego con Sara Amelia, la hija concebida por ambos, nos invita a una reflexión sobre el destino ineludible, creado por nuestras acciones, de los cuales no podemos escapar. Todo el drama se debe a un desliz de Berta, jovencita hija de un rico hacendado nicaragüense, quien en la adolescencia concibió un hijo con el que después será su marido Francisco. Pero ese hijo no deseado está condenado a desaparecer para ocultar el pecado. Su abuelo, mientras huía a su hacienda en Chontales, para ocultarse después de haber participado en un golpe contra el gobierno del presidente José Santos Zelaya, encuentra entre unas piedras a un recién nacido que llora a la vera del camino. Él lo recoge y se lo lleva a su hacienda El Caracol para que lo críe una familia de campesinos. Oscar desconoce su origen, pero todos comentan que debe ser hijo adulterino de don Evaristo Meneses, el padre de Berta, Carmen y Carlos. Algo muy conocido que sucede en estas tierras donde el patrón abusa de sus empleadas.

A la muerte de Don Evaristo, en su testamento deja a Oscar la hacienda El Caracol, pues su hijo Carlos no puede hacerse cargo de ella por haber perdido la vista mientras estaba estudiando en Estados Unidos. Mientras tanto, en las visitas que hacen Berta y Carmen a la hacienda, ambas se sienten atraídas por Oscar. Éste se resiste a las insinuaciones de su madre, Berta, pero cae en el pecado. Esta atracción inexplicable entre madre e hijo tiene sus raíces en lo que los románticos llamaban "la voz de la sangre".

Para nosotros, este hijo expósito tiene que purgar su culpa, no puede eludir su karma, dogma central del Sanathana Drama, que dimana del principio de causalidad. Todo acto, todo pensamiento produce un efecto, bueno o malo. El responsable tendrá que redimirse un día, en esta vida o en la otra. La fuerza del sino no puede evitarse. No se puede escapar a esta ley de retribución de las obras. A explicar las causas de nuestro destino, el karma justifica las consecuencias. La vida de cada individuo, condicionada por la precedente, condiciona la siguiente. De lo antes expuesto, colegimos que, de acuerdo con esta Ley del Karma, debemos creer en la reencarnación como una necesidad, ya que el alma ha de volver para destruir o pagar el saldo de su karma. La vida del ser humano condiciona la vida precedente y la futura. A este encadenamiento de existencias sucesivas se le llama Sara. Según estas creencias del hinduismo, el individuo al nacer, pierde el conocimiento de sus vidas anteriores. Por ello, Oscar, cuando llega a la ciudad al encontrarse con su madre, siente además de la atracción física un sentimiento al cual no le encuentra explicación. Lo mismo le sucede a Berta y es por ello que ambos caen en la vorágine de la pasión prohibida.

Es necesario consignar que el papel asignado por el karma obedece a las leyes de la Armonía Universal. Si resiste, si no sigue más que la corriente de su propio egoísmo, pierde en vano sus fuerzas y cae con las consecuencias funestas. Veamos esta página, cuando Berta, como una Venus Anadiomena, emerge de las aguas del río que atraviesa la hacienda:

> La llevó él cerca de unos arbustos de cordoncillo y la lira de aquel cuerpo de mujer, como el arpa sonora de la montaña, vibró en los espasmos del placer [...]. Pasado el acto de las estupendas sacudidas sensuales, Berta quedó ahí sobre la hierba, desnuda, rendida, inmóvil, tal como quedaba la montaña después de los tremendos huracanes. (*El silencio* 210)

Venus-Berta, Montaña-Berta, encarna el deseo, pero también la muerte. En “El coloquio de los centauros”, el centauro Hipea asevera:

> Yo sé de la hembra humana la original infamia

> Venus anima artera sus máquinas fatales, tras los radiantes [ojos ríen traidores males, su cráneo oscuro alberga bestialidad y engaño]
> y entre sus duros pechos, lirios del Aqueronte, hay un olor [que llena la barca de Caronte]. (Darío 574)

Según esta descripción, la blancura y pureza de los lirios contrasta con el olor mefítico que invade la barca del sueño eterno, llevada por Caronte a la región de la muerte. Aquí observamos cómo "la *femme* fatal" en el imaginario modernista, doblega al varón en todas las épocas, llámese Eva, Cleopatra, Dalila, Salomé, Venus, etc. Esta mujer, símbolo de la pérdida del paraíso encarnada en Berta, vuelve a conquistar a Oscar después de un viaje a Europa donde se la llevó su marido impotente para ocultar que había concebido una hija con Oscar, después de su primer encuentro sexual. Su madre regresa con Sara Amelia, la hija del incesto, la nueva Electra de quien se enamora Oscar (su padre). Sin embargo, Berta vuelve a repetir el acto carnal: "Venció la serpiente que le ofreció la manzana y triunfando la bestia en ambos, hundiéronse en el placer como otros días" (*El silencio* 265). Tenemos aquí un signo de doble significado, el de la expulsión del Edén, pero también el de la serpiente que simboliza las reencarnaciones con su cambio de piel. Por ello, Oscar se niega a matar a una víbora cascabel que muerde a su hija. En las últimas páginas de la novela, la tragedia se acentúa cuando Sara Amelia resulta embarazada de su propio padre.

El aura fatal que se cierne sobre los protagonistas se emparienta con los desenlaces terribles de la tragedia griega y con la ley de la causalidad. En las páginas finales de la novela, Berta, horrorizada, llega a darse cuenta de que es la madre de Oscar. Al saber que Sara Amelia y Oscar contraerán matrimonio, le dice toda la verdad. Es entonces cuando una tan inesperada como sorprendente transformación se da en Oscar: comienza a cantar con voz de barítono, nada menos que con la voz de su tío, por parte de padre, Fernando Farraind, cantante de ópera que había muerto hacía años. Con este final, Juan Felipe Toruño nos deja planteadas grandes interrogantes, uno de los grandes misterios, un caso para los adeptos del ocultismo, para los que se ocupan de los estudios esotéricos. ¿Qué karma castiga a Oscar? ¿Cómo puede explicarse ese fenómeno al despersonalizarse y posesionarse de él Fernando Farraind?

Debemos remarcar que a los modernistas les obsesionó el misterio, lo desconocido. La mayoría de los modernistas, herederos del romanticismo y del simbolismo, eran ocultistas, espiritistas y devotos de Madame Blavaski y otros estudiosos de lo esotérico durante el siglo XIX. Ante una fe tambaleante, ante preguntas metafísicas que no tenían respuesta, buscaban a Dios y no sabían dónde encontrarlo.

En un poema llamado "Reencarnaciones", Darío dice que fue coral primero, después hiedra, manzana, piedra, lirio, alondra, labio de niña, y ahora nos dice: "Soy un alma que canta como canta una palma de luz de Dios al viento" (Darío 939). Esta misma idea se plasma en otro de sus poemas "Metempsicosis". De igual manera y haciendo hincapié en la transmigración de las almas, núcleo central de esta novela, Oscar dice:

> Yo vengo de un país remoto, pertenezco a la raza de hombres que adoraban los dioses de la montaña, las divinidades de la selva; adoraban el imperio de sus templos y bebieron del agua que lo purificaba todo. Una agua [...] Yo vengo de allá, de donde la montaña era el santuario del espíritu, del Oriente. (*El silencio* 123)

Asimismo, continuando con esta idea, es muy significativo que la hacienda donde ha vivido Oscar lleve por nombre El Caracol.

Esto alude a la transmigración de las almas, motivo que recoge Darío en su poema del mismo nombre escrito en 1903. En este poema subyace la idea de una vida pasada. En este caracol hallado en la playa, el "Yo" lírico escucha un rumor, un profundo oleaje y un misterioso viento. En él, el poeta escucha el pulso del universo, el corazón del mundo.

He aquí dos elementos importantes para este trabajo que hemos mencionado anteriormente: el simbolismo del agua y de la montaña. Según Lily Litvak, los paisajes y los jardines de los modernistas se traducen en que: "La sensibilidad de la época tendía a un idealismo exasperado; se acogía con entusiasmo cualquier teoría que ayudara a la erosión del racionalismo [...]. El misticismo entra como humo entre las resquebrajaduras de los muros de la inteligencia que se desmorona".[5] De manera que los jardines no obedecen a una simple descripción paisajista. Al contrario, en este simbolismo vegetal, la naturaleza, rica y lujuriosa de Nicaragua invita tanto al placer como a la espiritualidad. La dualidad del hombre no se resuelve. El hombre de fin de siglo oscila entre la moral del estoico y la dicha del placer del epicúreo. Estos jardines a veces evocan la felicidad y placidez del Edén, y en otras, la sensualidad y el placer ilimitado "fuera de la vigilancia o de la conciencia o de la razón" (Litvack 85).

Es por ello que para Oscar, la montaña y Berta son la misma cosa. Cuando Carmen, la hermana de Berta, enamorada secretamente de Oscar, no encuentra explicación del porqué se niega al amor, él exclama: "¡Sí, la montaña! No quiero traicionarla, porque, mujer al fin se puede vengar" (*El silencio* 211). En el erotismo, propio de las creencias orientales donde la cópula se considera algo sagrado, se manifiesta en todo lo que nos rodea. Por ejemplo, en el erotismo chino, el paisaje que vemos no es

---

[5] Lily Litvak, *Erotismo fin de siglo* (Barcelona: Casa Editorial Bosh, 1979).

simplemente una belleza natural: las flores, las plantas y sobre todo la montaña, son representaciones de la mujer. Todo lo que nos rodea, en especial el mundo vegetal, tiene su correspondencia con lo humano. Todo obedece a una cifra, a un enigma. Entre las flores, el loto, por ejemplo, es la vulva, mientras que los tallos de algunas plantas corresponden al falo. Por eso Oscar, hijo, amante de la montaña, desprecia la ciudad.

El erotismo en la naturaleza se manifiesta en diversas formas: la alondra, el ruiseñor, las tórtolas y toda una constelación de flores, magnolias, azucenas, orquídeas, amapolas, lirios, rosas y sauces. Es un simbolismo plural donde mediante la sensualidad, el escritor modernista oscila entre sus opuestos: Eros y Thanatos, castidad y carnalidad, virtud y pecados capitales. Nos dice Litvack: "El fin de siglo erotizó los elementos que son fuente de vida: el sol, el fuego y sobre todo, el agua. Su sentido erótico se extiende por los lugares por donde fluyen, ríos, arroyos y sobre todo, fuentes, ligado a significaciones vitales. Es el amor sensual, la fertilidad" (Litvack 25). Adicionalmente, dentro de esta iconografía finisecular, el fuego y su símbolo, el sol, aludieron a la vitalidad y la pasión. Hasta en la escultura privó esta idea con "El beso" de Rodin. Estos cuerpos entrelazados de la pareja llevan a su máxima expresión la erotización de la vida. El Nóbel mexicano afirma: "Los espejos y su doble, las fuentes, aparecen en la historia de la poesía erótica, como emblema de caída y resurrección. El erotismo es dador de vida y de muerte. En todo encuentro erótico hay un personaje invisible: la imaginación y el deseo".[6]

En un pasaje de *El silencio*, Toruño describe cómo una flor carnívora atrae a los pájaros y otros animales hasta devorarlos. En esta escena la flor, al entreabrirse, asemeja la vulva femenina que se traga el falo y que anuncia el desenlace fatal de la novela, causado

---

[6] Paz, *Conjunciones y disyunciones* (México: Cuadernos de Joaquín Mortiz, 1969).

por el doble incesto; en suma, la lujuria de la naturaleza se corresponde con la lujuria del macho y la hembra. Leemos:

> El arbusto da una flor que también se asemeja a las hojas; flor que permanece abierta en forma cóncava; flor grande que en el centro tiene manera de polen, donde hay gotitas de miel que son narcóticos para los pájaros. Estos llegan a buscar la miel y la flor cierra sus pétalos. El pajarillo lucha; mas como la fibra de la flor es resistente, no puede romperla y con la miel que ha chupado, se narcotiza y queda prisionero. Principia después la succión del arbusto y cuando ha terminado su obra, la flor se abre nuevamente para continuar su tarea de subsistencia. (*El silencio* 237)

Por otra parte, recordemos la palabra "cantar", que hemos mencionado antes en "El coloquio de los centauros", muy significativa porque nos remite que todo el universo concibe la armonía del cosmos como ritmo. Así vemos en un pasaje antes citado de la posesión de Berta, Toruño nos habla de "la lira de aquel cuerpo que vibraba ante los espasmos del placer".

Asimismo, y continuando con la idea de la armonía y transmigración, es sintomático que una hacienda de Oscar tenga por nombre El Caracol. Estos motivos los recoge Rubén Darío y así vemos que en su poema "El caracol", escrito en 1903, subyace una alusión a sus vidas pasadas. El "Yo" poético dice percibir el pulso del universo, el corazón del mundo, el ritmo que gobierna la armonía universal. Octavio Paz lo confirma: "El caracol es el símbolo de la correspondencia universal. Lo es también de la reminiscencia, al acercárselo al oído escucha las resacas de las vidas pasadas". Darío, fiel a esta creencia en su poema, nos dice: "Yo oigo un rumor de olas y un incógnito acento y un profundo oleaje y un misterioso viento" (Darío 679). Esta armonía que nos viene del pitagorismo, sin duda alguna es una herencia de la tradición romántica-esotérica. "Bajo la influencia de las creencias ocultistas [...], así como de los escritos románticos y simbolistas, Darío creó una cosmología poética basada en el concepto pitagórico de la armonía del mundo, según el cual, los elementos de la naturaleza se consideran signos que indican el orden armónico del universo".[7]

El caracol simboliza, dentro de las creencias orientales, la reverberación de vidas pasadas. Por eso, Oscar vive feliz en ese ámbito natural donde está viviendo el pasado, en el presente y amalgama a éste con el futuro, una serie de reencarnaciones, esoterismo que permea todas las páginas de *El silencio*. En esta hacienda donde termina sus días acompañado de Carlos, Oscar ve sus recintos interiores. Recuperado de su transfiguración en Farraind, después de tremendas fiebres, queda para siempre escuchando el silencio. Ambos, sobrino y tío, sufren una especie de arrobamiento y sus oídos escuchan esas voces que sólo ellos pueden escuchar.

Recordemos que en *Edipo Rey*, éste se saca los ojos, horrorizado por el pecado cometido. Nuestra interpretación es que la ceguera de Carlos se explica porque este personaje es una especie de "alter ego" de Oscar. Ambos dialogan sobre estas voces que suelen escuchar, las de la naturaleza, de las piedras, de lo animado e inanimado, de todo lo cósmico:

> —¿No oyes, Carlos, cómo cae la lluvia, y cómo habla y cómo grita y cómo arrulla?
> —¡Es la voz del infinito! ¡Es la voz del espacio que viene a cantarles a los campos una canción de bondad y amor! y ¿no has escuchado tú, cómo, de vez en cuando, se oyen palabras que dicen las lenguas del aire, que las estira, que

[7] Cathy Login Jrade, *Rubén Darío y la búsqueda romántica de la unidad: El recurso modernista en la tradición esotérica* (México: Fondo de Cultura Económica, 1986) 31.

> las rima, que las estremece?
> —¡No es el aire, quizá es la voz del silencio...!
> —Oscar, ¿y no ves tú, cómo el silencio tiene colores en las lejanías, rosadas, amarillas y grises de nuestro mundo interno? (*El silencio* 305)

Las dos figuras cétricas, en comunión con el cosmos como con místico oído, escuchan las pulsaciones celestes de la armonía universal, los violines del éter. Este esoterismo pitagórico personalmente adaptado por Darío constituye la base de la estética modernista. De acuerdo con esta base, si el universo todo es una manifestación armoniosa de Dios, todos los elementos de la creación son análogos y se corresponden entre sí. Para ello tenemos que descifrar ese bosque de símbolos, pletórico de enigmas, que sólo algunos iniciados, los místicos y los poetas pueden escuchar. "El vate, el sacerdote, suelen oír el acento desconocido", dice Darío. Veamos este pasaje de "El coloquio de los centauros":

> Las cosas tienen un ser vital: las cosas
> tienen raros aspectos, miradas misteriosas;
> toda forma es un gesto, una cifra, un enigma;
> en cada átomo existe un incógnito estigma
> cada hoja de cada árbol canta un propio cantar
> y hay un alma en cada una de las gotas del mar.
> (Darío 573-74)

La analogía es la ciencia de las correspondencias. Baudelaire, citado por Paz, nos dice: "La naturaleza es un templo de vivientes columnas que profieren a veces palabras confusas" (Paz, *Los hijos* 112). Reiteramos que de acuerdo con este concepto, todo se corresponde porque mediante la analogía, todo es ritmo. La vista y el olfato se enlazan. Por ello, es que Oscar y Carlos ven toda una gama de colores en los sonidos que escuchan. Ya hemos señalado que los modernistas tomaron el mismo rumbo de sus antecedentes románticos y simbolistas franceses. Dice Octavio Paz:

> El Modernismo se inició como una búsqueda del ritmo verbal y culminó con una visión del universo como ritmo. Las creencias de Darío y de la mayoría de los modernistas son más que creencias, búsqueda de una creencia y se despliegan frente a un paisaje desvastado por la razón crítica y el positivismo. (Paz, *Los hijos* 135)

De esta manera y según el Nóbel mexicano, la analogía se ramifica en muchas creencias y sectas subterráneas y se considera desde el renacimiento en la religión secreta, por decirlo así, de occidente: cábala, gnosticismo, ocultismo, etc. (*Los hijos* 102-03). Así se explica cómo los modernistas, insertos dentro de esta tradición, sufren esa angustia vital de ser y no ser, de una dualidad desgarradora que oscila: "Entre la catedral y las ruinas paganas", como dice Darío en el poema "Divina Psiquis". Se trata de una escisión agónica en la búsqueda de un Dios que los había dejado huérfanos.[8] No olvidemos aquella afirmación de Nietsche: "Dios ha muerto", frase lapidaria que a los artistas tan sensibles, faltos de fe, les hizo caer en la desesperación más absoluta.

Finalmente queremos agregar que, además de los ecos modernistas presentes en la novela, Toruño se apropia de elementos tomados de la realidad nicaragüense: la política partidaria, la miseria, la explotación de los grandes latifundistas, la lucha anti-intervencionista de Sandino y el gran sufrimiento del campesino. En este aspecto, les rinde homenaje al reproducir fonética y lingüísticamente el habla del campesino repleta de arcaísmos.

---

[8] "Divina Psiquis" es el poema XIII de *Cantos de vida y esperanza,* en *Poesías Completas* (Madrid: Aguilar, 1967) 665.

En conclusión, en el primer centenario de ese libro extraordinario, *Cantos de vida y esperanza*, la herencia del Modernismo con Darío a la cabeza aún está vigente por la transcendencia que tuvo para los pueblos de la América hispana, al marcar la independencia cultural de nuestro continente. Este legado recogido por los epígonos de Darío, entre ellos el nicaragüense Juan Felipe Toruño, ha servido de intertexto por su riqueza y variedad de tópicos y recursos estilísticos para muchos escritores de habla española. Creemos haber demostrado en *El silencio*, la pasión del autor por los mitos griegos, por el ocultismo, la armonía universal del pitagorismo esotérico, el erotismo místico, las creencias orientales tales como el hinduísmo, el tantrismo y otras doctrinas que obsesionaron a los modernistas, y que penetran en la excelente novela de Toruño, discípulo de estas creencias.

Región, naturaleza y criollo en *El silencio*

por Amelia Mondragón

La novela de la tierra en Nicaragua

Por extraño que pueda parecer, sólo un país que padeció durante 24 años la intervención directa de una potencia mundial (Estados Unidos), en su gobierno, pudo dar entre 1927 y 1944 una serie de novelas que progresivamente definieron tanto la idea de región, como la noción de propiedad y la relación del hacendando con ambas. *Doña Bárbara* (1920), del venezolano Rómulo Gallegos, parece ser su origen y paradigma, pero es en realidad una de sus metas, un futuro, el del hacendado implantando la razón en el mundo natural; que Nicaragua no logrará representar cabalmente. En cambio, sus novelas de la tierra son una fuente de sorpresas para quien desee entender lo importante que fue, en el aspecto ideológico, la figura del hacendado en los primeros cincuenta años del siglo XX hispanoamericano: ¿Cómo y en qué condiciones se vinculó el hacendado a una naturaleza bárbara? ¿Qué nuevas prescripciones rigieron para que se diera la dicotomía ciudad/campo?, y ¿cómo ésta apelaba a la idea de nación? Más interesante aun, las novelas nicaragüenses de la región muestran con extraordinaria claridad cómo la ideología liberal se intersectó con el derecho natural de posesión de la tierra sin destruirlo, más bien alimentándolo, hasta que finalmente éste desapareció con la tecnificación de la tierra y la transformación del campesino en asalariado rural, proceso que en Centroamérica se registra entre los años cincuenta y sesenta del siglo pasado.

En Nicaragua la novela de la tierra empieza por el principio, es decir, diseñando secuencias elementales que *Doña Bárbara* adopta como superadas o sobreentendidas. La más importante es la noción del criollo, configurado como hacendado en la novela nicaragüense a partir de finales de los años 20. Su diferencia con el criollo modernista, de tipo urbano, radica en las imposiciones que el medio propio, la nación (y/o su símbolo, la hacienda), le coloca en el camino. Para el criollo urbano no existe el campo, sólo la ciudad, extensión del mundo civilizado europeo. El criollo puede definirse en términos generales, y muy particularmente en la novela de la tierra, como aquel individuo que guarda con los objetos (en nuestro estudio, el campo o el mundo rural) una relación de posesión, es decir un vínculo natural por cuanto el poseedor, si nos atenemos a la definición de Hegel, deja impresa su huella, su conciencia o espíritu en las cosas que posee al modelarlas de acuerdo a su propia imagen:

> La posesión es transitiva y actúa mayormente en la inmediatez de la percepción. La propiedad, en cambio, es un concepto legal y racional y por lo tanto requiere de un discurso. Propiedad es todo aquello que la sociedad y la ley reconocen como tal y se entiende o percibe como un objeto no necesariamente vinculado a la identidad (o el espíritu) del propietario[1].

---

[1] Con anterioridad a los años 30, la propiedad fue percibida por la novela nicaragüense en términos similares a los expresados por Karl Marx para definir la propiedad originaria: "Propiedad no significa originariamente sino el comportamiento del hombre con sus condiciones naturales de producción como con condiciones pertenecientes a él, suyas, presupuestas junto con su propia existencia, comportamiento con ellas como con presupuestos naturales de sí mismo, que, por así decirlo, sólo constituyen la prolongación de su cuerpo. No se trata propiamente de un comportamiento respecto a sus condiciones de producción, sino que él existe doblemente: tanto subjetivamente en cuanto él mismo, como objetivamente en estas condiciones inorgánicas de su existencia". La cita es de Karl Marx y E. Hobsbawm, *Formaciones económicas precapitalistas,* (México: Siglo XX Editores, 1978) 70.
Marx define las condiciones originarias de producción como: "Condiciones

La intervención directa de los Estados Unidos en Nicaragua proporcionó una novela regional que a lo largo de 15 años problematizó y reescribió el concepto de propiedad, intentando sustentarlo en el de posesión. Así, sus criollos hacendados se hicieron eco de esa naturalidad con la que las clases poseedoras sentían como suyos los bienes de la nación. Y en este sentido el criollo fue representado dentro del concepto de estamento, y no propiamente dentro de la noción moderna de clases sociales.[2]

La región es el elemento sobre el que la novela de la tierra vierte y ajusta los discursos de propiedad. Sus límites suelen ser los de la hacienda, y si bien aparece inicialmente como un objeto en donde resuenan y hacen eco los valores del hacendado, poco a poco va adquiriendo personalidad, individualización y, por lo tanto, su

---

naturales de existencia del productor, exactamente igual que su cuerpo viviente, el cual, por más que él lo reproduzca y lo desarrolle, originariamente no es puesto por él mismo, sino que aparece como presupuesto de sí mismo; su propia existencia corporal es un presupuesto natural que él no ha puesto" (Marx 68).

La posesión de la que habla Hegel, tal como veremos en la cita que sigue sobre el segundo tipo de posesión, no es realmente el equivalente de la propiedad de Marx. Sin embargo, nosotros utilizaremos el término posesión para indicar la propiedad señalada en las novelas de la tierra. El término posesión tiene como ventaja el de añadir una relación de identidad entre el poseedor y el objeto, generando así diferencias con respecto a la propiedad, ya que ésta, en el mundo contemporáneo, es siempre racional.

El segundo tipo de posesión, más perfecto, es la elaboración, por la cual doy forma a una cosa; por ejemplo, cultivar un campo, convertir el oro en una copa. En este caso, la forma de lo mío está ligada inmediatamente al objeto y es, por lo tanto, en sí *(an sich)* y para sí misma una señal de que la materia me pertenece.

La posesión llega a ser propiedad o posesión jurídica en tanto que es reconocido por todos los otros que la cosa que he hecho mía, es mía. La cita es de G. W. F. Hegel, *Propedéutica filosófica,* (Caracas: Equinoccio, Universidad Simón Bolívar, 1980, 36).

[2] La Sociología contemporánea percibe el estamento en oposición a las clases sociales a partir de *La ideología alemana* (1845), de Karl Marx y de los estudios posteriores que en torno a las sociedades tradicionales llevó a cabo Max Weber en Economía y sociedad (México: Fondo de Cultura Económica, 1983).

Una versión simplificada de esta moderna conceptualización del estamento la ofrece Luciana de Stefano en su libro *La sociedad estamental de la Baja Edad Media española a la luz de la literatura de la época,* (Caracas: Universidad Central de Venezuela, 1966): "El estamento supone, ante todo, un conjunto de personas unidas

propio discurso. Cuando la región se yergue finalmente, como sujeto volitivo, sus límites geográficos sobrepasan a la hacienda y se transforma en naturaleza indomable, separándose tanto del campesino como del hacendado.

El poder ideológico otorgado a la región había nacido de la necesidad de legitimar al criollo con respecto a aquello que poseía. Las novelas de la tierra poco a poco vislumbraron lo fallido del proyecto. También entrevieron que el concepto de propiedad, que aparecía inscrito dentro de la ley, y por ende, legítimo y suficiente en sí, requería mucho más que las enunciaciones de tipo moderno liberal: la tierra, una vez volitiva, podía reconocer al criollo, pero con muchos reparos y tras los intensos esfuerzos que éste colocaba en ella.

Una de las más interesantes novelas nicaragüenses de la tierra es *El silencio* (1935), de Juan Felipe Toruño. Aunque la mayor parte de la obra de Toruño está escrita de cara a los acontecimientos políticos y sociales de El Salvador, país donde residió desde 1921, la conformación ideológica de *El silencio* es parte de un continuo propiamente nicaragüense: se nutre de la vitalidad del

---

entre sí por algo común, es decir, por unas mismas responsabilidades y unas mismas aspiraciones a un honor social derivado, ya sea de la dignidad de la función cumplida o de la estirpe. En sus formas más puras, este "honor social" está regulado por el derecho, y de aquí que toda sociedad verdaderamente estamental sea una sociedad de privilegios de la que, por tanto, está ausente la igualdad ante la ley. El segundo rasgo es su tendencia al hermetismo, es decir, que tiende a cerrarse frente a los que poseen diferentes obligaciones, y, por consiguiente, a no admitir nuevos miembros más que después de formarlos espiritualmente y de someterlos a ciertas pruebas demostrativas de su capacidad para entrar en el estamento. Un tercer rasgo es su anti-individualismo; cada miembro se siente representante del estamento y sabe que de su conducta depende el mantenimiento del honor estamental" (33).

Para demarcar más el estamento, conviene añadir un comentario de Max Weber: "Toda sociedad estamental es convencional, ordenada por las reglas del tono de vida; crea, por lo tanto, condiciones de consumo económicamente irracionales e impide de esa manera la formación del mercado libre por la apropiación monopolista y por eliminación de la libre disposición sobre la capacidad adquisitiva" (*Economía y sociedad* 246).

conservadurismo, que en Nicaragua tuvo un pensamiento político considerablemente unificado y explícito, y una fuerza intelectual que alcanzó todo el siglo XX.

La perspectiva liberal de Toruño, tal como expondremos a continuación, no pudo deshacerse de la crisis política ocasionada por la intervención. Y como en todas las novelas nicaragüenses, *El silencio,* legitimó la propiedad de la tierra y del poder dentro de los vínculos espirituales de posesión. Más aun, su transformación de la naturaleza en sujeto volitivo que opta por ser explotada a manos del criollo no resulta en un contrato social y, por lo tanto, la representación actúa en desmedro del liberalismo y de su definición del Estado moderno.

La nueva naturaleza de *El silencio*

El silencio (1935), de Juan Felipe Toruño, es una de las últimas novelas de la tierra nicaragüenses. Anteriormente habían surgido excelentes modelos para estudiar al criollo y a la región. Entre ellos: *Ramón Díaz* (1930), de Jerónimo Aguilar y *Los estrangulados* (1933), de Hernán Robleto. El ciclo de las novelas de la tierra, al menos en lo que concierne a la representación del criollo hacendado, culmina en *Cosmapa* (1944), de José Román.[3] Es muy posible que éste hubiera leído *El silencio,* dado que la novela tuvo bastante circulación, acentuada por el hecho de que en 1938 recibió el primer premio en el Concurso del Libro Americano, en Matanzas, Cuba.

---

[3] Hernán Robleto, *Los estrangulados* (Madrid: Editorial Cenit, 1933); Jerómino Aguilar Cortés, *Ramón Díaz,* (Managua; Talleres Gráficos, 1930); José Román, *Cosmapa,* (Managua: Editorial Nuevos Horizontes, 1944).

En *Los estrangulados,* la región ya se había logrado representar como un objeto distinto al criollo. Las peculiaridades de la región quedaron sujetas al crecimiento y a la transformación del campo, a sus factores climáticos, al folclore que acompañaba al trabajo y a todo aquello que resultaba ajeno al criollo o que se desarrollaba independientemente de él.

La diferencia criollo-región sirvió en sus inicios para mostrar que existía una realidad alejada de los intereses financieros de la ciudad, una realidad de la que el criollo hacendado podía participar y con la que efectuaba intercambios. La región le concedía su inmensa riqueza espiritual mientras el hacendado, a cambio, la defendía de la corrupción citadina.

En *Los estrangulados,* esta relación desembocó en el concepto de "lo nacional". Frente a la intervención norteamericana, la nación se estipuló como una organización social altamente articulada, cuyos miembros, que mantenían vínculos de tipos espirituales y/o afectivos, interaccionaban preservando sus respectivas identidades. Aunque el intercambio se expresó objetivamente a través de la producción, su fin no fue ésta porque el criollo hacendado no intentaba acumular capital ni abastecer un mercado de demanda creciente.

La diferencia que la región manifestaba frente al criollo no era amenazante. Gabriel Aguilar (el protagonista de *Los estrangulados*), los campesinos y la naturaleza trabajaban en armonía. Su sistema estaba basado en la transformación del trabajo en productos y no en la selección de cierto tipo de trabajos para obtener ciertos productos. No había excedentes ni desperdicio. Todo implicaba un uso:

> Los surcos son perfectos bajo la amparadora sombra de los grandes árboles especiales, sobre todo del chaquite, el plátano de hojas anchísimas, que sirven de paraguas y que,

> además de aquel servicio, otorga una contribución básica para el alimento del campesino. El sardinillo deja caer sus ramitas menudas que abonan el terreno [...]. Y bajo ellos, el cafeto tiende sus múltiples ramas, cabelleras que se agobian de preciados parásitos. (Robleto 18)

La producción es el devenir natural en la interacción campesino-campo-criollo y también su sentido final, de ahí que nada sea insignificante o carezca de sentido. En *El silencio,* la novela de Juan Felipe Toruño publicada apenas dos años después, en 1935, la producción comienza a concebirse como el esfuerzo humano depositado en una naturaleza cuyo sentido no se cumple de cara al hombre, ya que sus fines son distintos a los de éste. El hombre a su vez ya no puede reconocerse en la naturaleza.

Tal como veremos, esta afirmación sólo involucra al criollo colateralmente. La ruptura es muy abierta con el campesino, quien deberá luchar y forzar a la tierra a producir. Entre el campesino y la naturaleza, Toruño crea una oposición que no sólo se mide en esfuerzo, sino también en desolación y desesperanza. La lucha por transformar la tierra fija sus huellas, sus marcas en el cuerpo del campesino y también en su espíritu. Describe a la gente de la hacienda bananera San Evaristo, empezando con las mujeres:

> Flácidas, con una flacidez cadavérica, con los abdómenes abultados, daban la impresión de cadáveres con barrigas infladas. Los chicos, semidesnudos, parecían simios: ojos turbios, por la enfermedad de la región, ojos chelicosos sobre los que volaban miles de sayules. Cuando llegó la tarde, una tarde cenicienta, como estremecida, de ruidos sordos, llegaron los mozos. Todos ellos a manera de hombres de palo [...], dando la misma impresión de tristeza y de compasión que daban las mujeres y los niños. (Toruño 123)

Desde luego, San Evaristo es una bananera como lo será Cosmapa y como tal, seguramente percibida en competencia con las bananeras estadounidenses y altamente codiciable por los intereses económicos del momento. De cualquier modo, y a lo largo de toda la novela, Toruño describe un medio natural que se ha vuelto peligroso aunque también variado. La tierra puede expresarse árida o fértil y siendo fértil también puede aparecer como más o menos exigente de trabajo o de sacrificios. Y el trabajo, ahora medido por cicatrices, indica que no hay comunión con la tierra. Trabajarla es un acto de sobrevivencia.

La región puede ser todavía mucho más despiadada para aquellos hombres que no están vinculados a la hacienda y que deben encarar por sí mismos el sustento, sin ayuda de la comunidad de campesinos. En soledad, lejos de acrecentarse o multiplicarse como un eco sobre la tierra, el esfuerzo se revierte contra el hombre y lo aniquila o destruye todo cuanto éste considera valioso. Así le sucede a Juan, paria y criminal que, herido por el hacendado Evaristo Meneses (el abuelo del protagonista en *El silencio*), espera durante 17 años la oportunidad de vengarse. Espera con su familia en las cercanías de la hacienda, sujeto a terribles condiciones naturales que acaban destruyendo a su pequeña hija.

Desde luego hay un tono moral y recriminatorio para el asesino en *El silencio*. Pero en tanto, la representación del campesinado enfatiza la ausencia de un vínculo espiritual con la tierra, se podría decir que Juan es la figura amplificada y culminante de esta ausencia. De ahí que la mujer y la hija de Juan, siendo inocentes, también padezcan la indiferencia e inclemencia del medio natural. Durante el entierro de la pequeña hija, al que sólo asiste la pareja, la esposa de Juan se expresa de la siguiente manera:

> —¡Dios mío! —exclamó ella— . ¿Por qué no calmas un pocuel [*sic*] agua para que podamos enterrar a mi hija?

> ¡Pobrecita! ¡Cómo "vas tar ayí" [*sic*] dentro de la tierra mojada, ella quen [*sic*] la vida siempre quemaba por la calentura! ¡Qué daño más no le "vha cer" [*sic*] a su cuerpecito virgen! ¡Dios mío! (*El silencio* 84)

La mujer de Juan muere pocos días después. Sólo entonces, Juan comprende la soledad que lo rodea:

> Ingrimo, dentro de su soledad, la del mediodía tuvo para él mayor desolación. No era el rumor del viento que llegaba llevándole el lenguaje familiar de la montaña; no era el canto metálico de las cigarras que se concentraban en su pobre mente aturdida; no era entonces el dolor innombrable de la soledad que se sumergía en su espíritu; era esa soledad que lo rodeaba flagelándole el alma: la soledad que veía en todo, hasta en los pensamientos que no tenía a quién comunicárselos y que se quedaban estancados dentro de la amargura que le había provocado quedarse solo. (136)

Si Juan es un caso extremo por su desvinculación con la sociedad y la naturaleza, el campesino que vive en la hacienda no está en condiciones superiores, a pesar del apoyo que le ofrece la colectividad. El campesino ya no media entre el criollo y la naturaleza, y nunca más volverá a hacerlo. En las últimas novelas de la tierra nicaragüenses, el campesino queda determinado como instrumento de trabajo, y aquella sociedad de la que era activo participante se desmembró. El criollo tendrá que acercarse solo a la naturaleza y dialogar directamente con ella.

El criollo elegido

La naturaleza recreada en *El silencio* no es una extensión del criollo ni tampoco parte activa de una sociedad utópica en el sentido *rousseauniano*. Su recién adquirida individualidad la dota de una conciencia capaz de emitir una imagen de la realidad.

La figura del héroe por su parte se obtiene, como en todas las novelas regionales nicaragüenses, mediante un proceso de idealización que la aísla de los elementos impuros de la ciudad. Oscar es el héroe criollo cuyos orígenes se ocultan al comienzo de la novela. El hacendado Evaristo Meneses, en su huída de Masaya por causas políticas, encuentra al recién nacido en la montaña y lo cría como hijo suyo.

Desde el comienzo, Oscar muestra cualidades físicas y espirituales poco comunes. Contrasta en salud y determinación con los hijos de Evaristo, que son mucho mayores: Carlos, el primogénito, padece de una enfermedad incurable que se le manifestó mientras cursaba estudios universitarios en Estados Unidos. Carmen, la segunda, es una joven sentimental en espera del verdadero y eterno amor. Y finalmente la más joven, Berta, se ha casado recientemente con un extranjero, siguiendo uno de sus tantos impulsos y caprichos. Es, sin duda, la ciudad la que solapadamente se filtra en la casa de Masaya, donde crecen y viven los hermanos, e imprime en sus habitantes una marca mortecina.

La ciudad, como en toda novela de la tierra nicaragüense, es el lugar donde habitan los intereses mezquinos, donde se fraguan las alianzas ilegítimas y donde se decide el destino de la nación a partir de las ambiciones personales de los gobernantes. Como representación no existe propiamente y sólo se la describe en oposición a la región. Es una entidad parasitaria con indiscriminado poder sobre la región y absoluto desconocimiento de ésta.

Al igual que en *Ramón Díaz* y *Los estrangulados*, la ciudad administra al campo pero no tiene ingerencia sobre sus modos de producción. Dado que esto sucedió efectivamente y dada la larga crisis de poder que la intervención norteamericana desató, la ciudad o las ciudades en donde se asentaban conservadores (Granada) y liberales (León) no estaban en condiciones históricas de emitir un discurso civilizador, tal como el discurso que aparece en *Facundo* (1874), y como el que propuso *Doña Bárbara*. Hay que recordar también que los gobernantes nicaragüenses eran élites educadas y no eran percibidos como dictadores advenedizos, ajenos al aparato moderno del Estado. Por lo tanto, la barbarie no podía, en tanto concepto, incluir a los dictadores no ilustrados, dado que éstos aparecieron a partir de 1937, con la dinastía de los Somoza.

Es, sin duda, el vacío del discurso civilizador lo que le permite a Toruño representar en *El silencio* el proyecto de explotación tal como si fuera una instancia derivada de la relación íntima, de tipo espiritual, que un criollo es capaz de entablar con la naturaleza:

> A más del magnetismo que sobre él ejercía la montaña, estaba seguro [de] que el porvenir de Nicaragua [...], el vigor económico de Nicaragua, se asentaba en la explotación de la virginidad abrupta de la montaña [...]. Para él, la montaña, así como si tuviera el regazo y seno de una madre, era como una querida que no le ocultara ninguna de sus formas. *(El silencio* 184, 185)

El silencio llega a este planteamiento extremo en defensa de la idea de la posesión. Porque no hay que olvidar que en Latinoamérica no es la ciudad la que funciona como un vacío, sino la región, sobre la que se vierten los discursos ideológicos.

Toruño construye, en *El silencio,* una de las más enérgicas y excéntricas, o no convencionales, visiones de la naturaleza que las novelas de la tierra hayan producido. La naturaleza de Toruño se vuelve selectiva y elige a su modelador. Su imagen es romántica y se halla sustentada en la Teosofía, doctrina de índole religiosa y filosófica consolidada formalmente por Helena Petrovna Blavatsky; pero cuyos enunciados, al menos parte de ellos, pueden percibirse en el misticismo de Meister Eckhart.[4]

El concepto hinduista del karma, adoptado por la Sociedad Teosófica, parece estar presente en la novela. Al menos los roles que aparecen en ésta son constantes y actualizados de manera intermitente por los personajes. El rol, como la idea misma del karma, se manifiesta en forma de cerco, como una secuencia que el personaje debe actualizar, quiera o no. Así, la saga familiar que toma cuerpo en la novela es una reproducción en cierto modo perpetua, de las relaciones internas de la familia, definidas como incestuosas: cuando la familia se traslada a la hacienda, después de la muerte del padre (Evaristo Meneses); Berta mantiene relaciones con Oscar y engendra una hija, Sara Amelia, cuyo origen, Berta ocultará a todos menos a su esposo.

Dieciséis años más tarde, en otro viaje a la hacienda, Sara Amelia se enamora de Oscar y engendra un hijo de él. En el momento en que Berta le revela el origen de Sara Amelia a Oscar, éste entra en una especie de trance y a su vez revela otra verdad todavía más terrible: Oscar es hijo de Berta, concebido de su esposo durante el noviazgo.

La estirpe de los Meneses está condenada a prolongarse en una única dirección: los hijos son hermanos del progenitor. La naturaleza, simbolizada como una montaña a la que no se le da nombre, una montaña en cierto modo arquetípica, ha producido las

---

[4] El clásico libro de Annie Bersant, *La sabiduría antigua,* (México: Imprenta Cosmos, 1947) informa de los aspectos de las antiguas religiones acogidas por la Teosofía.

revelaciones. Ella es la causa del trance de Oscar y he aquí el origen de su comportamiento:

> La montaña amamantó aquel niño (Oscar) que fuera como arrojado a su fin, dándole la leche de sus pechos uberosos [...]. Después, la montaña también lo arrojó [...] a la ciudad, en donde supo de los engaños de los hombres, de la corrupción de los humanos [...]. Ahí apreció y comprendió la falsedad de esa vida y entonces volvió a la montaña que se le dio entera, como una amante caprichosa y lúbrica, fuerte y lujuriosa [...]. ¡Y fue su hija también aquella selva! Él le modeló las sementeras para hacerla más apetitosa, trajeándola mejor [...]. Así como a la selva se lo arrebatara la que fuera la carnal madre y amante, así a ésta se lo quitó [...] su hija [...]. Protestó la montaña enfurecida yhaciendo uso de sus secretos, del poder palpitante en lo recóndito de sus misterios, rompió el velo, abrió la puerta de la verdad y enseñó el drama íntimo, exteriorizándolo en cada uno de los que había sido protagonistas. (*El silencio* 298)

La montaña se revela al final de la novela como un sujeto activo, capaz de desempeñar los roles de madre, hija y amante. Sus roles son simultáneos a los de Berta y Sara Amelia, como también lo son sus sentimientos y reacciones. Si bien la montaña elige a Oscar para realizar un intercambio espiritual y de afectos, es obvio que tanto éste como el resto de la familia Meneses conforman una especie de sociedad marginal de escasa o ninguna relación con otros grupos: Evaristo Meneses ha sido marginado del mundo de la política, su hijo Carlos permanece enclaustrado debido a la enfermedad que padece, Berta se casa con un extranjero de procedencia y medios inciertos, quien está totalmente desvinculado del mundo social nicaragüense, y finalmente Carmen, decidida a vivir en soledad.

La relación de Oscar con la montaña aparece en los inicios de la novela, expresada en términos de explotación de la tierra. Si bien, la montaña en su papel de hija comprende, acepta y promueve las mejoras que Oscar ha implementado en ella (la planta eléctrica, el maderero, etc.), producir es un acto irrelevante en su propia historia y la producción sólo mide la intensidad del contacto que la montaña ha deseado tener con Oscar.

Tan pronto como Oscar se recupera del trance, comprende que no ha leído con profundidad el mensaje de la montaña y se dedica a escucharlo a través del silencio en el que éste se emite. De activo empresario se transforma en paciente escuchador, en compañía de su tío Carlos:

> —¿Entonces? ¿Oyes la música de la brisa…? ¡Es la voz de la montaña…! ¡Es la voz de la montaña…! ¡Es la voz de la montaña…!
> Y las dos figuras céricas, clavadas en los asientos, oían continuamente cómo hablaba esa voz que palpita en todas las cosas, ese lenguaje inconfundible del silencio…; el silencio que sólo es para los oídos corporales; para los oídos físicos. ¡El relativo silencio de las cosas!
> (*El silencio* 305)

Oscar ha trascendido la inmediatez de lo real, pero también ha pasado a pertenecer a la montaña. Ha sido rescatado para siempre de la corrupción, pero también de la idea social del progreso. La unión romántica con la montaña se resuelve en una elementalidad esencial y absoluta: lo masculino en intensa relación con lo femenino.

El espíritu de la montaña es permanente e inamovible. Tal es la nueva realidad del criollo en un escenario intensamente fracturado: la fractura entre el campesino y la tierra, entre el criollo y el campesino, señal de la imposibilidad de reproducir la arcadia rural de *Los estrangulados.*

Conclusiones

En *Los estrangulados,* se determinó que la propiedad de la tierra era un hecho circunstancial. La tierra, en tanto propiedad jurídica, estaba sujeta a los avatares del mercado, hecho éste en el cual el criollo reconocía la no inmutabilidad de su propio mundo y su pérdida de control sobre él. El concepto de posesión, que aliviaba hasta cierto punto tales fracturas, fue construido en la novela como un convenio racional de intercambio de bienes entre el criollo y la región, convenio que supuestamente existía desde tiempo inmemorial y que venía dado en la tradición. En realidad fue la ideología liberal la que penetró en la novela de la tierra convirtiendo a las entidades implicadas (criollo, campo y campesino) en sujetos cuya voluntad procuraba libremente dicho intercambio.

El silencio, al avanzar por este sendero, postuló que la tierra era una entidad inteligible cuya voluntad se manifestaba a través de mecanismos no convencionales o, si se quiere, no racionales. Acceder a la tierra implicó un proceso de purificación que para el criollo consistía en abandonar su realidad inmediata o su historia, y deponer su voluntad al fundirse con el carácter absoluto e imperecedero de la naturaleza.

Así que el criollo podía actuar como poseedor porque la tierra lo reclamaba. Este planteamiento, que desde luego tendía a reforzar la idea de autodeterminación nacionalista, creó a su pesar un reducto de la figura del criollo, pues lo condenó a ser un cuerpo vacío en espera de ser tomado por la deidad que la naturaleza llevaba en su seno.

Y la naturaleza misma, rotos sus lazos con el campesinado y la ciudad, se vio impedida de adoptar un pensamiento social. Si bien su condición trascendente la dotaba de inmensas facultades, sus fines sólo pudieron traducirse en formas que reproducían la estructura de la familia. Su pensamiento quedó convertido en eco de historias particulares y al margen de la situación político-social de Nicaragua.

El silencio propone por primera vez en la novela nicaragüense la idea de mecanización de la tierra y por primera vez reseña el extraordinario esfuerzo y deterioro físico y mental por el que se intercambia la producción. Y por primera vez surge la idea de una naturaleza volitiva y beligerante. Varios años más tarde, *Cosmapa* retomará todos estos elementos y bajo otra visión convertirá a la hacienda en un caos, o mejor dicho, en un cosmos estancado.

La novela de la tierra nicaragüense nunca pudo narrar el triunfo del criollo sobre los elementos caóticos e irracionales que se irguieron ante él. Seguramente porque el liberalismo no se había implantado en Centroamérica con la feroz pasión independentista que había arrasado a la América del Sur y a México y, por ende, el conservadurismo se había afianzado imprimiéndole su sello al Estado liberal. Y seguramente también porque la intervención norteamericana frenó, al provocar conflictos internos entre las élites, un proceso de modernización que otros países ya habían emprendido. En todo caso, cuando el criollo regional surge en la novela nicaragüense, su imagen está predestinada a desaparecer. Las novelas de la tierra sólo narraron los pasos y las trampas ideológicas construidas para retardar el desenlace. En Nicaragua, un país de raigambre tan conservadora durante los años veinte y treinta, el estamento, el derecho *per se* a la tierra, no pudo transformarse en progreso, ley y tecnología. Por lo tanto, la tradición no pudo ser defendida.

Mito e historia en *El silencio*

por Ardis L. Nelson

El silencio fue publicada en El Salvador en 1935; ganó el primer premio en el Concurso del Libro Americano en Matanzas, Cuba (1938), auspiciado por el Ministerio de Educación.[1] *El silencio* tiene matices telúricos y costumbristas, además de elementos esotéricos e históricos.[2] En este trabajo pienso examinar el trasfondo socio-político de la novela tal como el que remite a las primeras décadas del siglo veinte en Nicaragua. Un breve bosquejo histórico nos permite ver cómo los personajes principales de la novela representan las corrientes políticas en Nicaragua en aquel entonces. Un buen ejemplo es Augusto César Sandino (1895-1934), líder popular nicaragüense que aparece en la obra como uno de sus personajes.

Desde 1838, cuando Nicaragua se separó de la Unión de las Provincias de Centroamérica, hasta 1936, cuando Somoza usurpó el control del país, la política fue dominada por luchas entre los liberales y los conservadores. El general José Santos Zelaya fue un presidente liberal entre 1893 y 1909, época en la que la acción de *El silencio* empieza. Aunque su presidencia fue dictatorial, hizo muchas mejoras en el país y es una figura importante en la historia de Nicaragua. Inició reformas, separó la Iglesia del Estado, asignó el 10% del presupuesto nacional a la educación, aumentó la

---

[1] Juan Felipe Toruño, *El silencio*, 2.ª edición (San Salvador: Editorial Universitaria, 1976).

[2] Ardis L. Nelson, "Lo esotérico en *El silencio*", *Voces: arte, literatura, actualidad cultural* (San Francisco) 4 (1998): 9 pp. <http://members.aol.com/SFVoces/Ardis.html>.

exportación de productos naturales (café, maderas, bananos y oro), trabajó para la unificación de la América Central, expulsó a los ingleses de la Costa Miskito y rechazó la propuesta de Estados Unidos de construir un canal en Nicaragua. Cuando Estados Unidos se enteró de que Zelaya estaba hablando con los ingleses y los japoneses acerca de la posibilidad de darles derechos para construir un canal, dio su apoyo a los conservadores en su rebelión contra Zelaya.

En la primera parte de *El silencio,* el personaje principal es Evaristo Meneses, padre de una familia burguesa en Masaya y negociante en maderas, ganado y bananos. Tiene unos 45 años de edad y está involucrado en un atentado contra la vida del Presidente Santos Zelaya. Por eso hay que concluir que Meneses es de los conservadores. Años atrás había luchado en rebeldías contra el gobierno liberal, y por eso perdió tierras y fue encarcelado. El narrador omnisciente de la novela lo pinta como un hombre resentido, uno de los tantos nicaragüenses que formaron parte de la oposición política porque [sí, "sin apreciar, sin analizar y quizás sin comprender"] (*El silencio* 22).

En una entrevista con uno de los hijos del autor, el recién fallecido Dr. Helmo Roger Toruño, aprendí que su padre Juan Felipe Toruño había luchado en la guerra de 1909-1910 cuando tenía sólo 12 años, para defender la constitucionalidad del gobierno del Dr. José Madriz. Por eso sabemos que Toruño era liberal. Helmo también afirmó que Toruño conocía a Sandino, lo admiraba y escribía sobre él, aunque no lo trató directamente. Juan Felipe Toruño salió de Nicaragua en 1923 mientras que la epopeya de Sandino empezó en 1926, al regresar Sandino de México. Sin embargo, Toruño entreteje el mito de Sandino en su novela mientras vive y escribe en El Salvador en la misma época de los acontecimientos históricos, como veremos más adelante.

En la novela, Evaristo Meneses huye de la ciudad y, camino al bosque, oye el llanto de un recién nacido abandonado. Lo recoge y lo lleva a una finca suya en las montañas Chontales, un lugar más o menos secreto que se llama "El Caracol". Nos enteramos mucho después de que el bebé es hijo ilegítimo de Bertha, la hija menor de Meneses que tiene sólo 14 años. Bertha quiere deshacerse del bebé para mantener las apariencias de doncella de buena familia. Así que una criada lo lleva a las afueras y lo deja envuelto en viejas telas cerca del camino. El padre del bebé, Francisco Farraind, a pesar de estar enterado de la situación, se casa más tarde con Bertha. El niño nunca se entera de que es ilegítimo ni que fue abandonado porque Meneses, aunque no sabe que es de su propia sangre, miente desde el principio para protegerlo. Meneses le da el nombre de Oscar Cruz el Bravo y al crecer es un fenómeno de buena salud, fortaleza e inteligencia. Le tiene mucho cariño a su protector, quien en realidad es su abuelo materno.

Lo trágico del silencio de Meneses es que Oscar, a la edad de 18 años, es seducido por Bertha, su madre, sin que ni él ni ella se den cuenta de que es una relación incestuosa. De esa unión nace una niña, Sara Amelia, y otra vez se esconde el origen verdadero del bebé para mantener las apariencias. Cuando Sara llega a los 14 años, se enamora de Oscar, sin darse cuenta de que es su padre. La mentira, la hipocresía y el silencio de Meneses y su familia son en el conjunto una crítica a los conservadores.

Otro miembro de la familia es Carlos, hijo de Evaristo Meneses, quien había ido a Estados Unidos para estudiar. Carlos tiene la mala fortuna de contagiar una enfermedad que lo lleva cada día más a la invalidez física y a la ceguera. Cuando regresa a su país para reponerse, vive en la finca, donde cultiva amistad con Oscar. Un día, éste le confiá a Carlos los planes para casarse con Sara Amelia, la hija de Bertha. Al enterarse de dichos planes, Bertha se desespera y le cuenta a Oscar la verdad acerca de Sara Amelia. Esa misma noche, los dos llegan a saber de los orígenes de Oscar a la vez que se dan cuenta de su propio incesto.

El incesto, como lo han señalado los críticos de *Cien años de soledad* de Gabriel García Márquez, es el grado superlativo de la soledad, símbolo a la vez de la ambigüedad de lo idéntico y de la incapacidad de amar. En *El silencio,* la falta de solidaridad del pueblo, que se divide en facciones políticas, es lamentada por Meneses, pero su respuesta es la violencia y el asesinato, semejante a la violencia heredada de los conquistadores. Aunque es un hombre valiente y compasivo, es dueño de tierras y es asesinado por un hombre al que hirió años antes cuando éste intentó robarle madera. Parece ser un ejemplo del lema de Sandino que dice: "Dios castiga a los propietarios".[3] Según Donald C. Hodges, este lema y el variante que aparece al final de un memorándum que escribe Sandino al general José María Moncada, presidente en 1926, "¡La propiedad es el robo!", los aprendió Sandino de sus lecturas de Pierre-Joseph Proudhon, padre del anarquismo moderno, en su libro *What is Property?* (*¿Qué es la propiedad?*) (Hodges 30-40).

El bebé ilegítimo descubierto tan inesperadamente sugiere el descubrimiento accidentado del Nuevo Mundo por Colón. Como primogénito de madre mestiza y de padre europeo, el bebé simboliza la nueva raza mestiza, considerada ilegítima por los españoles. En la novela, este hijo ilegítimo no es reconocido después por sus propios padres. En *El silencio,* el abuelo protege al niño abandonado y lo cuida, pero, como en la historia de América Latina, los mestizos terminan siendo víctimas de los españoles, sus propios padres, justamente como Oscar también lo es. Para Oscar, quien nunca tuvo

---

[3] Donald C. Hodges, *Sandino's Communism: Spiritual Politics for the Twenty-First Century* (Austin: University of Texas Press, 1992) 30-40. Hodges cita a Pierre-Joseph Proudhon, *What is Property: An Inquiry into the Principle of Right and of Government*, trans. Benjamin R. Tucker (London: William Reeves, n.d.).

el amor maternal, la naturaleza es su madre y su amante, porque en ella vive y goza.

Al enterarse Oscar del doble engaño y de las mentiras que circundan su existencia, se vuelve loco, al parecer poseído por el espíritu de su tío o cuñado difunto, así que de repente se convierte en actor que canta y habla en francés e italiano, signo de su alienación de su propia cultura. Cuando vuelve en sí diez días más tarde, es salvado por los muchos estudios de la Teosofía y la Filosofía oriental que hizo a través de los años. A los 33 años se refugia en conocimientos espiritistas y vive como recluso al lado de Carlos en el recinto montañoso que se llama El Silencio, en donde los dos meditan en "mutismos milenarios" *(El silencio* 306).

Se sabe que la última sección de *El silencio* tiene lugar en los años 30, porque hay una referencia explícita a Sandino, "símbolo de dignidad patria, bandera de honor continental, flagelo en las espaldas de los conculcadores y heraldo de rebeldía racial". Menciona que hubo cinco años de resistencia "a los neoconquistadores: "...[S]e escuchaba cómo en Nicaragua había un grito de protesta por el ultraje a la soberanía de un pueblo que se cree dueño de sus destinos" (227). El narrador expresa su horror frente a los crímenes, las traiciones, y "el asesinato inicuo" con una nota al pie de la página 228 acerca de la muerte de Sandino que tuvo lugar el 21 de febrero de 1934.

Durante ese período de turbulencia, Oscar se queda solo en la finca, preocupado por la preservación de la herencia de la familia que lo "protegía". Como el pueblo, Oscar "sufría por ambas partes: por las reivindicadoras fuerzas y por las invasoras" (228). Después de la derrota de Sandino, reina una paz inquieta y Oscar intenta reestablecer los negocios que habían disminuido. Firma un contrato con una casa estadounidense "para la explotación de minas que existían en terrenos de la hacienda" (231), pero no se cumple. Los yanquis están de prisa y no pueden esperar a que Oscar consulte con Sara, la matriarca de la familia. Para ellos "*time is money*" (el tiempo es oro) (252) y salen para la capital para hacer negocios con otra gente.

Desde sus comienzos, Oscar tiene semejanzas con Sandino: hijo ilegítimo de padre mestizo, propietario de tierras, y de madre indígena. Aunque Oscar vive casi toda su vida en la finca El Caracol, adquiere ciertas actitudes y creencias por sus muchos estudios que recuerdan algunas de las creencias de Sandino. Veamos los paralelos.

En 1927, Sandino denuncia los dos partidos políticos porque se habían vendido a los intereses extranjeros y, aun peor, apoyaron la creación de una Guardia Nacional bajo el mando de la Marina estadounidense, formada expresamente para controlar a los mismos nicaragüenses. Desde niño, Oscar aprendió de su tutor, el Pastor Suazo, de "la perfidia y la malignidad de los partidos políticos... [que] eran la ruina de la patria". También aprendió que patria es un concepto "muy adentro de nuestro corazón" (*El silencio* 57), lo que tiene resonancias con el famoso lema de Sandino: "Patria libre o morir".

En la última etapa de la carrera de Sandino sus creencias comunistas y espiritistas influyeron mucho en el éxito que tuvo en animar a sus soldados en la lucha por intentar realizar los sueños de Bolívar: la unión de todos los países hispanos. Estas ideas muy poco divulgadas han sido investigadas por Donald C. Hodges en *Sandino's Communism: Spiritual Politics for the Twenty-First Century* (1992) [El comunismo de Sandino: Una política espiritual para el siglo veintiuno]. Parece que Sandino incorporó ideas de varias fuentes, inclusive las de la Revolución Francesa (libertad, igualdad y fraternidad); de la Teosofía; y de la *Escuela magnético-espiritual de la comuna universal* de Juan Trincado (Hodges 88-90). Además de ser miembro de la *Escuela magnético-espiritual*, Sandino lanzó esas ideas en Nicaragua por medio de su Ejército Defensor de la Soberanía Nacional de Nicaragua. Según Hodges, Sandino era un comunista espiritista y panteísta, y creía en la reencarnación. Para Sandino, el amor es la fuente de la justicia social, mientras que la paz es el galardón de la justicia. Para dar un ejemplo de su modo de ser, el saludo entre los compañeros y soldados de su ejército era "Paz y amor, mi querido hermano(a)" y la despedida era "Siempre adelante" (Hodges 92-93). Uno de los documentos que escribió, el "Manifiesto de *Luz y Verdad*" (1931), es esencialmente una Teosofía de la liberación, en la cual el ejército es una entidad moral y espiritual. La redención vendría en la forma de una revolución proletaria.

En *El silencio,* Oscar lee literatura esotérica, como el *Yoga*, los *Upanishads*, el *Bhagavad-Gita*, los *Vedas* y la *Doctrina secreta*. Cree en muchos aspectos de las doctrinas que albergan estas filosofías tales como el Karma, la reencarnación, el espíritu universal único y la renunciación de los deseos carnales y las posesiones materiales para llegar a una paz interior. Todo eso está directamente relacionado con la Teosofía y sus varios derivados, como la sociedad de los rosacruces, la masonería y el espiritismo, con su elemento de ocultismo, que refleja en gran medida la temática de *El silencio* en la novela.

En este breve ensayo he señalado unos enlaces entre *El silencio* y el marco político de Nicaragua entre 1900 y 1934. Lo que le pasa a Oscar al final de la novela es una alegoría de lo que le pasó a Nicaragua en aquel entonces. Oscar es poseído por una personalidad foránea, acontecimiento paralelo a la invasión de Nicaragua por los extranjeros. Cuando vuelve en sí, está consciente de todas las traiciones que sufrió en su vida, un choque tan fuerte que ya no puede ni quiere hablar. Oscar y Carlos representan al joven país que sufre por la traición de los conservadores. Cualquier contacto con los norteamericanos termina en una tragedia. Carlos regresa enfermo de los Estados Unidos. Nicaragua sufre la intervención militar de la Marina y la usurpación de sus bienes naturales por los intereses extranjeros en el sistema financiero. En esta novela, el tema del silencio queda reflejado en el título *El silencio*, siendo un recinto retórico donde se aislan y meditan Oscar y Carlos. *El silencio*, en efecto, representa la muerte de Sandino, la supresión de la voz del pueblo y el fin de las esperanzas de una Nicaragua libre y soberana.

Lo histórico en *La mariposa negra*: Influencia del Modernismo

por Ardis L. Nelson

Juan Felipe Toruño (1898-1980) nació en León, Nicaragua, en una época turbulenta para Centroamérica tanto en la literatura como en la política. En ese entonces, el presidente del país era el general José Santos Zelaya (1893-1909), un liberal muy controversial y hasta dictatorial. En el mundo de las letras, un compatriota de Toruño, Rubén Darío (1867-1916), estaba ganando fama internacional como fundador del Modernismo, movimiento que representa el nacimiento de la literatura propiamente hispanoamericana. Después de dar un bosquejo de las tendencias del Modernismo y comentar la vida de Toruño dentro de ese contexto, voy a señalar los aspectos históricos de su primera novela, *La mariposa negra* (1928).[1]

Durante el siglo XIX, los países hispanoamericanos lograron su independencia de España, las luchas entre liberales y conservadores, y los primeros efectos de la modernidad: la industrialización, la mecanización, el mercado internacional y el positivismo. En 1888, Darío dio el nombre Modernismo al movimiento literario e intelectual que, según Octavio Paz, "fue la necesaria respuesta contradictoria al vacío espiritual creado por la crítica positivista de la religión y de la metafísica".[2] Las

[1] Juan Felipe Toruño, *La mariposa negra* (Ahuachapan, El Salvador: Empresa Guttenberg, 1928). En adelante las referencias a este libro serán citadas en el texto como: *La mariposa*.

[2] Octavio Paz, *Los hijos del limo: Del romanticismo a la vanguardia*, 3.ª edición (Barcelona: Seix Barral, 1990) 130. En adelante las referencias a este libro serán citadas en el texto como: *Los hijos*.

innovaciones del Modernismo residen en el lenguaje, que fue tildado de exótico, rebuscado, estilizado, suntuoso y escapista. Pero detrás de ese lenguaje poético, detrás del adorno, había una intensidad de búsqueda y de mensaje con dos enfoques, no necesariamente contradictorios: el esoterismo y la historicidad. Desde el enfoque de lo esotérico, los modernistas vieron el lenguaje como instrumento de visión y conocimiento, como contrapartida de la mentalidad científica y el materialismo. Es sabido, por ejemplo, que Darío y otros poetas estudiaron la Teosofía. Según Paz: "La influencia de la tradición ocultista entre los modernistas hispanoamericanos no fue menos profunda que entre los románticos alemanes y los simbolistas franceses... El Modernismo se inició como una búsqueda del ritmo verbal y culminó en una visión del universo como ritmo" (Paz 135-36).

Desde el enfoque histórico, los modernistas vieron el lenguaje como instrumento de política y poder hacia la formación de culturas e identidades nacionales.[3] Como dice Paz en *Cuadrivio*: "El amor a la modernidad no es culto a la moda: es voluntad de participación en una plenitud histórica hasta entonces vedada a los hispanoamericanos".[4]

En la narrativa de Toruño encontramos una combinación de los dos acercamientos: el esoterismo y la historicidad. Junto con lo moderno, Toruño entiende el valor de las tradiciones, la iglesia y la familia, por ejemplo, y el lugar del ser humano en un mundo cada vez más difícil de entender. Al incluir esas tradiciones en su narrativa, Toruño participa en una meta de los modernistas, la de transformar "lo filosófico, lo espiritual y lo epistemológico al terreno

---

[3] Cathy L. Jrade, *Modernismo: Modernity and the Development of Spanish American Literature* (Austin: University of Texas Press, 1998) 4. Ver también de Jrade, *Rubén Darío and the Romantic Search for Unity: The Modernist Recourse to Esoteric Tradition* (Austin: University of Texas Press, 1983).

[4] Octavio Paz, *Cuadrivio* (México: Editorial Joaquin Mortiz, 1972) 21.

de los valores, las prioridades y el poder" (Jrade, *Modernismo* 81).

No queda duda de que Toruño fue influído por Darío, el iniciador del Modernismo. Para empezar, Darío vivió y murió en León, la ciudad natal de Toruño. Cuando nació Toruño, Darío ya estaba en España como corresponsal del diario *La Nación* de Buenos Aires y viajaba mucho por Europa. En 1906 fue nombrado cónsul de Nicaragua en París. En 1907 regresó a Nicaragua donde fue tratado de héroe nacional y nombrado embajador en España.

Toruño era un joven precoz cuando Darío estaba en su apogeo. A la edad de 11 años, Toruño fue profesor en una escuela de semigraduados de Posoltega, Departamento de Chinandega, en Nicaragua. A los 13 años fue soldado de los ejércitos que defendían la institucionalidad del presidente Dr. José Madriz (1909-1910). Cuando perdieron los liberales en una batalla final en el llano de Ostoco, Toruño huyó, atravesando la cordillera de los Maribios, caminando varios meses. Bebió agua de los charcos, comió hojas y frutas, y recibió otros alimentos de los que vivían en la selva. Por fin llegó a León "sin zapatos y en harapos".[5] Hace referencia a esa guerra en sus novelas.

En 1917 trabajó algunas semanas en una zapatería donde montaba calzados, pero su gran deseo fue el de ser periodista, quizás en parte por la influencia de Darío, quien practicó esa profesión casi toda su vida. Darío vio el periodismo no sólo como un aprendizaje para los escritores, sino también como algo inspirador, como expresó en un ensayo dirigido a los escritores en *La Nación* en Buenos Aires, 1897:

> Tú sabes de la lucha del hombre de letras, en todos lugares atroz y martirizadora, pero en ninguna parte como en estas sociedades de la América Latina, donde el alma aún anda a

---

[5] Helmo Toruño, "Juan Felipe Toruño: propulsor de las letras salvadoreñas", *Co Latino*, VI, 151 (4 de mayo de 1996) *Tres Mil*, suplemento cultural, IV-V.

> tientas y la especulación del intelecto casi no tiene cabida. Has tenido un buen campo de experiencia y ese [*sic*] es el diario. ¡El diario! Yo le [*sic*] oigo maltratar y sé que le [*sic*] pintan como la tumba de los poetas. Pues si el trabajo continuado sobre asuntos diversos no nos hace ágiles y flexibles en el pensar y en el decir, ¿qué nos hará entonces?[6]

En abril de 1918, a la edad de 20 años, Toruño entró en la carrera periodística escribiendo noticias y artículos para *El Eco Nacional* en León. El primero de septiembre de 1919 fundó la revista quincenal *Darío*, "primer homenaje de publicidad en Nicaragua, a la memoria del Bardo",[7] quien había fallecido tres años antes (Toruño publicó 69 números de *Darío* entre 1919 y 1923). En 1923, Toruño vendió la revista y salió de Nicaragua rumbo a Cuba para colaborar en la revista *El Fígaro*, invitado por el cubano, doctor Manuel Carbonel. No llegó a Cuba por un naufragio; por problemas económicos se quedó en El Salvador donde siguió su carrera de periodismo. Trabajó primero en *El Diario del Salvador*, y después en *El Día* y en la revista *La Semana*. En 1924 publicó su segundo libro de poemas titulado *Ritmos de vida*, que contiene poesías inspiradas en León, Nicaragua y en San Salvador. Uno de los poemas es un homenaje a Darío y un emocionado recuerdo de su ciudad natal titulado: "Secuencia frente a la tumba de Rubén Darío".

---

[6] Rubén Darío, "Introducción a *Nosotros*, por Roberto J. Payró", *Escritos inéditos de Rubén Darío*, ed. E. K. Mapes (New York: Instituto de las Españas en los Estados Unidos, 1938). El ensayo fue publicado originalmente en *La Nación* [Buenos Aires] (1 de mayo de 1897): 100-01; Citado en Gwen Kirkpatrick, *The Dissonant Legacy of Modernismo: Lugones, Herrera y Reissig, and the Voices of Modern Spanish American Poetry* (Berkeley: University of California Press, 1989) 251, nota 38.

[7] José Jirón Terán, *Comentarios - Detalles - Glosas: Juan Felipe Toruño en sus cincuenta años de periodismo y de actividades literarias: 1918-1968* (León, Nicaragua: Biblioteca José Jirón, 1994) 3.

En 1925 se radicó en el *Diario Latino*, donde trabajó hasta 1973, con la excepción de un año cuando fue a Ahuachapan para dirigir otro diario (1928-1929). Es en Ahuachapan donde publicó *La mariposa negra*, una novela autobiográfica y romántica, la historia de un amor imposible que se desarrolla en León. Se sabe que los nombres de los personajes principales son seudónimos de Toruño y una señorita que se murió de joven dejando a Toruño "sumido en la más cruel desolación y con un vacío difícil de llenar en su alma" (Terán 17).

En *La mariposa negra* observamos datos históricos y descripciones detalladas de personajes, eventos, tradiciones y costumbres insertadas en el hilo narrativo. Este aspecto es fiel al enfoque histórico de los modernistas. Para Toruño, el rescate y la preservación de tales datos y prácticas culturales para la posteridad ayudan a formular la identidad de su pueblo natal. ¿Cuál fue entonces la modernidad que conoció Toruño? Será igual a lo que dijo Paz, quien insiste en que la modernidad en la forma de "la industria, la democracia y la burguesía" no había llegado a Latinoamérica hasta fines del siglo XIX. Agrega que: "La única experiencia de la modernidad que un hispanoamericano podía tener en aquellos días era la del imperialismo". La realidad consistía en "las oligarquías feudales y el militarismo" *(Los hijos* 132).

Parece que Paz acierta en el caso de Toruño, porque el evento histórico más mencionado en la novela es la revolución nicaragüense contra la intervención estadounidense en 1912. Casi 20 años antes había empezado una época de conflicto entre liberales y conservadores en Nicaragua. Durante los 16 años de la presidencia dictatorial del general José Santos Zelaya hubo un crecimiento del nacionalismo en el país y la creación de un ejército profesional, además de mejoras económicas. Luego, en octubre de 1909, estalló una guerra civil. Ciertos liberales inconformes se unieron a los conservadores bajo Juan Estrada para derribar al gobierno de Zelaya. Estados Unidos se enteró de que Zelaya estaba hablando con los ingleses y los japoneses acerca de la posibilidad de construir un canal en Nicaragua, y cuando dos mercenarios estadounidenses que estaban luchando con los rebeldes fueron capturados y ejecutados por las fuerzas del gobierno, Estados Unidos cortó las relaciones diplomáticas con Zelaya y dio su apoyo a los conservadores.

Zelaya fue derrotado en diciembre de 1909 con la ayuda de las fuerzas de los Estados Unidos. Antes de salir del país como exiliado, Zelaya nombró al doctor José Madriz, un liberal leonés, para seguir en su lugar. Pero el gobierno de los Estados Unidos no reconoció al nuevo gobierno y la guerra civil continuó. Madriz ganó las batallas, pero la intervención de los norteamericanos imposibilitó la predominación de los liberales. Madriz renunció a la presidencia en agosto de 1910 y el conservador Juan Estrada fue reconocido por los Estados Unidos como primer ministro en enero de 1911, con la condición de que una asamblea de los dos partidos preparara una constitución. Los desacuerdos entre liberales y conservadores surgieron de nuevo y el ministro de guerra, el general Luis Mena, obligó la dimisión de Estrada. El vice-presidente conservador, Adolfo Díaz, títere de los Estados Unidos, asumió la presidencia.

En 1912, Mena persuadió a la asamblea de nombrarlo sucesor a Díaz cuando terminara su cargo en 1913. Cuando los Estados Unidos rehusó reconocer la legitimidad de esa decisión, Mena armó una rebelión con el apoyo de fuerzas encabezadas por el liberal Benjamín Zelaydón. En eso, Díaz pidió fuerzas de los Estados Unidos, y en agosto de 1912 hasta 2,700 *marines* llegaron a los puertos de Corinto y Bluefields. Mena huyó del país y Zelaydón fue asesinado.

Toruño hace referencia a estos datos históricos en *La mariposa negra*; pues, el personaje principal, el *alter ego* del autor, da a conocer lo siguiente acerca de la guerra de 1912:

> Cuando estalló en Nicaragua la malhadada revolución que encabezara el general Luis Mena, la que dio por resultado el sometimiento del país a una intervención estadounidense, y se firmó un oprobioso contrato con los banqueros de Wall Street, José Eduardo a la edad de dieciséis años fue a la revolución. Ella es hermosa cuando defienden los intereses de la nación y del pueblo; cuando el patriotismo protesta en los corazones, cuya protesta se transforma en proyectiles que van a segar existencias. Esa revolución fracasó. Tropas yanquis acamparon en Nicaragua. Aquella protesta, viril y fuerte, que llevaba todo el ardor épico de los hombres que comprenden lo que es la libertad de la patria, no fue acallada sino por la fuerza doble de las bayonetas estadounidenses, de las que muchas quedaron rodando, tintas en sangre, por las calles de León y de Masaya. Soldados de las fuerzas del Tío Sam, fueron matados por la justa furia de los liberales. Y Benjamín Zeledon [*sic*], el héroe de la fortaleza La Barranca, el héroe que defendió con dignidad, con audacia, altivez y valentía, la causa libertaria del país, cae con honor y con gloria. Y fuerzas conservadoras, indefenso, sin armas y completamente solo, lo asesinaron cobardemente... (*La mariposa* 16)

Estados Unidos mantuvo fuerzas en Nicaragua desde entonces hasta 1933 y, aunque el número de tropas fue reducido de casi 3,000 a sólo 100 en 1913, su presencia sirvió de recuerdo del apoyo de Washington a los gobiernos conservadores. Hubo elecciones en 1913, pero los liberales las boicotearon y Díaz fue reelegido como presidente hasta 1916, y otra vez entre 1926 y 1928, éste último siendo el año de la publicación de *La mariposa negra.*

En un capítulo que cuenta la historia de la Catedral de León, el narrador hace mención de agosto de 1912, año de la revolución en la que participó:

> Sobre la parte superior del templo ha corrido la sangre y en una época encontráronse soldados muertos cerca del altar mayor, en aptitud de orar (17 de agosto de 1912). Lo primero que hacen las tropas enviadas por gobiernos o cuando hay levantamientos del pueblo, es posesionarse de la Catedral que sirve de fuerte... (*La mariposa* 68)

Otra referencia a esa fecha aparece más tarde en la novela cuando los jóvenes enamorados se dan un beso en el parque Jerez frente a la Catedral. El narrador nombra a los liberales caídos y conmemorados en el centro de la plazoleta. Aquí habla de una cruz:

> [...] que tiene en sus lados palabras conmemorativas a los que en aquella plaza perecieron en la noche del 18 de Agosto [*sic*] y la mañana del 19, del año de 1912 (Efraín Juárez, de Posoltega; Pascual Bravo, de Chichigalpa y Julián Ramírez, de León) cuando se defendió a la ciudad de las hordas hambrientas de robo y de violaciones, de pillaje y de inhumanidad; de las hordas del cachurequismo insolvente... (*La mariposa* 251)

Interpola el dato histórico en una escena en la que la pareja amorosa está acechada sigilosamente por una mujer celosa. Finalmente, en una escena que prefigura la muerte de la joven querida, la pareja camina por un cementerio. El narrador comenta los monumentos de dos figuras históricas: Máximo Jerez y Trinidad Sarrias. Luego dice:

> Habían [*sic*] mausoleos con calcaduras y algunos ángeles mutilados por las balas invasoras de 1912. En la

> imaginación de Zomar apareció el cuadro de aquel 18 y 19 de agosto de 1912, cuando los leoneses defendieron la ciudad de las hordas conservadoras. (*La mariposa* 453)

Otros datos acerca del pasado colonial de Nicaragua tocan la fundación de la ciudad de León entre 1598 y 1608:

> El alférez Pedro de Mendiola y Munguia, plantó al pie de un guasimo que existió en el lugar donde hoy está el parque Jerez, el estandarte violeta de las armas de Castilla. Años después, los Reyes Católicos le dieron el honorable título de la "Muy Ilustre y Muy Noble Ciudad de Santiago de los Caballeros de León". El viejo escudo de dicha ciudad puede verse aún en el Coro Cordobés, tras del altar mayor de la Catedral. Y aunque la "Muy Noble" quedara bajo la advocación de *Victus in victa deo faventa*, llegaron los meses terribles en que la incansable rebeldía de los criollos hizo temblar los sólidos muros de los españoles. (*La mariposa* 14)

Toruño ubica la casa donde se firmaron los papeles de la Independencia, frente a la esquina noroeste del parque Jerez (341). Escribe de la historia de la Universidad de León, fundada en 1809 por Fray Nicolás García Xerez y Fray Antonio de Huerta y Casso, indicando que en el siglo XIX era "el único cuerpo docente en todo Centroamérica" (341-42).[8]

---

[8] Entra un detalle histórico sobre la isla de Cardón, una antigua fortaleza:

> El Cardón es una antigua fortaleza. Protegía al puerto del Realejo. (A este puerto llegaban los galeones del Rey en tiempo de la conquista con aventureros y baratijas; para regresar cargados de oro. A ese puerto lo reemplazó el de Corinto. Por manera que ya no se utiliza.) Los castellanos espiaban desde las torres el paso de los piratas. Allí se le enfrentó el maestre de campo González Calderón al corsario Charps que volvía de Arica [*sic*] en donde tras cruda refriega con los peruanos murió E. Warlen, su compañero de aventuras.
>
> Con todo y esa vigilancia, Dampier logró acercarse a punta Icaco, otros osados navegantes, internándose por el estero a que dio nombre doña

Como antes he mencionado, Toruño participó en las dos vertientes del Modernismo, el esoterismo y el historicismo. A la vez que cree en la reencarnación y poderes ocultos, también da pleno reconocimiento al pasado religioso y a las tradiciones de la Iglesia. En América Latina, el catolicismo tomó su propia ruta a través de los siglos. Toruño insiste en la preservación de las tradiciones espirituales en su libro, ambas formales y heréticas. Reconoce, por ejemplo, la estructura que el catolicismo ha dado a la sociedad desde la época colonial en su manera de describir las iglesias antiguas ya en ruinas, los novenarios y las costumbres de la Semana Santa que todavía estaban en vigencia en los años 20.

Nombra las cinco iglesias construidas en León en los primeros años de la colonia: San Pedro, la Veracruz, San Andrés, San Pablo y San Juan Bautista. Solo ésta se salvó de la guerra de Malespín; las demás fueron quemadas. Luego señala las ruinas de El Laborío cuya torre fue destruida por un terremoto, y cuenta una leyenda alrededor de dos iglesias que quedan al sur:

> El coronel Joaquín Arechavala, español déspota y rico, gran jugador y poseedor de muchas propiedades, se quejaba de no tener hijos; por esta razón hizo formal promesa, ante una imagen del mártir y militar, de que el primero que tuviera se lo iba a ofrecer al santo, construyéndole un templo. Pasaron los meses y el coronel vio cumplido su deseo; levantó el templo, y mandó traer a Quito, Lima, [*sic*] una imagen de San Sebastián, y un hermoso bajo relieve donde está representado el martirio del santo. Pueden verse esas prendas religiosas en el lado derecho del altar mayor.

Paula Real, (hoy llamado Estero Real), llegaron a León e incendiaron y saquearon los templos. [...] Allí en esa antigua fortaleza... está abandonada una pieza de artillería, negra, sarrosa, cuyo cañón mide más de tres metros de largo, y tiene grabado el nombre de Fernando VII, el sello y las armas reales. (*La mariposa* 64-65)

> Y como tuviera otros dos hijos, mandó edificar el templo de Guadalupe, llevando de México la efigie de la que se le apareciera a Diego, junto con una ara que es de jaspe, y que la regaló a la Virgen de los Remedios de Quezalguaque, imagen y piedra que aún se conservan. (*La mariposa* 40)

Viene al caso mencionar aquí una observación de Paz sobre los modernistas y las catedrales:

> Las creencias de Rubén Darío oscilaban, según una frase muy citada de uno de sus poemas, "entre la catedral y las ruinas paganas". Yo me atrevería a modificarla: entre las ruinas de la catedral y el paganismo. Las creencias de Darío y de la mayoría de los poetas modernistas son, más que creencias, búsqueda de una creencia y se despliegan frente a un paisaje devastado por la razón crítica y el positivismo... No [tienen] un sistema de creencias sino un puñado de fragmentos y obsesiones. (*Los hijos* 136-37)

Toruño escribe literalmente de las ruinas de las catedrales y demás iglesias a la vez que indaga sobre las creencias ocultas. Para Toruño las ruinas sirven de metáfora por lo que Darío nombra el "paisaje devastado por la razón crítica y el positivismo". Como veremos ahora, Toruño se ciñe a las tradiciones de la Iglesia como piedra de toque de lo humano, lo que da significado a la vida.

Toruño describe con muchos detalles las novenas de la Virgen que empiezan en noviembre. Dice que es una de las costumbres implantadas por los españoles que se celebra más por fuerza tradicional que por devoción. Durante las novenas cada casa tiene su altar de la virgen y, cuando llega la gente, participa en rezos y canciones religiosas. Toruño cita varios versos de estos cantos. El 7 de diciembre es "la Gritería", una fiesta carnavalesca, cuando inclusive pasan la gorra para obsequios. A medianoche repican las campanas de 14 iglesias y hay todo tipo de ruido y alboroto. Describe lo que ve la gente en la calle: músicos y muñecas de desfile "gigantonas" y "yegüitas" (42-55). El próximo día empieza la "fiesta blanca" de las hijas de María, en la Catedral.

Toruño dedica diez páginas a un comentario sobre las prácticas de la Semana Santa en León, que son únicas. Dice que: "Es de singular atractivo. De las diferentes partes de la República llegan familias a pasarla a la ciudad" (263). Enumera los eventos de cada día desde el Domingo de Ramos hasta el Sábado de Gloria y el domingo con la procesión del Resucitado. Hay datos y personajes históricos, costumbres populares y religiosas, descripciones de los colores y sus símbolos cristianos, de las procesiones y de los penitentes de rodillas; inclusive hay descripciones de las bebidas, la música, las campanas y un comentario sobre Rubén Darío (262).

Incluye en sus comentarios unas leyendas, mostrando cuánto duran las creencias antiguas que hasta influyen en la vida diaria en el presente. Por ejemplo, cuando la diosa legendaria Xali de Cailahua sale por la luz de la luna sobre el lago de Masaya es señal de buena pesca; y según decía, el volcán Santiago encerraba un portentoso tesoro; el narrador cuenta varias canciones y leyendas acerca de la búsqueda de sus riquezas, sobre todo por los curas y un obispo de Roma.

En un viaje por el campo, el narrador escribe sobre cómo es Nicaragua (352-56) y, en particular, la gente campesina (351-52), el clima (365), la *cantada* de los campesinos (367-68), y la naturaleza (375-76):

> Todo era verde ya, de un verde firme y la bahía lejana de un azul marino precioso. Era un revolotear de pájaros y el sensonte no dejaba de ejecutar su solo de pícolo en la orquesta complicada y alegre de los pájaros. Forzaba el

> clarinero, como un repaso, con su requinto, las acromáticas, que ascendieran al infinito; y los guardabarrancos y los chichitotes y los salicolchones coreaban *ad-libintun*. Y hasta el chompipe arrastrando las extremidades de sus alas redoblaba retumbante, en su timbal interior. ¡Estaba de fiesta la montaña! (*La mariposa* 376)

Pasa por donde ocupó Ithagua, ciudad precolombina de la civilización maribia, conocida por sus trabajos de labrados en madera: "Como debe saberse, la civilización maribia se extendía en casi toda la planicie del Pacífico, desde Corinto hasta Managua; mas la tribu espesa, se asegura, ocupaba la meseta central antes dicha" (362).

Toruño tiene fuertes enlaces con los modernistas, pero no retrocede ni se esconde en un mundo escapista. Se mantiene en contacto con las raíces y los procesos históricos a la vez que está consciente de las transiciones del mundo moderno. Critica la sobrevaloración del dinero por encima del valor humano y personal. El tío Zacarías, que encarna este mal, se presenta como monstruo, matando por avaricia y crueldad a la sobrina que el joven periodista tanto quiere. Esto simboliza la crítica de los modernistas al creciente dominio del materialismo en el mundo, en particular, según Paz, el progreso a la norteamericana. Toruño llama la atención indirectamente en su argumento, señalando por medio de su énfasis en las raíces históricas y culturales que, para no matar el espíritu y el corazón de la gente, hay que tener prioridades. Hay que cuidar el elemento humano y no venderse a los intereses fríamente económicos.

Toruño, escritor de poesías, ensayos, novelas, y dedicado al periodismo durante más de 50 años, junto con los modernistas, creyó en el poder transformativo del arte (Jrade 139).

En el subtexto histórico de *La mariposa negra*, Toruño refleja una conciencia trágica de un mundo que está transitando el difícil camino entre el pasado turbulento, el presente dinámico y el futuro incierto.

Lo esotérico en *La mariposa negra* de Juan Felipe Toruño

por Ardis L. Nelson

La tradición esotérica data de la antigüedad e incluye a los gnósticos, los místicos cristianos, la Kabbala, los rosacruces, los teósofos, los masones y otras sociedades secretas. Muchas de estas tradiciones fomentan el estudio de ideas como el karma, la reencarnación, la unidad de todos los seres y el desarrollo de la vida interior del ser humano. Los esotéricos suelen estudiar la evolución del ser humano y de la naturaleza como un fenómeno enérgico en el que todos formamos parte de una conciencia universal o divina.

Juan Felipe Toruño empezó a estudiar la literatura esotérica cuando tenía apenas 15 años. Durante 35 años, Toruño fue presidente de la Sociedad Teosófica "Teotl" y director de la revista *Dharma* en San Salvador. En vez de mantener el aspecto oculto de la Teosofía, él la promovió abiertamente, invitando a la gente a asistir a foros sobre temas esotéricos. En sus novelas, Toruño juega con la temática del karma y de la reencarnación, y del bien y el mal, junto con elementos psíquicos y sobrenaturales que se ofrecen como ejemplos de esas creencias de la Teosofía. En este ensayo, mi enfoque es sobre estos aspectos en la primera novela de Toruño, *La mariposa negra*, publicada en 1928.[1]

Primero una palabra sobre la historia de los teósofos modernos. La Sociedad Teosófica fue fundada en 1875 en Estados Unidos por el americano Henry Olcott y la rusa H.P. Blavatsky (1831-1891). El propósito de la Sociedad fue el de trascender el

---

[1] Juan Felipe Toruño, *La mariposa negra* (Ahuachapán, El Salvador: Empresa Guttenberg, 1928).

abismo entre ciencia y religión —por ejemplo, el debate entre la evolución y el creacionismo— con el estudio de la sabiduría antigua, sobre todo de las religiones asiáticas. En las palabras de Olcott, querían "*aid in freeing the public mind of theological superstition and a tame subservience to the arrogance of science*"[2] (ayudar a libertar a la gente de la superstición teológica y del servilismo a la arrogancia de la ciencia).

La mariposa negra es la historia de un amor imposible, frustrado por las fuerzas ocultas. Los personajes principales son José Eduardo Zomar, poeta y periodista de 22 años, y Cidha Villaseñor, una joven rica, consentida y popular de 17 años. Cuando se ven por primera vez sienten un flechazo y desde aquel momento están obsesionados el uno con la otra hasta después de la muerte. El mismo día en que conoce a Cidha, José Eduardo ve entrar en su cuarto una mariposa negra, y la ve como un presagio del mal.

En el pasado, la mariposa era símbolo del alma. Es interesante notar que en griego *psyche* significaba tanto "alma" como "mariposa", un dato lingüístico basado en la creencia de que el alma de los muertos se convierte en mariposa mientras espera reencarnarse. En la novela de Toruño, una mariposa negra aparece en una pesadilla de José Eduardo en la que el insecto se convierte en un monstruo con la cara del tío de Cidha, don Zacarías Villaseñor, quien les quita la vida a los enamorados. En la vida cotidiana del pueblo, todo el mundo cree que Cidha va a casarse con su primo hermano Humberto Ramos, pero ella no lo quiere y el compromiso está en contra de su voluntad. La avaricia del tío don Zacarías, hermano del difunto padre de Cidha, lo lleva a entrar en un contrato diabólico con Humberto, el novio formal, para asegurarse una tercera parte de la herencia de la joven, acuerdo cuyos detalles ignora ella misma.

---

[2] Bruce F. Campbell, *Ancient Wisdom Revived: A History of the Theosophical Movement* (Berkley: University of California Press, 1980) 29.

Según el testamento, para recibir su herencia, Cidha debe casarse con un hombre que sea pariente, conservador y de la región.

El primo hermano Humberto es tal persona, pero también es un mujeriego de 32 años, acostumbrado a viajar, jugar y vivir bien. Ya se había gastado su herencia, así que casarse con Cidha sería la única manera en que podría seguir su estilo de vida disoluta. Cae en la trampa de don Zacarías, quien le regala dinero a Humberto a cambio de un trato malévolo y secreto. Promete persuadirle a Cidha de casarse con él por una gran parte de la herencia. Humberto no puede rechazar la oferta porque sabe que Cidha no lo quiere y él no tiene recursos. Así que para los dos hombres, el casamiento de Cidha con Humberto es un negocio ignominoso. Vigilan a Cidha en sus encuentros con José Eduardo y le prohiben verlo.

Detrás de esta trama sencilla palpitan las fuerzas ocultas experimentadas por los dos enamorados. José Eduardo es un joven inteligente y sensible al extremo. Se aisla de la gente para leer, escribir y pensar. Siendo libre pensador, está abierto a dejarse llevar por las corrientes de la subconciencia y los poderes ocultos. Muchas veces no duerme porque oye pasos, ve sombras, y siente presencias misteriosas, de otra dimensión de la realidad.

José Eduardo cree en la reencarnación y en las leyes del karma, y se siente invadido por fuerzas que lo controlan desde el pasado. En efecto, los temas esotéricos más mencionados en la novela son el karma y la reencarnación, unas creencias fundamentales a los teósofos desde la publicación de *La Doctrina Secreta,* de Blavatsky, en 1888.[3] El personaje José Eduardo revela esta intuición cuando hace la siguiente declaración: "¡Cuántos

---

[3] Helena Petrovna Blavatsky, *La voz del silencio* (Málaga: Editorial Sirio, 1995). Toruño menciona, entre otros, los textos los *Upanisads,* los *Vedas* y *La doctrina secreta*, pero no los cita específicamente. En cambio, nunca menciona directamente el título *La voz del silencio*, pero se verá más adelante en este análisis el empleo de ciertas imágenes del texto de Blavatsky en el libro de Toruño.

gérmenes de existencias pasadas llevaré yo en mi cuerpo...!" (36). José Eduardo atribuye su carácter melancólico a "un ancestralismo agudo y torturante [que] se revolvía pugnando por escaparse..." (47). Tiene un entendimiento único de la atracción mutua entre él y Cidha, pues, cree que se conocieron antes:

> La esencia de la vida anterior que tiene fuerza en el presente, opera a fin de que, no obstante el lapso, inmenso o corto, [dos almas] lleguen a encontrarse reconociéndose... se buscan, se atraen. (94)

El karma es una teoría de la reencarnación basada en la calidad moral de las vidas anteriores de uno. Karl H. Potter resalta este juicio cuando da a conocer que:

> *When a person dies his unactivated karmic residues... gather together within that individual's "citta" [that is, one's] substance, composed of... the thinking, willing and feeling of sentient beings... In the Yoga view, the "citta"... of the deceased immediately passes on to a new body [and determines] the length of its life and the affective tone of experience the person will have, that is, whether his experiences will be pleasurable or painful.*[4] (Cuando una persona muere, sus residuos kármicos inactivados, sobre todo los pensamientos, los sentimientos y la voluntad... se juntan y se pasan al cuerpo de un ser nuevo. El karma de la vida anterior determina cuánto tiempo va a vivir la nueva persona y cuál será el tono afectivo de su vida... si tendrá experiencias felices o dolorosas.)

---

[4] Karl H. Potter, "The Karma Theory and Its Interpretation in Some Indian Philosophical systems", in *Karma and Rebirth in Classical Indian Traditions*, ed. Wendy Doniger O'Flaherty (Berkeley: University of California Press, 1980) 244.

En el debate que sostiene José Eduardo con el médico es donde más lucen las teorías de los teósofos y donde más se asoma la doctrina de la reencarnación. El joven habla de las transformaciones de la naturaleza en las que nada se pierde, de la gran ilusión que es la vida y de lo poco que sabemos; también habla de vidas pasadas y del aspecto cíclico de la vida y la muerte. Por ejemplo, le dice al médico: "Se nace con la muerte como se muere naciendo a otra vida" (290). Cidha y José Eduardo tienen los mismos sueños y visiones, los cuales les permiten afirmar su existencia simultánea en otra vida. Como dice José Eduardo para sí mismo:

> [...] terminaré creyendo que en vidas anteriores la amé, la adoré, mejor dicho: su espíritu se confundió con el mío, el que por ley trasmigratoria se separan, y hoy, encontrándonos, nuevamente, mi porción espiritual busca la suya. (129)

Hasta cree en la posibilidad de que hace más de mil años, el alma de los dos fuera una sola dentro del mismo cuerpo (196). Cuando están juntos una noche, los dos ven la imagen de un esqueleto en las sombras. Ésta y muchas otras señales indican a la infeliz pareja que la unión carnal en esta vida no les será posible, debido a una fuerza oculta y poderosa que se empeña en prevenirla. Por ejemplo, mientras José Eduardo está pensando en las dificultades que existen para juntarse con Cidha, oye el chirrido de la puerta que parece decirle: "nunca" (297).

De especial importancia en la novela son los sueños, un factor que ha vendido relacionándose con los fenómenos ocultos desde los tiempos de antaño. José Eduardo tiene una pesadilla que es un presagio de las fuerzas destructivas que van a impedir la realización de su amor con Cidha y le predice simbólicamente lo que les va a pasar a los dos.

En la primera parte del sueño se ve un jardín diabólico

donde una fuente escupe tinta sobre unos rosales. El polen y los estambres se convierten en calaveras de quimeras. El surtidor se seca y se convierte en "esqueleto de jardinero infernal, de múltiples y largas manos que se estiraron para cortar las rosas" (233). Los pétalos de las rosas de repente son alas que se juntan con las calaveras para formar mariposas fúnebres: "Aulló el viento y tras el estallido de un sol cárdeno que se deshizo en fragmentos, apareció otro jardín... resguardado por una cerca... que no permitía ver el más allá" (233). Los rosales caminan con pies humanos y desaparecen al llegar a la cerca. Una de las mariposas que se formó de una rosa negra es la única que no desaparece. Hay una margarita que revienta y José Eduardo intenta alcanzarla, pero desaparece al otro lado del jardín. José Eduardo se despierta "al oír un chirrido prolongado" (234) y se da cuenta de que fue un sueño dentro de otro sueño.

Sigue soñando sin pesadillas a partir de este momento. En la segunda parte del sueño, una mariposa negra vuela por el mundo material, realista. Llega a una iglesia y hasta se posa en un clavo de los pies de Cristo como chupándole la sangre. En eso lo despiertan "[f]uertes golpes, acompañados de voz ronca" (234) y José Eduardo cree ver la mariposa negra pegada en la pared; pero no hay nadie y la criada no oyó nada tampoco.

Vuelve a dormir José Eduardo y le sale la tercera parte del sueño: la mariposa negra se posa ahora en un ciprés antiguo por varios días, deja una oruga, y muere. Una parte del alma del "lepidóctero" [*sic*] se inserta:

> En una figura humana, en un hombre que más tarde visitó los conventos, que llegó a las iglesias, que fué [*sic*] como sombra en la existencia... que repudiaba lo bello, lo delicado y la pura virtud...; lo vió [*sic*] José Eduardo a manera de monstruo. (235-236)

Se sugiere que el hombre/monstruo es don Zacarías, por su hipocresía y su negatividad. Una planta se transforma en mujer y el hombre monstruo la cubre con "[u]na sombra inmensa y pavorosa" (236). Ya no ve nada en el sueño sino:

> ¡Sólo una tiniebla interminable! De repente el aguijón que el hombre monstruo tenía por lengua, lo sintió en su corazón extrayéndole todos sus sentimientos, su vida misma, mientras las tenazas de las manos lo ahogaban... Con un salto, despertó lanzando un 'me matan' estentóreo. (236)

Para el lector es obvio que la mariposa negra, la fuerza oculta del mal, se manifiesta en la vida de José Eduardo y Cidha en la forma del tío don Zacarías. Nadie se ha enterado del trato deshonroso entre él y Humberto, pero resulta ser el obstáculo a la fricción del amor entre José Eduardo y Cidha previsto en el sueño.

A través de los siglos, la esencia del mal siempre se manifiesta como algo tenebroso, misterioso, escondido y malentendido, algo asociado con la noche, la oscuridad, lo negro, lo secreto. El mal es una fuerza agresiva que intenta destruir la integridad, la felicidad y el bien de la sociedad. Las acciones malévolas o no están motivadas o están motivadas pervertidamente.[5]

En la *Biblia,* San Pablo dice que: "El amor del dinero es la raíz de todo mal" (1 Timoteo 6:10). Justamente en *La mariposa negra,* el motivo detrás del mal es el dinero, el que no le pertenece al tío sin escrúpulos. Escritores tempranos como Shakespeare (en *Timon of Athens*, Act IV, scene 3) y Milton (en *Paradise Lost*) notaron que el dinero tiene la capacidad de convertir el bien en mal, y el mal en bien. Según Macfarlane, "*good and evil are mixed in the*

[5] Alan Macfarlane, "The root of all evil", en *The Anthropology of Evil*, ed. David Parkin (Oxford: Basil Blackwell, 1985) 57.

roots of modern society" (71) (el mal y el bien están mezclados en las raíces de la sociedad moderna). Aun peor, el dinero nos lanza en una confusión entre el bien y el mal, porque la raíz de todo mal es a la vez la raíz del bien: el trabajo, el mercado, el regateo, la economía; todo el sistema capitalista delineado por Adam Smith en *The Wealth of Nations*. Es decir que en la economía moderna, los vicios, los intereses y las pasiones de los individuos llevan supuestamente al bien público.

La paradoja que circunda las categorías del bien y del mal no concuerda con la lógica del pensamiento occidental. Como lo expresa el filósofo Nicolás Berdyaev: "*The paradox springs from the fact that we apply categories of good and evil, i.e. categories engendered by the Fall, to Divine being which is beyond good and evil*".[6] (La paradoja se origina en el hecho de que las categorías del bien y el mal, que son el resultado de la caída del hombre del Paraíso, se aplican por el hombre a lo Divino, quien está más allá del bien y el mal.)

Por otra parte, para los asiáticos que creen en el principio del *yin* y el *yang*, no es una paradoja. Berdyaev le atribuye un discernimiento semejante al teósofo y místico alemán Jacobo Böhme: "*Every principle presupposes for its manifestation its opposite, a principle that wars against it*" (Berdyaev 41). (Todo principio presupone el opuesto, otro principio que obra en su contra). Carl Jung corrobora este juicio cuando afirma que: "*To the Oriental, good and evil are meaningfully contained in nature, and are merely varying degrees of the same thing*".[7] (Para el asiático, tanto el bien como el mal tienen su lugar significante dentro de la naturaleza, y

---

[6] Nicolas Berdyaev, *The Destiny of Man*, trans. Natalie Duddington (New York: Harper & Row, 1960) 40.

[7] C.G. *Jung, Memories, Dreams, Reflections* (New York: Vintage Books, 1963) 276. Edited by Aniela Jaffé; Translated from the German by Richard and Clara Winston.

los dos son meras variantes de lo mismo.)

Toruño demuestra cierta ambigüedad hacia esta forma de pensar en su primera novela, pues parece que está intentando entender esta transformación entre las creencias cristianas y las asiáticas. Jung describe la diferencia, señalando que: "*The Christian strives for good and succumbs to evil; the Indian feels himself to be outside good and evil, and seeks to realize this state by meditation or yoga*" (Jung 276). (El cristiano lucha por el bien y es vencido por el mal; el indio se cree fuera del bien y el mal, e intenta alcanzar ese estado por medio de la meditación o el yoga.)

En *La mariposa negra,* los jóvenes son vencidos por el mal, pero el simbolismo del mal en la forma de una mariposa sugiere a la vez que es una parte integral de la naturaleza.

Volviendo al argumento, Cidha llega a tal punto de desesperación que piensa en un suicidio doble como la única manera de salvar su amor. No lo hace, pero un mes antes de su muerte, ella experimenta la precognición, es decir, que se entera de que va a pasar algo en el futuro. En un sueño en el que se despide del pretendiente Humberto para siempre, recibe un castigo por su rebeldía contra los deseos de la familia. En el sueño la envían "a un país remoto y lejano, del que volvía como por magia o por encanto, de vez en cuando, a León, para asomarse únicamente a la habitación de José Eduardo, por las noches, cuando él estaba dormido" (442).

Al despertarse, Cidha cree que la familia va a enviarla de nuevo al extranjero como lo hicieron una vez para apartarla de José Eduardo. No se da cuenta de que los sueños son simbólicos y de que el país lejano en este caso es la muerte. La subconciencia de Cidha presiente su muerte inminente y predice que su espíritu irá a visitar a José Eduardo.

Por fin Cidha rehusa casarse con Humberto y la familia responde quitándole toda libertad. En un último esfuerzo por salvar a ambos, ella inventa una historia diciéndoles que está embarazada y que el padre es José Eduardo. Enseguida se enferma y nueve días después pasa los últimos minutos de su vida con José Eduardo a su lado.

Cuando muere su amada, José Eduardo se enferma y sufre una intensa crisis. En su delirio siente la presencia de alguien a su lado: "[S]intió un beso en la mejilla; luego, que le peinaban la cabellera... Oía suspiros y palabras quedas y confusas" (491). Luego ve "la visión del cuerpo exánime de Cidha" (494-495). Parece que la visita que Cidha le hace a José Eduardo en el sueño tiene lugar después de su muerte, cuando éste se da cuenta de una presencia cariñosa y espiritual.

En el plano esotérico, el tiempo no existe y no hay límites de espacio como en el plano físico, donde el enigma del bien y el mal resalta la naturaleza paradójica de la vida. En la novela de Toruño, un símbolo del alma se convierte en el mal personificado, sugiriendo que los residuos kármicos que recibió el tío Zacarías tenían una fuerte deuda de vidas anteriores. Desgraciadamente, el tío no se sobrepone y cae en el abismo de la avaricia, destruyendo a la vez a su sobrina.

En *La mariposa negra,* Toruño nos presenta una realidad latente y una visión controversial del mundo. Escribe para hacernos pensar. Veremos que sigue desarrollando la temática esotérica en su segunda novela, *El silencio*, publicada siete años después.[8]

---

[8] Juan Felipe Toruño, *El silencio*, 1.ª ed. (San Salvador: Imprenta editora Arévalo, 1935). Primer Premio, Concurso del Libro Americano, Matanzas, Cuba, 1938; 2.ª ed. (San Salvador: Editorial Universitaria, 1976).

Juan Felipe Toruño: Cuentista comprometido de la insurrección

por William O. Deaver, Jr.

Entre los cuentos que componen *De dos tierras* (1947) del nicaragüense Juan Felipe Toruño, dos me parecen ejemplos de la literatura comprometida: "La medicina" y "La caldera".[1] Estos dos cuentos tipifican la literatura criollista además de reflejar la conciencia socio-política de Toruño. A primera vista, los cuentos parecen ser sencillas obras costumbristas que retratan la vida de gente analfabeta, pero nos engañan por el uso de un léxico indudablemente campesino y una ironía mordaz al enterarnos de la meta verdadera. John Lipski piensa igual cuando observa:

> Pero Toruño era más que un autor costumbrista, ya que sus innovaciones narrativas —sobre todo las deslocaciones ortográficas— caben dentro de las obras experimentales de las últimas décadas. La obra de Juan Felipe Toruño ha enriquecido la literatura centroamericana y ha colocado en el primer plano la voz de la marginalidad mediante la creación de configuraciones lingüísticas pan-dialectales.[2]

De hecho, ambos cuentos giran alrededor del tema del hombre contra el hombre, lo cual termina en una violencia fatal que proviene de afuera afectando a las poblaciones de Nicaragua y El

---

[1] Juan Felipe Toruño, *De dos tierras* (San Salvador: Imprenta Funes, 1947); después será citada en el texto como: Toruño.

[2] John M. Lipski, "La creación del lenguaje centroamericano en la obra narrativa de Juan Felipe Toruño", <www.personal.psu.edu/faculty/j/m/jml34/toruno.pdf>, 14; después será citada en el texto como: Lipski.

Salvador. A nivel microscópico, esta muerte violenta afecta a una persona en cada historia. Sin embargo, a nivel macroscópico afecta a un pueblo entero mientras los ciudadanos se hacen adversarios en guerras civiles y los Estados Unidos interviene para derrocar al gobierno legítimo en ambos casos.

En "La caldera", el narrador en tercera persona comienza la historia misteriosamente al revelar que: "Sólo tía Maclovia Osejo sabía por qué se quejaba la caldera al comenzar la zafra" (*Dos Tierras* 17). Este relato sigue presentando una leyenda espeluznante que asemeja a la de *La llorona* en México, pero Toruño lo desarrolla de manera que trasciende lo mero fantástico u horrorífico. Según Tzvetan Todorov:

> *The fantastic requires the fulfillment of three conditions. First, the text must oblige the reader to consider the world of the characters as a world of living persons and to hesitate between a natural and a supernatural explanation of the events described. Second, this hesitation may also be experienced by a character [...]. Third, the reader [...] will reject allegorical as well as 'poetic' interpretations.*[3] (Lo fantástico requiere el cumplimiento de tres condiciones. Primero, el texto debe obligar a que el lector considere el mundo de los personajes como un mundo de vivos y que vacile entre una explicación natural y una sobrenatural de los acontecimientos descritos. Segundo, esta vacilación también puede experimentarse por un personaje [...]. Tercero, el lector [...] rechazará las interpretaciones alegóricas tanto como las "poéticas".)

---

[3] Tzvetan Todorov, *The Fantastic: A Structural Approach to a Literary Genre*, 6.ª ed. (Ithaca, NY: Cornell University Press, 1995) 33; después será citada en el texto como: Todorov. Las traducciones al español son mías.

No vemos esta vacilación en "La caldera" a pesar de que la tía Maclovia representa a las mujeres religiosas que guardan las supersticiones populares y las diseminan, al parecer, para espantar a los niños. Como observa Todorov: "*Fear is often linked to the fantastic, but it is not a necessary condition of the genre*" (Todorov 35). (El miedo a menudo se asocia con lo fantástico, pero no es una condición necesaria del género.) Sin embargo, la tía es fuente de historia vivida ya que participó en su relato hace cuarenta años. Mientras tanto, ella es lo contrario de una mujer típica puesto que fuma puros "para espantar los jejenes, para entretener el pensamiento y para que no le nacieran ideas contra el prójimo" (Toruño 17). Así el acto de fumar es prescriptivo para combatir el peligro de los moscos, para seguir las enseñanzas cristianas y para divertirse. Deja a sus oyentes en suspenso al no terminar su historia inmediatamente con un folclore "porques [*sic*] viernes" (Toruño 18).

Después de muy poco diálogo, el narrador educado empieza su descripción del ingenio de azúcar, *La Gloria,* donde transcurre la acción al sur de León, en Posoltega. El estilo es lacónico, casi como los apuntes de un drama. Además, tiende hacia el naturalismo. Por ejemplo: "Las refinadoras vomitando leche blanca, la voz de los trabajadores sudados y relucientes, los manejadores de palancas" (Toruño 19). En este ambiente que el narrador describe geográficamente, vemos una observación de sólo una frase que parece fuera de lugar: "En Nicaragua, los partidos liberal [*sic*] y conservador [*sic*] están definidos y son históricos adversarios en política" (Toruño 20). Así sabemos que el monstruo de terror no es el Cucú de la caldera, sino la inestabilidad política de la región y la intervención militar estadounidense. Proponemos una lectura alegórica que cabe fuera de lo fantástico. El propietario del ingenio, Manuel Sáenz, es un conservador que lo visita de vez en cuando desde León, puesto que éste se ubica dentro de la zona liberal.

Podemos inferir que se preocupa más por su seguridad que de sus ganancias en tal ambiente: "Saenz [*sic*] no llegó a pagar, enviando a un empleado que lo hizo a las diez horas, retirándose enseguida, preocupado y molesto, tratando de ocultar lo que ocurría en León" (Toruño 21).

¿Qué ocurría en León? Antes de este punto en la historia tuvimos dos frases cortas: "Era en agosto, 1912" (Toruño 20). Esta fecha nos provee el momento histórico y es clave para entender lo que sucederá entre los liberales y los conservadores. Según Eugenio Chang-Rodríguez, "[...] Nicaragua sufrió fuertemente la intervención estadounidense, guiada por la diplomacia del dólar. Estados Unidos impuso primero el control de sus aduanas y después ocupó el país con destacamentos de Infantería de Marina, de 1912 a 1925 y de 1926 a 1933".[4] Para reforzar esta idea sólo tenemos que ver el recuerdo de la tía Maclovia a quien "le parecía ver saltando de un tren a bulliciosos y enfurecidos hombres, oír disparos de fusiles, salir huyendo a los trabajadores en completo desparpajo [...] y ella, tía Maclovia, caminar de prisa a refugiarse donde los Maya" (Toruño 18). Durante esta época, Nicaragua pasó de la dictadura del general José Santos Zelaya al gobierno liberal del doctor José Madriz, quien cedió el poder al conservador Juan Estrada. Este dimitió y Adolfo Díaz, conservador, llegó a ser presidente con el apoyo de Estados Unidos.[5] El caos de la revuelta y la intervención estadounidense es total y ahora la tía, que comenzó inspirando miedo, se convierte en víctima de su propio terror. Toruño mismo participó en esta guerra al tener sólo 13 años y tuvo que huir como la tía Maclovia en el

---

[4] Eugenio Chang-Rodríguez, *Latinoamérica: su civilización y su cultura* (Boston: Heinle & Heinle, 2000) 239; después será citada en el texto como: Chang-Rodríguez.

[5] Ardis Nelson, "Juan Felipe Toruño y el Modernismo: Lo histórico en *La mariposa negra*", V Congreso de Historia: Mesa Redonda sobre Juan Felipe Toruño (San Salvador, 18-21 julio 2000).

cuento.[6] Consecuentemente, nos presenta una versión verosímil de los acontecimientos ya que también era participante tanto como espectador.

Entre los balazos y las amenazas del cuento, Juan Fleques reconoce a un enemigo suyo, Juan Meléndez, con quien había tenido un pleito anterior y quien busca vengarse por la herida que sufrió en la disputa mencionada. Cuando Meléndez falla al intentar pegarle un tiro a Fleques lo amenaza diciéndole: "Párate jodido. Aquí me las vas a pagar. Te dije que nos encontraríamos" (Toruño 22). Fleques se esconde en la caldera y su rival finge no haber visto al otro mientras lo atrapa allí. La tía Maclovia también es testigo de este acto cobarde y traidor, pero el narrador interviene en la obra para describir los eventos desde una perspectiva distante y de segunda mano. Después, el enemigo recoge varios objetos que los obreros dejaron al huir y sube al tren para partir. Hay dos delitos que Meléndez comete aquí: un asesinato y un robo que quizá sea un saqueo, puesto que al victorioso van los despojos de la guerra.

Abandonado a su suerte, Fleques empieza a sudar y asfixiarse al no encontrar salida y al hallarse en una soledad total. Espera un milagro de la Virgen aunque piensa en la muerte. Sus sentidos se intensifican mientras sufre un delirio semejante al del hombre en el cuento "A la deriva", de Horacio Quiroga o al de varios personajes en los cuentos de Edgar Allan Poe. Al contrario de las obras de Quiroga o de Poe, este texto de Toruño no pertenece al género de lo fantástico porque:

> *The fantastic implies, then, not only the existence of an uncanny event, which provokes a hesitation in the reader and the hero; but also a kind of reading, which we may for*

---

[6] Dr. Helmo Roger Toruño, "Juan Felipe Toruño: propulsor de las letras salvadoreñas", *Co Latino* VI:151 (4 de mayo de 1996) *Tres mil*, Suplemento Cultural, IV.

> *the moment define negatively: it must be neither "poetic" nor "allegorical".* (Todorov 32) (Lo fantástico implica, entonces, no sólo la existencia de un acontecimiento extraño, el cual provoca una vacilación en el lector y en el héroe; sino que también un tipo de lectura, que por el momento podemos definir negativamente: no tiene que ser ni "poético" ni "alegórico".)

Tenemos una alegoría sin vacilación. La angustia de su situación le provoca a Fleques a gritar: "¡Sáquenme que me ahogo! ¡Sáquenme que me muero! ¡Sáquenme que no puedo respirar! ¡No me dejen morir!" (Toruño 24). La tía Maclovia, quien está en su refugio, recuerda su situación pero supone que ya se escapó. Su amiga, la molendera, piensa igual cuando la tía Maclovia le confiesa lo que había visto. Las dos se equivocan y el narrador describe el estado psicológico de la víctima atrapada. No hay nadie, ni la Virgen de los Milagros, que responda a los gritos y oraciones de Fleques. Fleques sufre solo y desamparado.

Como Cristo, Fleques pasa tres días —el sábado, el domingo y la mitad del lunes— enterrado en su tumba de metal.

Cuando Chon Picado abre la tapadera, a diferencia de la escena en la tumba de Cristo cuando Él no está y la piedra no cubre la boca de la cueva, "un cadáver estaba adentro" (Toruño 25).

Desafortunadamente, Fleques no tiene la capacidad divina de una resurrección. Su fe en sus coetáneos y en su santa patrona tampoco lo rescata. Este rechazo, tanto civil como divino, revela la crueldad de la guerra y la injusticia del destino cuando los amigos y la deidad abandonan a los suplicantes. Así, no hay intervención ni acontecimiento extraño para explicar la queja de la caldera. Toruño nos presenta una historia con una explicación lógica y realista. A pesar de no querer guardar ideas malas contra sus prójimos, la tía

Maclovia, al igual que Meléndez, contribuye a la muerte de Fleques por no ayudarlo. Es un pecado de omisión y por asociación; ella tiene la culpa también como cualquiera que no se compromete en la lucha para alcanzar un cambio que mejore la sociedad.

En resumen, los lectores, como los niños que ruegan a la tía Maclovia que les narre un cuento de terror, vemos el miedo de los obreros, de los propietarios, de las víctimas que mueren o de los sobrevivientes que viven en el tiempo de la guerra civil. Este cuento trasciende lo fantástico o lo terrorífico con monstruos imaginarios para convertirse en una obra comprometida con monstruos verdaderos: soldados extranjeros, revolucionarios oriundos y un pueblo víctima y espectador. Sin embargo, como voz histórica, la tía Maclovia representa la esperanza de que el pueblo grite y denuncie los abusos. Aquí tenemos una historia no de resurrección, sino de la insurrección contra el verdadero chivo expiatorio: los títeres de los Estados Unidos a quienes Neruda luego denomina "coronas de César [...] moscas Tachos [...] moscas Martínez".[7] El humo que sube de los puros de la tía Maclovia no puede espantar a estos jejenes.

Al igual que "La caldera", "La medicina" detalla el efecto de la violencia guerrera, pero con un cambio de lugar: de Nicaragua a El Salvador. Además, el año cambia de 1912 a 1944. Aunque el resto del mundo estaba involucrado en la Segunda Guerra Mundial, el pueblo salvadoreño tenía su propia batalla interna. Es una de muchas que iban a afectar el país hasta la década de los ochenta cuando proclamaron que: "El pueblo vencerá". Las otras campañas no caben dentro de este estudio; sin embargo es imprescindible notar que el pequeño país ha tenido una larga historia bélica y sangrienta a causa de los varios regímenes dictatoriales. El título es irónico y conlleva varias connotaciones ya que se refiere al remedio que

---

[7] Pablo Neruda, "La United Fruit Co.," *Pasajes: literatura,* Eds. Bretz, Dvorak, Kirschner y Kihyet, 5.ª ed. (New York: McGraw-Hill, 2002) 145.

Fermín Ríos busca para su hija enferma, al aguardiente que busca Ríos para sí mismo y al remedio que necesita la sociedad salvadoreña para combatir los males de la dictadura y la intervención estadounidense.

Otra vez vemos una súplica a la Virgen, a la de los Desamparados, cuando la madre reza para curar a su hija que sufre: "Señora: vos que podés sanar todo mal, alíviala. ¡Mirá [*sic*] que sólo es ella!" (Toruño 91). Hace cuatro días que Fermín, el padre, no viene a casa porque está de parranda, "por entre el tufo de las letrinas y al hedor que arremolinaban borrachos en el estanco, armaba camorras" (Toruño 91-92). De nuevo vemos el naturalismo, puesto que el padre descuida a su hija, a su esposa y a sí mismo mientras se emborracha en un mundo infernal y pestilente. Además, se nota la tendencia regionalista en el discurso de los personajes. Lipski señala que: "Una característica fundamental de toda literatura costumbrista/regionalista es la representación del lenguaje de los protagonistas, que casi siempre proviene del habla popular de la región en que trascurren los eventos del texto" (Lipski 1). Además, continúa al notar que: "Asimismo, en el cuento 'La medicina', un nicaragüense se burla de un panameño angloparlante con estas palabras: 'Tú *pikinglis* [*sic*] de Panamá, pura babosada... si lioyen [*sic*] la *gurbay* [*sic*] y *yes* a los cheles y ya vienen presumiendo [...]'" (Lipski 3). Entre los borrachos estalla una disputa con puñetazos, patadas y sillazos. Parece que el pueblo maleducado tiende a ser más pleitista a causa de su ignorancia y de sus condiciones de vida miserable. Pero en vez de pelear contra los poderes gubernamentales que los mantiene en tal estado, los ciudadanos se pelean unos contra otros. Como Fleques en el anterior cuento, Fermín huye cuando alguien exclama que la policía viene y se dirige a su casa.

Por fin Fermín llega a casa para descubrir que su niña está

mal y que "se retorcía en las sábanas sucias" (Toruño 92). Vemos de nuevo el naturalismo en este ambiente mugriento. El tratamiento casero de la yerbabuena no tiene efecto curativo y los pensamientos de Fermín se desvían cuando piensa en su bronca con Lisandro Ramos. Así: "Se le encandiló el cerebro. Además, sentía en el estómago y en el cuerpo extraña depresión [...]" (Toruño 92). ¿Por qué está deprimido? Puede ser que su estado psicológico provenga de su pleito, ya que huyó de su agresor o de su incapacidad de ayudar a su hija. En este caso se ve la yuxtaposición de la lucha machista entre dos hombres y la lucha por la vida de una niña inocente como variantes de tal tema. La mujer de Fermín, Tomasa, lo manda para que busque un médico. Responde a tal orden así: "Y ¿quién diablos va a venir si todos si [*sic*] han ido al carajo?" (Toruño 93). Aquí vemos que esta familia verdaderamente está desamparada y los que pueden ayudarla andan en otras cosas. El momento histórico en que se escribe este cuento puede elucidar el motivo.

Yuxtapuesto a este diálogo entre los padres, tenemos una descripción que puede explicar la razón de su desamparo:

> Dos aeroplanos hacían maniobras, sobre San Salvador. Eran las 15 horas del 2 de abril de 1944. De vez en cuando al virar los aviones cerradamente y a no gran altura, se escuchaban disparos, como si llamaran tocando con los nudos de los dedos en una puerta: pe–pe–pe–pé.
> —Maniobras —comentaron algunos—. Tamos [*sic*] en tiempo de guerra y hay que estar listos. (Toruño 93)

Evidentemente, los médicos están sirviendo a los heridos de la guerra o, tal vez, estén apoyando el paro general de la nación para derrocar al entonces dictador el general Martínez (1944). De hecho, Fermín busca a dos que han ido a La Libertad y a Jiquilisco. ¿Dónde están los otros? El contraste entre los que están presentes y los que están ausentes sugiere tres cosas: una huelga, el exilio o la muerte de los que pueden ayudar. En todo caso parecen ser víctimas de la guerra.

Durante la época en cuestión en El Salvador, según Chang-Rodríguez:

> De 1931 a 1944, gobernó el país un militar excéntrico: Maximiliano Hernández Martínez, teósofo, a quien conmovía más la muerte de un insecto que la desaparición de un ser humano [...]. Las agitaciones políticas de 1944 lo obligaron a renunciar y desde entonces la oligarquía y el ejército reanudaron el gobierno del país por medio de militares o de civiles. (Chang-Rodríguez 237)

Benjamin Keen señala que:

> *General Hernández Martínez, known as El Brujo (the Witch Doctor) because of his dabbling in the occult, maintained a tight rule over the country through his control of the army and the National Guard until 1944. In addition, power and access to wealth were concentrated in a clique of Hernández Martínez's cronies. The discontent that this engendered in many junior officers, combined with the political and ideological ferment of the war years, led to his overthrow in 1944.*[8] (El general Hernández Martínez, conocido como El Brujo por su interés en lo oculto, gobernó el país con una mano de hierro por su control del ejército y de la Guardia Nacional hasta 1944. Además, el poder y el acceso a la riqueza estaban concentrados en un grupo de amigos de Hernández Martínez. El descontento que esto engendró en muchos oficiales de rango menor,

---

[8] Benjamin Keen, *A History of Latin America* (Boston: Houghton Mifflin Company, 1996) 469. La traducción es mía.

combinado con el fermento político e ideológico de los años de guerra, llevaron a cabo su derrocamiento en 1944.)

A nivel alegórico, el remedio casero que trata Fermín representa un golpe de estado contra el gobierno militar del general Hernández Martínez y la medicina sugiere un tratamiento más clínico, científico y revolucionario para remediar el mal del pueblo. Pero las moscas, como Martínez, no se eliminan fácilmente sin infectar a algunos con su peste.

A pesar de su carga, Fermín: "Regresaba cuando se acordó que necesitaba un trago" (Toruño 93). Paralelamente a su fracasada búsqueda por un médico está también su incapacidad por satisfacer su vicio alcohólico porque los dos estancos de bebidas están cerrados. Fermín finalmente decide ir a la casa de su amigo, Ulalio, porque de todos modos no tiene plata y sabe que puede tomar allí. Toman varios tragos y Ulalio le dice que se quede con él porque: "El tableteo de las ametralladoras en los cuarteles arreciaba" (Toruño 94). Fermín rehusa y la escena cambia a su casa donde la niña se empeora. El pueblo está bajo toque de queda después de las 10 de la noche y se apaga la luz eléctrica. Esta imagen simboliza la muerte de alguien o de muchos. No se sabe de quién hasta el desenlace del cuento.

Sin embargo: "Las balas llamaban a la muerte. Estallaban los golpes sordos de los cañonazos [...] y, en la intermitencia macabra, las ametralladoras con tonalidades distintas sinfonizaban: Pepe–pé-pé-pé [...] Tototo–tó [...] -Ki-kikikikíí" [*sic*] (Toruño 94). El estilo entrecortado del narrador imita los tiros repetidos de las ametralladoras para intensificar el tono de la historia. El narrador introduce un elemento romántico, la naturaleza doliente y personificada: "La luna, que gusta ver danzar a la muerte a espaldas de la vida, espectaba [*sic*] en llena" (Toruño 95). La niña no contesta cuando su madre le pregunta si está mejor. Se puede inferir que se ha muerto. Fermín, intrépido por sus tragos, resuelve regresar a casa con la medicina que ha conseguido en el Botón Azul, la oficina de la Cruz Roja. Aunque su compadre y su esposa le dicen que se quede, valientemente declara: "Mi hija. El remedio y nadie me detiene" (Toruño 95). La policía lo detiene, pero al ver la medicina y enterarse de su propósito lo deja seguir su paso. Llega a la Calle Delgado y: "Antes de subir la acera, sintió como un mordisco en la pierna" (Toruño 95). Quizás sea otro homenaje a Quiroga y su cuento "A la deriva". Fermín pierde el equilibrio y se cae de bruces mientras: "Tres balazos le [*sic*] hacían manar sangre de la caja toráxica. Se hizo un número 4. En la mano derecha, empuñaba la botella de medicina. Firme. Intacta. Sin quebrarse" (Toruño 96).

Consecuentemente se muere en forma de cruz, víctima inocente de la guerra. Otra vez vemos la imagen de Cristo, pero su muerte implica la muerte de su hija también. Este incidente nos demuestra claramente las consecuencias del hombre contra el hombre en un sacrificio sanguinario y las repercusiones que esto tiene para su familia.

En ambas historias, Toruño presenta escenas trágicas de la guerra en Nicaragua y El Salvador. No interviene en las obras con su propio análisis de las causas ni cómo evadir las consecuencias de la guerra. Objetivamente, con un ojo clínico, describe la matanza indiscriminada de víctimas que no llevan armas ni figuran en la revolución como miembros comprometidos. Tal vez su propósito sea sugerir que nadie está seguro en tal ambiente. Esto implica que el pueblo se levanta para cambiar la sociedad, deseando un mundo justo sin clases sociales donde todos tengan derecho a vivir sin la amenaza de una muerte caprichosa o una venganza planeada. En este sentido creo que Toruño es un autor comprometido. Enseña con el ejemplo en vez de hacerlo a través del discurso vitriólico. Su lenguaje es el del pueblo y su estilo es criollista para crear un ambiente verosímil y auténtico. En esencia nos da un fiel retrato de su época y del acontecer en sus dos tierras sin divagar en el mundo de la fantasía. Parece que su mensaje es luchar en vez de huir ya que los que huyen se mueren también. La obra de Juan Felipe Toruño merece más estudio ya que influenció a autores posteriores comprometidos, o sea de la Generación Comprometida de ambos países, como Manlio Argueta y Roque Dalton, para elevar la conciencia de los pueblos respectivos.

Una mirada fantástica a "Chupasangre" de Juan Felipe Toruño

por Mara L. García

Juan Felipe Toruño está considerado entre los grandes autores que ha producido Nicaragua. Su trayectoria es muy amplia, y nos ha dejado un gran legado literario para los críticos de la literatura hispanoamericana y universal. Antonio Gamero, en el poema "Poesía a Toruño" escrito en 1968, destaca la labor del autor nicaragüense: "Escritor grave y fecundo / de inspiración explendente, / Es conocido en el mundo / como profeta o vidente".

Su obra es muy prolífica y se ha destacado en diferentes géneros literarios: poesía, narrativa y ensayo. Además ha escrito crónicas y estudios críticos. Entre sus libros de cuentos sobresale la colección *De dos tierras* (1947) a la cual pertenece su cuento "Chupasangre", que es materia de este análisis.[1]

En "Chupasangre", Toruño presenta a los personajes: Jim Branchs y All Rester, dos fugitivos que escapan de las autoridades estadounidenses. Los prófugos son perseguidos por matar al padre del primero y tío del segundo. Ambos, ayudados por un guía zambo, se internan cada vez más en las montañas para despistar a sus perseguidores. De sorpresa en sorpresa, los perseguidos se van adentrando en un espacio donde suceden acontecimientos inexplicables para el lector y para los fugitivos. A medida que se van internando en la selva, el peligro aumenta y lo insólito llega a formar parte del viaje. Después de muchas peripecias que parecen una fusión de realidad y ficción, la Loma Bruja se transforma para los

[1] Juan Felipe Toruño, *De dos tierras* (San Salvador: Imprenta Funes, 1947). Citas del cuento "Chupasangre" se indicarán con el número de la página entre paréntesis.

fugitivos y el zambo en el Campo Santo chupa sus vidas. Al final, el Chupasangre, con sus poderes narcóticos, protege sus dominios, y ante el asombro del lector cobra nuevas vidas y se queda: amo y señor de la Loma Bruja.

En una nota al final del cuento, se menciona que Toruño permaneció en estas regiones que se recrean en el cuento. Él tuvo la oportunidad de ser testigo de algunos sucesos que se narran en la historia, en lo que atañe a la montaña segoviana y zona mosca de Nicaragua, en el litoral del Atlántico. Es frecuente escuchar entre los indios selváticos historias y sucesos increíbles y misteriosos que ocurren en la selva hispanoamericana. Toruño toma el referente extratextual como escenario de "Chupasangre". El autor fusiona la realidad y la ficción para entregarnos una obra llena de suspenso, donde lo inexplicable se da en un escenario real. El propósito de este trabajo es mantener el fondo realista pero, al mismo tiempo, mostrar que Toruño se vale de la imaginación y lo fantástico con la intención de invitar al lector para que entre en el mundo maravilloso y misterioso de la selva. Al mismo tiempo, él expone los peligros que se encuentran en este espacio inculto e intrincado cuando el hombre no lo respeta. El autor nos presenta una selva justiciera y bravía que impone sus normas y castiga al que quebranta sus leyes.

Antes de hacer un análisis de este cuento, es importante presentar algunos estudios sobre lo fantástico, para poder entender mejor el trasfondo de "Chupasangre" y el objetivo del autor al crear esta obra. Ana María Morales en su estudio "Las fronteras de lo fantástico", anota:

> La literatura fantástica debe ser más sutil que la literatura de terror, para evocar lo sobrenatural. En el momento en que se acepta como posible lo que no debería suceder, ya no queda sino aceptarlo. En el relato fantástico, lo anómalo es más inquietante que lo que evidentemente sobrepasa la

comprensión.[2]

En la literatura fantástica entramos en un espacio inquietante, puesto que ésta tiene como función causar duda ante los acontecimientos extraños que se experimentan. Según la óptica de Pampa O. Arán: "Lo conocido y lo desconocido coexisten. En lo fantástico se borran los límites de los estados temporales del sueño y la vigilia y hasta los límites de los sujetos y objetos".[3] El cuento "Chupasangre" cumple con las condiciones estipuladas por los críticos de lo fantástico. Es notorio que el texto esté preñado de lo infrecuente, lo cual aumenta la incertidumbre y la vacilación del lector y de los personajes. Tzvetan Todorov, en su libro *La literatura fantástica,* escribe: "En primer lugar, lo fantástico produce un efecto particular sobre el lector —miedo, horror o simplemente curiosidad—, que los otros géneros o formas literarias no pueden suscitar. En segundo lugar, lo fantástico sirve a la narración, mantiene el suspenso".[4]

Según la óptica de Todorov, lo fantástico es la duda o la vacilación que experimenta el individuo frente a los acontecimientos aparentemente sobrenaturales. En "Chupasangre", el lector no es el único que se extraña ante los sucesos que están viviendo Jim y All. Los protagonistas también experimentan inquietud y no quieren dar credibilidad a lo que les está ocurriendo: "All y Jim no creían en brujerías; más [*sic*] la loma les [*sic*] estaba sujetando ya [...]. Indagaron el porqué del temor y el guía afirmó que el diablo, que allí

---

[2] Ana María Morales, *Las fronteras de lo fantástico* (Signos 2.2, julio-diciembre 2000) 59.

[3] Pampa O. Arán, *El fantástico literario* (Córdoba, Argentina: Navaja Editor, 1999) 49.

[4] Tzvetan Todorov, *Introducción a la literatura fantástica* (México: La Red de Jonás, Premia Editora, 1981) 74.

vivía, cargaba con los que se aventuraban a ascender" (49). Pensamos que el miedo del guía es el producto de sus supersticiones y que sus comentarios son el resultado de ello. Por otro lado, nos llama la atención las reacciones del guía quien empezó a temblar y a delirar.

El zambo se resite a continuar el viaje, pero es obligado a seguir a pesar de la resistencia que puso. Los fugitivos y el lector se sorprenden ante lo desconocido y el suspenso se mantiene hasta la culminación del relato. Toruño recrea el paisaje y la naturaleza animal y vegetal como portadores de una fuerza arrolladora, quedando el ser humano insignificante ante este poder.

El ambiente selvático juega un papel importante en "Chupasangre". La naturaleza se proyecta caótica y los árboles se muestran amenazantes. El autor describe el espacio intrincado de la selva y lo transforma en un lugar donde se suscitan acontecimientos increíbles para All, Jim y el lector. El único que parece percibir y esperar los peligros es el guía. El zambo advierte que en la Loma Bruja habita el demonio y vaticina que los que se atreven a subir no bajan. Los fugitivos no le hacen caso y el lector lo toma por supersticioso y alude sus reacciones extrañas a las alucinaciones: "Al amanecer, la fiebre había cedido en el zambo, pero no podía levantarse [...]. Señalaba visiones que veía sólo él y con terror en el semblante y en los ojos deseaba alejarse de ahí, aunque lo mataran" (50).

En este ámbito están sucediendo eventos insólitos que torturan a los personajes. El territorio se transforma en un lugar de suplicio para los fugitivos y éste los ataca constantemente: "Ese zancudo, de largas patas, overo, culo amarillo y con aguijón que traspasa una frazada, es uno de los "tesoros" de la selva que hiere, envenena, enloquece y mata a quiénes [*sic*] se atreven a hurgarle sus bolsillos" (43). Cada nuevo encuentro con los animales o las plantas es una nueva aventura y, a medida que se van adentrando más, el peligro aumenta y la tierra se vuelve más inhóspita: "Un chirrido seco les anunció la presencia de una clase de monos tecolotes, no agresivos. Al caminar por aquel nuevo aspecto de la jungla, las zarzas, como lenguas del demonio, parecían alargarse para martirizarlos" (45). Los comentarios del narrador corroboran los peligros que tienen que enfrentar los protagonistas: "La vida para ellos allí era un montón verde y malhechor con una maleza fatal" (45). La descripción de la maleza ayuda para entender el destino aciago de los protagonistas. El lector advierte que algo malo va a ocurrir ya que la suerte de los personajes está fijada por un destino funesto. En el cuento, el autor muestra los peligros de la selva y la venganza de los que la usurpan. El lector, además de ser testigo de los acontecimientos increíbles que tienen que enfrentar los fugitivos, también experimenta el horror ante cada suceso extraño. Mervin Roman Capeles agrega que un texto se clasifica como fantástico:

> Si se causa ambivalencia y duda en el lector, si lo insólito irrumpe en un mundo real y conocido [...] si el lector queda trastornado o con sorpresa porque la explicación del acto insólito se debate entre una explicación normal y otra sobrenatural, si la ambigüedad perdura durante y/o después de la lectura del texto, y si los personajes y/o el lector del texto reaccionan de forma asombrada ante lo insólito planteado.[5]

El peligro es constante y llega a formar parte del trayecto que siguen los personajes. El autor espera hasta el final para entregarnos al ser sobrenatural que esperábamos durante toda la historia. El cuento culmina en una tragedia para los fugitivos y el

[5] Mervin Román Capeles, *El cuento fantástico en Puerto Rico y Cuba* (Atlanta: Clark Atlanta University; Kassel: Edition Reichenberger, 1995) 26.

zambo. Ellos pagan su irreverencia por penetrar en espacios vedados para ellos. Su desafío al dueño de la Loma Bruja culmina en la muerte de los tres hombres: "Así, Jim Branchs y All Rester, huyendo de la muerte, fuéronse a topar con ella, aunque sin sentirlo, ni saberlo, en aquel sueño de fantasía y delirio" (52). El guía también termina destruído: "Y él como Jim y All, pagaron el atrevimiento de hollar los dominios del Chupasangre" (53).

Toruño ha dejado el clímax para el final de la historia. La presencia del Chupasangre, es inesperada. No recibimos detalles específicos de este ser sobrenatural. Sabemos que expele sustancias narcóticas y que valiéndose de sus tentáculos realiza su operación mortal:

> Era el Chupasangre denominado así por los habitantes de tal región. Era el dueño de la Loma Bruja. Era el que esparce esencias narcóticas. Por eso al subir ellos a la loma, sintieron aquel perfume y un adormecimiento. Comenzábales entonces a hacer efecto la soporífera espiración de los árboles del fatal lugar. Por eso los esqueletos de animales encontrados bajo de alguno de ellos. (52)

Como todo relato fantástico, el final de "Chupasangre" también queda ambigüo e inconcluso y tenemos que tomar una posición. El lector queda con la duda de si lo que sucedió fue la realidad o los fugitivos y el zambo perecieron como resultado del miedo y el delirio. "Finalmente [en lo fantástico], es importante que el lector adopte una determinada actitud frente al texto: deberá rechazar tanto la interpretación alegórica como la interpretación poética" (Todorov 30).

Juan FelipeToruño, en su cuento "Chupasangre", penetra al

lector en un espacio donde lo sobrenatural y lo infrecuente coexisten en un espacio normal. El lector es testigo de acontecimientos extraños que producen angustia tanto en los personajes, así como en el lector. Toruño, valiéndose de su experiencia personal y de lo fantástico, hace que el lector acompañe a sus protagonistas en un viaje hacia un mundo desconocido y sorprendente. El escritor deja en claro que la selva es misteriosa, y muchas veces su enigma queda sin descifrarse. El espacio selvático virgen inspira temor y respeto puesto que no se sabe qué nueva sorpresa nos puede ofrecer. La selva controla al hombre y le infunde miedo como una entidad amenazante. No es fácil domesticar este ámbito y muchas veces los esfuerzos sobrehumanos son insuficientes. Además del suspenso que el autor mantiene a lo largo del cuento, la duda ha sido un motivo constante, no sólo para los fugitivos, sino también para el lector, que también va de asombro en asombro.

II Poética

La poesía de Juan Felipe Toruño: Tradición e innovación

por Yvette Aparicio

Juan Felipe Toruño se ha marchado.
Sobre un lomo de fuego iba veloz
proclamando su ímpetu, su viaje y su inconformidad.

de "Noticia", *Raíz y sombra del futuro* (1944)

Mis pies ya están cansados de traginar [*sic*] sin rumbo.
Sembraron ya mis manos demasiadas ortigas.
Mi lengua ya no encuentra la palabra precisa que
exprese lo que duelen las propias ansias mías...

de "Elogio de la noche", *Huésped de la noche* (1947)

Juan Felipe Toruño, entre sus muchas actividades literarias y culturales, también escribió ocho colecciones de poesía.[1] El hecho de que se dedicó al oficio de poeta se repite en comentarios sobre su obra, pero la poesía misma, con algunas excepciones periodísticas, no se ha discutido en detalle.[2] Su famosa influencia en los medios

---

[1] Juan Felipe Toruño publicó los siguientes poemarios: *Senderos espirituales* (León, Nicaragua: Imprenta Los Hechos, 1922); *Ritmos de vida* (San Salvador: Centro Editorial Salvadoreño,1924); *Hacia el Sol* (San Salvador: Imprenta Funes, 1940); *Vaso espiritual* (San Salvador: Imprenta Funes, 1941); *Raíz y sombra del futuro* (San Salvador: Imprenta Funes, 1944); *Arcilla mística* (San Salvador: Imprimió J.F.T., 1946); *Huésped de la noche* (San Salvador: Imprenta Funes, 1947) y *Órbita de sonetos y otros poemas* (San Salvador: Imprenta Acosta, 1952).

[2] Al final de *Huésped de la noche,* Toruño incluye una serie de comentarios, en su mayoría periodísticos, acerca de su obra poética (84-95). "Fragmentos de opiniones acerca de la

culturales salvadoreños, particularmente a través de la dirección del suplemento cultural, "Sábados de *Diario Latino*", y su papel como mentor de poetas jóvenes como los de la Generación Comprometida, ha sobrepasado el conocimiento de su posición como poeta. Por ejemplo, en su historia literaria de El Salvador, *Panorama de la literatura salvadoreña*,[3] Luis Gallegos Valdés se refiere a Toruño repetidamente, pero siempre como crítico literario.

Es de notar que, en su *Índice antológico de la poesía salvadoreña*,[4] David Escobar Galindo sí incluye su poesía. Algunos podrían decir que esta discrepancia se debe a un juicio de críticos salvadoreños sobre la nacionalidad del poeta. Pero aun en Nicaragua, la poesía de Toruño no ha recibido suficiente atención. Por ejemplo, en su *Diccionario de escritores centroamericanos*,[5] Jorge Eduardo Arellano hace un comentario breve acerca de la poesía de Toruño; pero en su estudio conocido, *Literatura nicaragüense*,[6] no discute su poesía aunque menciona su crítica literaria y obra narrativa. La pregunta que surge es: ¿Por qué no hay estudios detallados de su poesía? Mas, la respuesta no está clara. Aunque tal vez se podría decir que por la productividad mayor de Toruño en otros géneros es fácil no examinar su poesía al discutir su obra narrativa y crítica.

---

obra poética y literaria de Juan Felipe Toruño", de *Poemas andantes: ensayos sobre literatura europea y oriental* (San Salvador: Editorial Universitaria, 1977); también incluye una variedad de comentarios de la obra poética, narrativa y ensayística, y de la labor cultural de Toruño (9-33).

[3] Luis Gallegos Valdés, *Panorama de la literatura salvadoreña*, 3.ª ed. (San Salvador: UCA Editores, 1989).

[4] David Escobar Galindo, *Índice antológico de la poesía salvadoreña,* 2.ª ed. (San Salvador: UCA Editores, 1987).

[5] Jorge Eduardo Arellano, *Diccionario de escritores centroamericanos* (Managua: ASDI-Bibliotecas Nacionales de Centroamérica y Panamá, 1997).

[6] Arellano, *Literatura nicaragüense*, 6.ª ed. (Managua: Ediciones Distribuidora Cultural, 1997).

La poesía de Toruño puede no aparentar grandes innovaciones en cuestiones de forma y de contenido. Pero al explorar su producción poética en diferentes etapas se perciben sus inquietudes y experimentación estéticas. En general, la poesía de Toruño es una poesía que apunta hacia ideas "universales", o sea que en ella se manifiesta una conceptualización literaria convencional: el poema representa la "intuición que es una razón" y su producción es "sin razón".[7] Tanto la importancia dada a la intuición e implícitamente aquí a la inspiración, como el deseo de representar el "pensamiento humano sublimado" sitúan esta poesía dentro de un entendimiento poético enraizado en tradiciones aceptadas como "poéticas" ("Expongo" 8). Las preocupaciones que Toruño expone en el prólogo de *Hacia el sol* (1940) tanto como en sus poemas son: el enamoramiento, la angustia vivencial, la soledad y la búsqueda de la verdad, claramente encaran temas de carácter "universal". En términos de forma, la poesía de Toruño comienza arraigada en el formalismo rubendariano para luego experimentar con el verso libre o más concretamente, como juzga Escobar Galindo: "Como poeta, surge modernista, y luego se esfuerza por asimilar sustancias vanguardistas" (306). Pero estas incursiones hacia "las formas extravagantes", como el mismo Toruño describe el vanguardismo poético, no desvían el camino del poeta.[8]

La esperada influencia de Darío se extiende a su trabajo periodístico, pues funda y luego dirige la revista *Darío* hasta su partida de Nicaragua a El Salvador en 1923. Al juicio de Rhina Toruño, en sus comentarios sobre el papel de Toruño en el desarrollo de la literatura salvadoreña, el establecimiento de esta revista fue motivado por el deseo de "continuar el discurso poético dariano" y

---

[7] Juan Felipe Toruño, "Expongo", *Hacia el sol* (San Salvador: Imprenta Funes, 1940) 7.

[8] Juan FelipeToruño, *Desarrollo literario de El Salvador* (San Salvador: Ministerio de Cultura, 1957) 344.

de "no sólo entusiasmar sino apoyar a los jóvenes a incursionar en la poesía".[9] Pero en su propia exposición sobre *Darío*, Juan Felipe Toruño la describe como "centro de promociones e inquietudes. Se quería darle vuelta a la forma; pero el ambiente conservador de ritual emotivo, de canto y de grima, no lo permitía".[10] La queja del estancamiento del ámbito poético leonés difiere sustancialmente del criterio de que la revista proponía alargar la influencia dariana. Pero pese a estas perspectivas diferentes sobre el significado de la revista, se llega a la misma conclusión acerca de la vía poética de Toruño: conciencia de tradición e innovación, y producción de poesía que muestra ambos llamados.

Toruño publica poemarios en los años veinte, cuarenta y cincuenta, años de innovación vanguardista y del comienzo de la politización contemporánea de la poesía. Las tendencias vanguardistas continentales hallan su expresión centroamericana en el país natal de Toruño, después de su salida a El Salvador, en 1923.

Como gran lector y crítico literario, Toruño sabría de la combatividad estética, y por un tiempo política, de sus compatriotas granadinos. Y aunque en esa época la poesía salvadoreña no pervivió el mismo tipo de revolución formal, en los años treinta y cuarenta comenzó la integración de una política contundente que llegó a predominar en la poesía de ese país. En la poesía de Toruño se hallan ambas corrientes poéticas, la vanguardista y la política, junto a un conocimiento agudo de los valores poéticos aceptados por la tradición.

Para apreciar mejor la unión de estas corrientes en Toruño,

---

[9] Rhina Toruño, "Mesa redonda: Juan Felipe Toruño como figura histórica en el desarrollo de la literatura salvadoreña", Congreso internacional de historia, Universidad de El Salvador, San Salvador, 18-21 de julio de 2000.

[10] Juan Felipe Toruño, *Poesía y poetas de América: Trayectos en ámbitos, fisonomías y posiciones* (San Salvador: Imprenta Funes, 1945) 273.

se hará un análisis poético comenzando con *Hacia el sol* (1940).

Como se comentó anteriormente, el prólogo de este poemario enfatiza el papel de la espiritualidad del poeta en la creación del poema. "Hora", poema dedicado a otro joven narrador nicaragüense, Ulisés Terán, trata el futuro desconocido a la vez que reflexiona sobre la labor poética. Ambos temas pueden ser clasificados como "universales". Ostensiblemente, el poema es un lamento de una voz poética que lucha por encontrarle significado a una vida que depende de una mañana que no se puede controlar. La primera estrofa introduce el lamento dolorido del hablante: "¡Rostro redondo el de esta hora! / Hace muecas, me acribilla / con sus miradas múltiples, retoza / entre mis nervios y a quedar dentro de ella me invita" (líneas 1-4).

La personificación de la "hora", con el énfasis en sus gesticulaciones y el efecto de éstas en el pobre yo, crea una relación de victimario y víctima que perdura a través de todo el poema.

Nótese que la violencia de la hora es solamente gesticular y del mirar (2-3); pero pese a la sutileza de este ataque, el hablante se siente acribillado.[11] Este sentimiento de dolor del hablante no se limita a la aceptación de vejaciones por parte de la "hora" pues él reside dentro de ella (4) y le entrega "esencias de [su] alma" (6). En el contexto en que la situación indigna del yo cambia es ante la "palabra", él revela que: "Se me entregó desnuda la difícil palabra" (13). La palabra poética, que en el prólogo a la colección es "íntima poesía liberada"(5), aquí es "poseída", figurativamente en posición femenina, por un yo masculino. O sea que la entrega del yo en el verso sexto no es duradera, pues rápidamente éste se convierte en el poseedor de la "esencia" verbal de la palabra desnuda. La posesión

[11] En varias instancias en sus poemas amorosos, los hablantes de Toruño presentan la relación en términos similares. Por ejemplo, véase "Pórtico" de *Vaso espiritual:* "Y tu mirada / La misma Mirada que persigue mis días y mis sueños y que me ve en / estos momentos enraizar mi desolación [...]" 52-54.

lingüística del hablante, además de repetir los principios expuestos por Toruño, al inicio de este poemario postula que es posible tener control sobre la intuición poética ("Expongo" 5-9).

El hablante de "Hora" no se nombra "poeta" pero la cuarta estrofa y la presentación en la sexta estrofa de sus "ansias misteriosas" aluden a la intuición e inspiración poéticas: "Estoy temblando con ansias misteriosas. / Siento que giran astros dentro de mi pensamiento; / oigo que hablan mil seres con frases insonoras / y veo llorar dioses hastiados de lo eterno" (21-24).

Los temblores del hablante del verso 21 hacen de la poesía una experiencia "corporal", no solamente mental o sentimental. Esta corporalidad es paralela a la de la "entrega" verbal de la cuarta estrofa. El hablante, que unas estrofas atrás se halla ante la mirada lastimadora de la hora y la desnudez de la palabra, aquí recibe golpes mentales de "frases insonoras" además de atestiguar el resultado de la eternidad, el hastío. El énfasis en las acciones de dar y recibir y en la concepción de la poesía sugiere que el hablante vive la labor poética activamente, tal vez sin hastiarse. También señala que esta labor lo abarca todo. Y el hastío experimentado por los dioses (24) no pertenece solamente a la eternidad sino también a la vida del hablante:

> Vamos errantes, solos, sedientos, abarcando
> en un segundo un centenar de siglos,
> [...]
> [¿]Miras? Se derritió la hora a la mirada
> de este sol, de este día, el mismo día
> que hace espera para todas las almas...
> ¡Pobres cuerpos de inútiles fatigas...! (38-39, 41-44)

El hablante se da cuenta de la realidad del poder y la flaqueza (ante el sol) de la hora, o del tiempo, por tener la capacidad de escuchar girar "astros" en su mente y "frases insonoras" y de mirar a dioses llorosos.[12] Se puede aseverar, entonces, que este hablante es el aludido del prólogo, aquél que experimenta la razón "sin razón" (7).

"Hora", por lo tanto, sirve para presentar cómo habitan en el verso de Toruño las vanguardias, en la imagen "sorprendente" que produce la prosopopeya de la hora y la tradición poética, en los temas universales y las convenciones de rima asonante. Ciertamente este poema fechado, "Mayo 1925", muestra la innovación poética de la época de una manera leve. Pero esta levedad misma refuerza la aserción de que en su poesía existe una tensión entre lo novedoso y lo convencional. Esta tensión, tal vez paradójicamente leve, también se encuentra en un poema engañosamente sencillo de *Hacia el sol.* "Con el misterio en la ilusión", poema de verso libre, comienza hablando de una mascota dormida:

> El gato runrunea sordamente
>
> en un sofá.
>
> Sus ojos miran algo
>
> que oculto se desliza
>
> por esta noche de mi habitación. (1-5)

La descripción, casi jovial por el uso de la onomatopeya, es de un evento cotidiano y aparentemente trivial, pero sirve para fotografiar a un hablante (molesto) por la interrupción de su meditación: "He cerrado las puertas de mi libro / y quedo en la gruta de la meditación" (8-9). Esta interrupción del pensamiento del yo le permite abrirse a otras meditaciones ya que le advierte que el silencio que percibe realmente no existe:

---

12 También se debe anotar la importancia que "Expongo" le da al sol: "Podría este libro llamarse Hacia la Luz o Hacia la Verdad; pero siendo el sol representante de una jerarquía solar, universal, para dar una idea real, dí [*sic*] tal nombre a este volumen de poemas" (8).

Estoy buscando el claro sentido del silencio;
pero las argollas de la hamaca
suenan tétricamente:

BRICK – BRACK... BRICK – BRACK. (29-32)

En estos versos, la cotidianidad se entrepone entre el hablante y el "sentido del silencio" (29); la integración de objetos no-poéticos muestran la influencia de nuevas poesías.[13] Y además, la expresión onomatopéyica "BRICK – BRACK" de la hamaca alude a la frase "*bric-à-brac*", que denota un revoltijo de cosas. La utilización del sonido "BRICK – BRACK", llamativo en mayúsculas, apunta hacia la manipulación tipográfica de las vanguardias y representa simultáneamente todos los objetos que rodean y fascinan al hablante mientras medita.

A la vez que calladamente incluye técnicas "nuevas", el hablante, de manera similar a en "Hora", lamenta la realidad vivencial del poeta:

En la inmovilidad de los objetos
hay un misterio que se oye
y una realidad que no se ve.
¿Nacieron los poetas para ser acechados
por el misterio en la ilusión? (33-37)

El acecho del que se queja el hablante aquí recuerda el acribillamiento de "Hora". En ambos poemas, el yo es víctima de violencia por su oficio de poeta: la habilidad perceptiva que le facilita la escritura de poesía también es un mal que lo hace reconocer que el pavor que le producen el "tic tac de los alientos rítmicos" (42) y "el ruido siniestro de la hamaca" (45) es por la

[13] Este poema está fechado: "León, Nicaragua, 1939".

incomprensión del alma: "El alma está radiante..., ¡incomprendida!" (54). La búsqueda de respuestas a preguntas acerca del estado anímico humano es el rol aceptado del poeta, pero en el tratamiento de este "problema" humano, el hablante-poeta de "Con el misterio en la ilusión", sale de lo convencional para infundir lo cotidiano o lo trivial con el poder de despertar al poeta. Hay que notar que el gato que al principio interrumpe al poeta en su meditación, permanece fuera del poema hasta el final cuando el hablante confirma la insignificancia del gato en su revelación: "El gato, indiferente, / se ha dormido con tranquilidad" (56-57) .

O sea que el "*bric-à-brac*" llega a representar la inspiración para un poema sobre "el misterio" del alma. Así, con esta técnica, el poema cabe dentro de la tradición vanguardista.

Al significado que este poema les da a los objetos de la vida diaria, incluida la mascota, se le puede ver otra cara en la inclusión de la política. Esta faceta de la poética de Toruño se encuentra en *Hacia el sol* en "Mensaje a los hombres de América" donde el hablante les suplica a los americanos: "... ¡Escuchad! / ¡A vosotros os hablo constituidos en guión que se extiende] / entre la cultura de hoy y la cultura del mañana!" (13-15).

El poema presenta a "los hombres americanos" como posibles salvadores de un mundo que:

> [...] entre ígneas tormentas envenénase.
> Estalla en famélicos odios.
> Caínes, modernos, Brutos sanguinarios, asesinan,
> [traicionan]. (1-3)

El fuerte lenguaje con el cual el hablante describe a los contrincantes le hace eco al famoso poema dariano "A Roosevelt" y a otro verso del mismo Toruño que trata de la intervención estadounidense en Nicaragua: "Y un soldado yanqui vestido de pus pasa".[14] La exhortación americanista de este poema luego se ensancha en el poemario publicado en 1944, *Raíz y sombra del futuro*.[15]

Comenzando con el epígrafe de Toruño que abre *Raíz y sombra del futuro*, este poemario funciona como una imputación poética de la condición actual del mundo y un llamado al continente a que éste actúe para mejorar el mundo. El epígrafe de Toruño establece las pautas temáticas del volumen además de definir explícitamente su papel sociopolítico como poeta:

> Unos hacen la guerra. Otros pelean y mueren en
> ella. Otros sacan provecho de ella. Otros fabrican
> tanques, bombas, cañones que destruyen vidas
> y ciudades. *Yo siento esa guerra. Hago poesía.*
> Naufrago en el alma de la sangre de tanta herida
> y muerte y *me embarco al futuro en una lágrima.*
> (El énfasis es mío.)

El establecimiento de sí mismo como poeta que siente y lamenta los hechos mundiales, como la Segunda Guerra Mundial, no difiere sustancialmente de las aserciones hechas años atrás en "Expongo", el prólogo de *Hacia el sol* (1940). Las diferencias entre esta y aquella exposición residen en el lenguaje y el contexto. Por ejemplo, "Expongo" no sitúa al expositor en un ámbito específico sino que lo conecta a concepciones poéticas universalmente

---

[14] Toruño cita y explica este verso en su auto-descripción en *Poesía y poetas de América* (273). Cuando discute poesía anti-yanqui, Arellano también cita este verso, denominándolo de "repugnancia" y "de filiación rubendariana" (*Literatura nicaragüense* 57). En este verso también se nota la filiación con el epigrama XVIII más tardío de Cardenal, "Es Somoza que pasa".

[15] Es interesante que "Mensaje a los hombres americanos" esté incluido otra vez en esta colección. Por su tema americanista y político, su integración en *Raíz y sombra del futuro* es lógica y fácil de comprender.

aceptadas como tales.[16] En este epígrafe, que funciona como prólogo, inserta imágenes (tanques, bombas, cañones) y menciona hechos (esa guerra) que corresponden a la realidad histórica en que vive. Éste es un cambio significante si se toma en cuenta la politización que experimenta la poesía del istmo. En este epígrafe, Toruño muestra una corriente que dominará la literatura durante décadas.[17] Pero este poeta, a diferencia de los jóvenes poetas a quienes ayudara en los años sesenta y setenta, no aboga por cambios radicales ni defiende el martirio político, sino que incursiona en la política para exigir el derecho de vivir en paz. La selección del demostrativo "esa" para referirse a la guerra hace hincapié en su distancia de los hechos. Se puede decir que esta distancia no se explica sólo por la distancia física entre Centroamérica y los centros guerreros, sino también por el foco de su posición ante la guerra como poeta, lo que también apunta a su lejanía.

O sea, que su política-poética no entra en dogmas[18] ni polémicas, pues es un grito de afirmación vivencial, como dice el primer poema, "Santo y seña":

¡Quiero decir tan sólo una palabra!

---

[16] En contraste, en el prólogo de *Ritmos de vida*, Toruño menciona su ambiente contextual para extraerse a sí mismo y a su poesía. En otras palabras, allí intenta mostrar la incongruencia entre su arte y su mundo actual: "Mi poesía, mi modo lírico, objetivo, sugestivo, o subjetivo, vibra en mi sér [*sic*] como una cosa viva: [...] Nieto de España, de no haber nacido en León de Nicaragua sería un francés de medio siglo diecinueve" (6).

[17] Recordar, por ejemplo, a Pedro Geoffroy Rivas, el Grupo seis y la Generación Comprometida.

[18] El desafecto de Toruño hacia los dogmas en la poesía se dilucida en comentarios acerca de la Generación Comprometida: "Quisieran que todo estuviese bajo el imperio de sus principios y actitudes, a manera de monopolio del conocimiento sin conocimiento. Lo que no está con ellos está contra ellos [...] Y como no logran lo que quieren, se lanzan inútil y afanosamente contra los mayores. Una manera dogmática *per se*, demagógica, tornando en política lo que debería ser realización de ideal" (*Desarrollo literario de El Salvador* 427).

Una palabra, así, brotando
por la herida de un costado de Dios.

¡Una palabra!
Para que la oigas tú y la oiga aquél
y el otro y el de allá y la oiga yo.
Y la sienta yo y la escuchen
los cuatro oídos de la tierra.

Una palabra nada más: VIVIR.

Aquí, la lucha del hablante poético es solamente por "los cuatro oídos de la tierra" y su mensaje pacífico es sencillo de comprender. Busca un valor "humano"; no habría manera de oponerse realmente al deseo de este hablante. No lucha por ningún partido, ni causa ni resultado específico.[19] Y aunque su sencillez formal y de contenido responde a las exigencias de una poesía política, la vaguedad de ese contenido lo diferencia de lo que se producirá posteriormente en este género de poesía.[20]

Otros poemas más extensos de esta colección comparten con "Santo y seña" sentimientos de reproche y de solidaridad humana un tanto abstractos. En "Llamado con voz de América", por

[19] Es importante mencionar que en su juventud, Toruño participó en la lucha armada liberal en contra de la invasión estadounidense de Nicaragua de 1912 *(Diccionario de escritores centroamericanos* 109). Además, en el diario nicaragüense *La nueva prensa*, Ramiro Córdoba, en 1950, alaba "la sinceridad" de las descripciones de las montañas de Toruño en su novela *El silencio* (1935). Dice que ésta se debe al hecho de que el autor "[f]ue soldado en las revoluciones y en las guerrillas nicaragüenses" (citado en "Fragmentos de opiniones acerca de la obra poética y literaria de Juan Felipe Toruño" de *Poemas andantes* 21).

[20] Ver ensayos de Ernesto Cardenal y Roque Dalton acerca de la escritura de poesía y la política, donde la posición ideológica y la participación política de sus autores son centrales a la discusión.

ejemplo, el hablante de Toruño une dos aspectos "políticos" diferentes: el americanismo (aquí representado por la bondad, riqueza y civilización americana) y la solidaridad con los pueblos europeos sufrientes por la guerra. Fundamentalmente, este poema relata la historia dolorosa de América: "¡Triste ha sido la América!" (31), y reitera su papel protector en el mundo actual: "Aquí está el fogón dispuesto para cuerpos ateridos / y está la sombra extensa y protectora" (11-12). Lo que añade a lo ya visto en "Mensaje a los hombres de América", es un tono irónico.

Mientras que en el poema anterior el hablante exalta los bienes de América e intenta instigar acción por parte del receptor, en éste, el yo presenta a América y a los sufridos de una manera más crítica. En "Mensaje a los hombres de América", la descendencia indígena de los americanos es vista como símbolo de grandeza futura; y la guerra europea, que es "tragedia bárbara", es contrapuesta a aquel futuro (18). Por otra parte, en "Llamado con voz de América", hay una conciencia clara de la percepción mundial de América y ésta no coincide necesariamente con la de un pueblo que pueda salvar o proteger al mundo:

> ¡Aquí está América!
> Vengan a ella los fugitivos de la barbarie.
> Vengan a ella los de la nueva civilización.
> Vengan a ella los despojados por sus propios asaltos.
> ¡Aquí está América, la salvaje!
> Están aquí los hombres del 'Continente estúpido!'
> Los hombres que "para ser simios les falta el rabo! (1-7)

En esta estrofa, el hablante establece varias facetas importantes del poema. Contrapone su contexto, América, al de "ellos". El yo invita a su mundo a aquéllos de la "nueva civilización" que irónicamente sufren de la "barbarie" de "sus propios asaltos"

(2-4, 72-76, 98-102). Hay una crítica solapada de "los despojados", a los que se les ofrece refugio, por ser culpables de su situación. Sorprendentemente, para la poética de Toruño, el hablante repite opiniones muy pesadas y sarcásticas de su querida América en los versos seis y siete. Ahora bien, la utilización de comillas para resaltar el hecho de que estas enunciaciones vienen de otros le permiten al hablante distanciarse de éstas con un guiño de ojo y a la vez burlarse del "continente estúpido". Los pueblos que ayer le proveyeron oro a los reinos colonizadores "también hoy da[n] su pecho al mundo" (15-16). Esta dádiva del mundo americano es apreciada o admirada por el hablante aunque éste se da cuenta del sacrificio que significa para América (22-26, 31-36). La oferta benévola del yo convierte la condición de víctima colonizada de América en la de "refugio para toda amargura, lumbre para toda obscuridad" (107) que perdona los "oprobios" ajenos que no logra reconocer (104-105).

La ignorancia americana en estos versos, a diferencia de los de la primera estrofa, deben hacer de ella una conquistadora "bienhechora" que acepta el trabajo de transformar a sus antiguos amos y de enseñarles cómo vivir en paz (108-114). A primera vista, el énfasis en la realidad pacífica del continente al final del poema "lección de paz, creación de paz, trabajo en paz", parece ser un regreso a la visión del mundo de "Santo y seña", pero el poema no termina allí (113). El último verso, repetición casi exacta de los versos 43 y 44, "en el pecho donde Colón lactó su eternidad", no deja olvidar la triste historia americana (114). La América que el hablante le ofrece a "la tragedia de hoy" (102) permanece siendo el continente de "simios" de la primera estrofa que regalará su oro porque es el eterno aposento de Colón. El tono irónico del yo cuestiona la aceptación americana de su destino de protectora y de riqueza para otros. El hablante se alegra del rol salvador a la vez que lo cuestiona sutilmente por medio de su tono.[21]

La inclusión de esta figura retórica amplía el mensaje político del poema y conecta la poética de Toruño a sus contemporáneos que también la utilizan en su crítica. Esta incursión a la crítica social, un campo no siempre aceptado como válido para la poesía, no se apodera de la obra de Toruño como lo hacen otros poetas. En un poemario de pocos años más tarde, *Huésped de la noche*, los hablantes poéticos de Toruño se alejan de la contextualización histórica y política de *Raíz y sombra del futuro.* Para el yo de esta colección de 1947, el sol brillante de *Hacia el sol* y la "ciudad futura" americana de *Raíz y sombra del futuro* se han desvanecido para revelar el poder de la sombra en su vida: "¡Y la sombra es!" ("Huésped de la noche" 38). El sentimiento de angustia que agobia al hablante de *Huésped de la noche* recuerda los poemarios anteriores donde el yo se lamenta su acribillamiento por fuerzas inexplicables. La experiencia del dolor vivencial humano de cierta manera abstracta vuelve fuertemente en estos poemas.

Este poemario es una vuelta a preocupaciones propias de la poesía; en el poema titular, por ejemplo, el yo se ve a sí mismo como "huésped" de la noche llena de ecos: "¡El eco sigue...! / La noche está poblada de ecos. / El eco. Mi eco. Tu eco. / Nuestros ecos" (1-4).

Los alrededores del yo, los ecos, parecen estar acosándolo, o acusándolo, y él aparentemente no tiene salida. Estos primeros versos asientan el ambiente un tanto espectral del poema; este ambiente le presta profundidad a un poema que temáticamente es

---

[21] Hay que resaltar el hecho de que la fecha de publicación de "Llamado en voz de América" (1944) es un año de intensa acción política popular en El Salvador en contra del presidente general Maximiliano Hernández Martínez y el año de su caída del poder. En Nicaragua en cambio, Anastasio Somoza García continuaba consolidando su poder pese al descontento de la población. Por lo tanto, la afirmación poética de paz en estos momentos podría entenderse como una extensión del tono irónico del poema.

similar a poemas menos cargados como "Hora". En este poema, el lector se pregunta: ¿Cómo podría el yo escaparse de un sonido? La sangría así como los puntos suspensivos del primer verso presentan el poema como interrupción o continuación de una realidad establecida. La realidad de este "Yo" poético es la repetición de ecos y el hecho de encontrarse torturado porque todos nosotros solamente: "Somos el eco de una palabra dicha / en un día sin tiempos anteriores" (5-6). Su dolor es existencial pues no se es una totalidad individual sino la copia de una enunciación. Y a la vez, este dolor es "poético" porque el yo sigue reoyendo lo producido anteriormente. La originalidad, tanto del ser individual como de la escritura, no es posible en este entorno. De tal manera, el eco que lo atormenta es una afrenta a su persona y a su arte.

La existencia del hablante en este ambiente misterioso parece aun peor al considerarse su posición de "huésped de la noche". La ambigüedad misma del vocablo que nombra el poemario y este poema, los abre a diferentes interpretaciones. Si se comprende "huésped" como visitante, el poema funciona como representación del sufrimiento que le trae la noche al hablante. Y la primera mención en el poema del "huésped", presenta la situación del "Yo" poético así: "El huésped en la noche está encerrado / midiendo rumbos y quebrándolo / en espera del alba que se anuncia con sombras" (7-9).

Si el yo es el huésped en la noche que espera que llegue el día, resulta ser una víctima cuya alma es agarrada por "desconocidos himnos" (13). El alma sufriente no puede deshacerse de los ecos ni hacer más que esperar el día (17-18). Este huésped "en su hospedaje de años" (16) busca a otros "habitantes" (19-20) de la noche pero solamente encuentra "milenarias voces" (26) que no lo ayudan a "traspasa[r] la noche de su carne"(29). La oscuridad que está dentro del yo, hasta este momento en el poema, lo hace vagar por la noche mientras los ecos lo muerden y lo destrozan (42-43).

Pero en la siguiente y última estrofa, el eco o la repetición de los versos cinco y seis conducen al lector a otro significado de "huésped" y por lo tanto a otras posibilidades interpretativas del poema: "¡Somos el eco de una palabra dicha / en un día sin tiempos anteriores, / para ser en el vientre de la vida / el errante y perpétuo [*sic*] huésped de la noche!" (49-52).

En contraste a la segunda estrofa donde el huésped reside en la noche, en estos versos, el "nosotros" está dentro del "vientre de la vida" (7, 51). Además, hay una inversión de papeles entre la noche y el yo o nosotros, pues la noche se convierte en habitante de "nosotros". Anteriormente, el poema había establecido los parámetros de la existencia del yo: vagar por "la noche de los ecos" (31). Pero por la flexibilidad significativa de "huésped" y la sintaxis de los versos, la noche deja de ser anfitriona y se transforma en visitante del yo-anfitrión. La transformación de la noche en "víctima", por su encierro, hace del dolor del yo una construcción propia. La oscuridad literal y figurativa de la cual se queja el hablante en el resto del poema se revela al final como resultado de acciones de éste. En otras palabras, los últimos dos versos culpan al yo por su condición lamentable. La continuación del eco atormentador refleja la inhabilidad humana de deshacerse de la oscuridad. Esta conclusión reitera el juicio que se hace de las víctimas de guerra en *Raíz y sombra*. Parece repetir, en un contexto diferente, la exhortación de "Mensaje a los hombres de América": "responsabilicémonos" (42). Con esta proclamación implícita al final, "Huésped de la noche" une ciertas preocupaciones de Toruño, como la solidaridad crítica y la universalidad de la angustia, en un poema en verso libre abierto a diversas interpretaciones. Deja atrás pronunciamientos contundentes y revela la complejidad de la angustia.[22]

Estos análisis poéticos de la obra de Toruño muestran tanto

[22] Este poemario también incluye poemas que explícitamente piden la muerte, dejando atrás el miedo. Ver, por ejemplo, "Urgente" y "Acento".

su experimentación técnica y temática (la crítica social) como su exploración de temas convencionalmente poéticos (el amor y el dolor). A través de diferentes momentos históricos y colecciones de poemas se ve una tensión en hablantes poéticos aliados ambos a la tradición y a la innovación poética. Claro está que en su poesía, Toruño muestra que pudo "[...] concluir de pie, fundido, encenizado. / Vertical en el canto" ("Acento" 17-18).

Análisis estructural del soneto alejandrino: "Ego" de Juan Felipe Toruño

por Rafael Antonio Lara Valle

El presente trabajo no pretende hacer un análisis exhaustivo de la obra del gran escritor nicaragüense-salvadoreño Juan Felipe Toruño, tarea que sería toda una empresa que es necesario abordar algún día para darle un justo honor a quien tanto contribuyó al desarrollo de las letras y del periodismo en nuestro país. Sabemos que no se puede conocer a plenitud la obra de un escritor si la sacamos de su contexto y que es necesario relacionar el texto con su vida, dentro del marco histórico, cultural, político y económico, que le tocó vivir. Sin embargo, nuestro enfoque es estructuralista, en el sentido que se centraliza en un texto específico del poeta, como punto de partida para un posterior análisis contextual. Pero como hablar de análisis estructural resulta muy vago, pues hay varios estructuralismos según el enfoque, tendencia o género analizado, quiero delimitar mi campo de acción a la perspectiva de la comunicación estética. Concretamente a la función poética del lenguaje,[1] estudiando lo que Levin[2] llama equivalencia paradigmática de tipo semántico, que nos permite centrar nuestra atención en el modelo explicativo de la construcción recurrente del discurso poético, llamado el *coupling* o emparejamiento, que viene definido por la colocación de elementos lingüísticos equivalentes en posiciones también equivalentes, dado que el discurso poético se estructura por medio del uso sistemático de equivalencias fonéticas y

---

[1] Función poética según Jakobson: Proyección del principio de equivalencia del eje de la selección sobre el eje de la combinación.

[2] S. R. Levin, *Estructuras lingüísticas en la poesía* (Madrid: Cátedra, 1994)

semánticas que son equivalencias paradigmáticas en posiciones también equivalentes en la cadena sintagmática.

El poema de Juan Felipe Toruño al que aplicaremos el análisis de los *couplings* se titula "Ego", escrito en San Salvador, enero de 1930 y publicado en 1940 en el libro, *Hacia el sol*, editado por la Imprenta Funes. Es el tercero de un tríptico constituido por: I, Artiflex; II, Turris y III, Ego.

Ego

Yo canto como canta primavera en la flor:
rumores de montañas, caricias en los nidos
susurros de auras dulces en los bosques dormidos,
y por toda fortuna, el cielo y el amor.

Con vivos resplandores de incógnito arrebol
mis ensueños se enredan en madejas de lumbre…
¡yo soy como los árboles que se alzan en la cumbre,
que por estar más solos más cerca están del sol!

Voluntad es mi insignia. En mi ruda jornada,
con la fe por escudo, la lira por espada
sin cansarme camino de la verdad en pos.

Optimista y sereno en el combate. Fuerte.
sobre el lomo del siglo me encontrará la muerte
cabalgando en los predios donde transita Dios.

El poema es una exaltación del "Yo" del poeta, donde la función expresiva del lenguaje es evidente y se ve mucho más claro en la exclamación: "¡Yo soy como los árboles que se alzan en la cumbre, / que por estar más solos más cerca están del sol!". Y éste, como veremos más adelante, es un símbolo de Dios, máxima aspiración del poeta.

El uso de oraciones enunciativas en presente es un recurso del poeta para hacer referencia a su mundo anímico, porque para él, su realidad es la poesía y él es un hacedor de poesía. El uso del futuro está únicamente al final cuando al poeta lo encontrará la muerte "cabalgando en los predios donde transita Dios". Para visualizar mejor la recurrencia paradigmática dentro de la cadena hablada obsérvese el siguiente esquema:

Estructura posicional y equivalencia semántica

Sujeto	Verbo	Objeto directo y predicativos	Comp. Prep. (circunstanciales)
Yo [Primavera]	Canto [canta]		Como... En la flor (en forma de) rumores de montañas, caricias en los nidos susurros de auras dulces en los bosques dormidos por fortuna.
(Yo) mis sueños	(Tengo) enredan...	el cielo y el amor se se	por toda la fortuna En madejas de lumbre con vivos resplandores de incógnito arrebol
Yo [que (los árboles)]	Soy Se alzan		como los árboles. En la cumbre por (estar)

[que (los árboles)]	[estar]		más solos más cerca están del sol
mi insignia (Yo)	es camino	voluntad	sin cansarme en pos de la verdad en mi ruda jornada con la fe por escudo la lira por espada.
(Yo) (Yo)	(soy) (soy)	optimisma y sereno Fuerte	en el combate.
La muerte [Dios]	Encontrará [cabalgando] [transita]	me	sobre el lomo del siglo en los predios donde

Simbología: [ ] Subordinación; ( ) Está elíptico o tácito

Estructura posicional y equivalencia semántica

Descomponiendo el poema, resultan los siguientes enunciados, ordenándolos sintácticamente:

Sujeto	Verbo	Objeto directo o predicativo	Circunstancial
1) Yo →	canto →	→	→ Como cantar primavera en la flor (en forma de) rumores de montaña, caricias en los nidos susurros de auras dulces los bosques dormidos.

En ese enunciado hay un sujeto subordinado, "primavera", y un verbo también subordinado "canta", identificando al poeta con la primavera.

2) Yo ⟶ (tengo) ⟶ el cielo y el amor ⟶ por toda fortuna

El segundo está unido al primero por coordinación y tienen el mismo sujeto "yo", que en este caso se encuentra tácito; el verbo está elíptico: "tengo". El objeto directo ("el cielo y el amor") ha invertido posiciones con el circunstancial ("por toda fortuna").

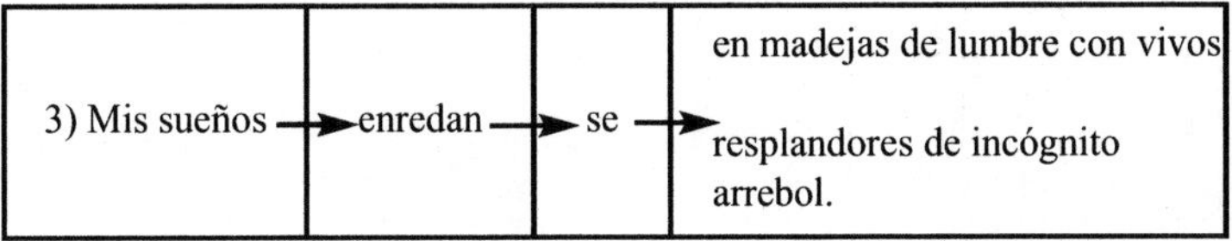

3) Mis sueños
enredan
se
en madejas de lumbre con vivos resplandores de incógnito arrebol.

En este enunciado, la única transposición se da entre el objeto directo (se) y el verbo (enredan).

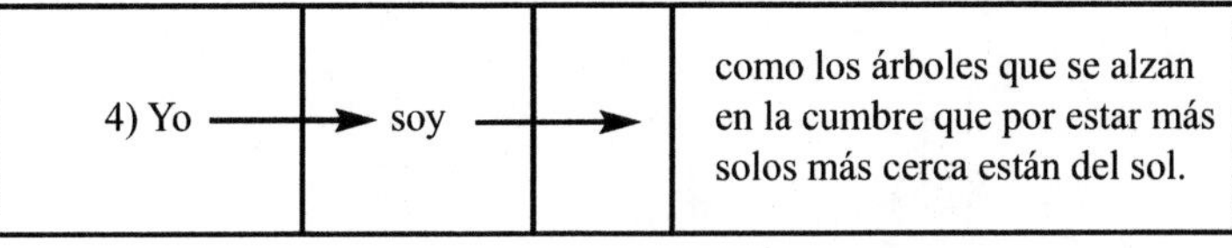

4) Yo
soy
como los árboles que se alzan en la cumbre que por estar más solos más cerca están del sol.

En este enunciado hay una doble subordinación en la que el sujeto de ambas es "los árboles", representado por el relativo "que"; y los verbos subordinados son "alzan" y "estar / están".

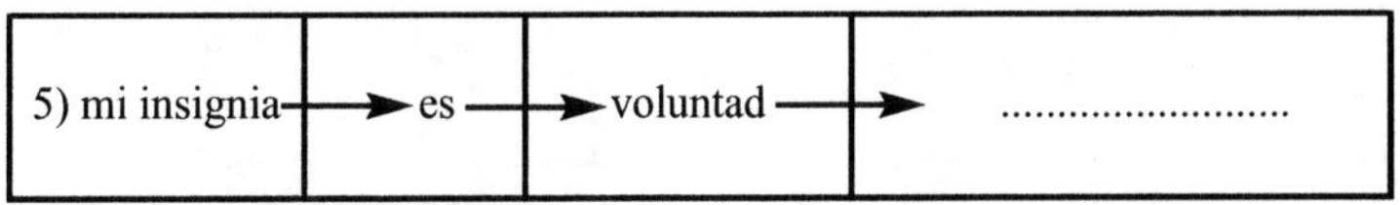

Aquí la transposición se da entre el sujeto y el predicativo por medio de una hipérbaton que le da un mejor ritmo al verso.

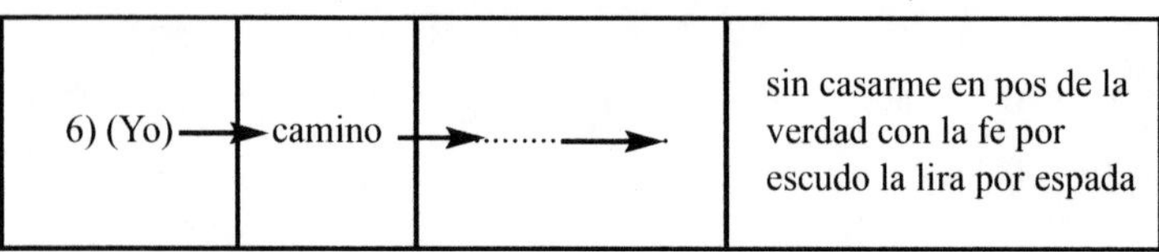

6) (Yo)
camino
....
sin casarme en pos de la verdad con la fe por escudo la lira por espada

En este enunciado, el sujeto se encuentra tácito y hay una transposición en la que cuatro circunstanciales asumen primacía: “en mi ruda jornada”, “con la fe por escudo”, “la ira por espada” y “sin cansarme” (hay una subordinación con infinitivo), luego le sigue el verbo principal (“camino”) y finaliza con un circunstancial en hipérbaton “de la verdad en pos”.

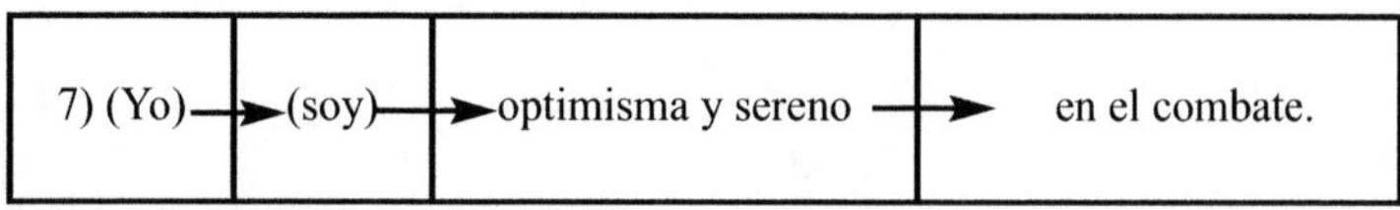

7) (Yo)
(soy)
optimisma y sereno
en el combate.

El sujeto está tácito y el verbo “ser” elíptico. El predicativo le adjudica al poeta dos atributos (optimismo y serenidad) que le dan confianza “en el combate” (circunstancial). No se rompe el orden gramatical.

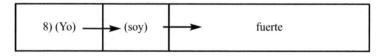

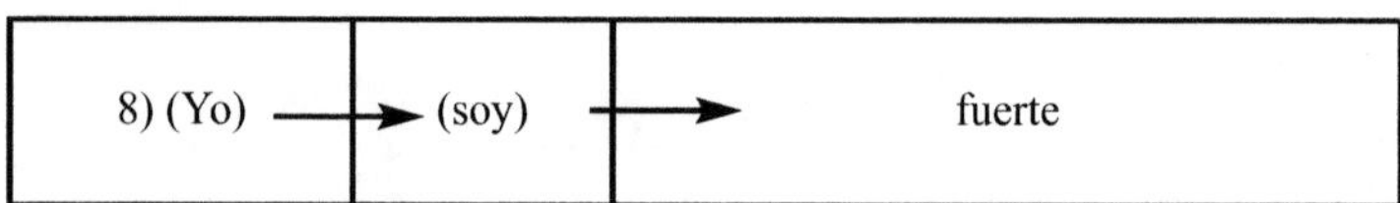

Este enunciado es breve; lo constituye únicamente el predicativo “fuerte”, ya que el sujeto está tácito y el verbo elíptico.

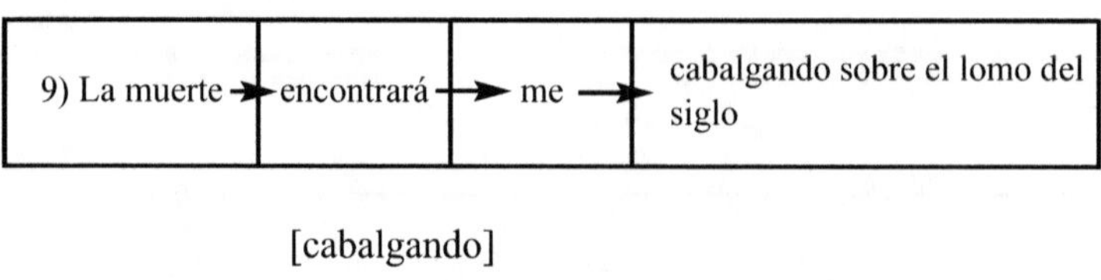

[cabalgando]

[Dios] ⟶ transita ⟶ en los predios donde.

En este enunciado nuevamente por obra y gracia del hipérbaton se rompe el orden gramatical, prediciendo el circunstancial "sobre el lomo del siglo", luego el objeto directo (me), después el verbo y por último el sujeto. El verbo subordinado "cabalgando" forma parte del circunstancial del verbo principal. A este mismo enunciado le corresponde la subordinada adverbial "en los predios donde transita Dios", en la cual el sujeto ("Dios") privilegia al poeta ("Yo") permitiéndole transitar por sus caminos. En resumen, las transpiraciones que hace el poeta, rompiendo el orden gramatical, utilizando hábilmente el recurso del hipérbaton, le dan más plasticidad al poema, logrando el propósito rítmico que Toruño le imprime.

Se puede observar que el sujeto recurrente en el poema es el "Yo" del autor o algo relacionado con él (mis ensueños; mi insignia) o seres con los que se identifica el poeta: la primavera, los árboles y finalmente Dios. El único sujeto con el que no se identifica es con la muerte, que la asume como algo inevitable.

Los verbos, como ya se dijo, están en presente y son en su mayoría verbos de acción, porque el poeta es vida y la vida es movimiento (un devenir). El verbo "ser" en forma expresa o elíptica está referido a la esencia del poeta. También en relación a la muerte está la excepción en cuanto al tiempo (el futuro imperfecto de indicativo): como algo que ocurrirá, pero para lo cual ya se está preparado y por ende nos encontrará llenos de fortaleza, en plena realización.

El objeto directo está referido a las grandes posesiones del poeta (el cielo y el amor) y el predicativo son sus atributos (voluntad, fortaleza, optimismo, serenidad).

La mayor recurrencia se da en los complementos preposicionales, de tipo circunstanciales, que van referidos en su mayoría a la naturaleza, que sustenta el ser del poeta, así como a su labor de caballero andante.

Podemos encontrar las siguientes isotopías: una relacionada con la naturaleza: flor, árboles, montaña, nidos, auras, bosques, cumbres, sol, predios. Hay otra isotopía relacionada con la luz que encuentra su identidad en Dios y en el poeta: madejas de lumbre, sol, vivos resplandores, incógnito arrebol. La búsqueda de la altura y la inmensidad cuya culminación es también Dios, otra isotopía que refleja las ansias del poeta: montañas, bosques, árboles en la cumbre. Formándose la siguiente tríada:

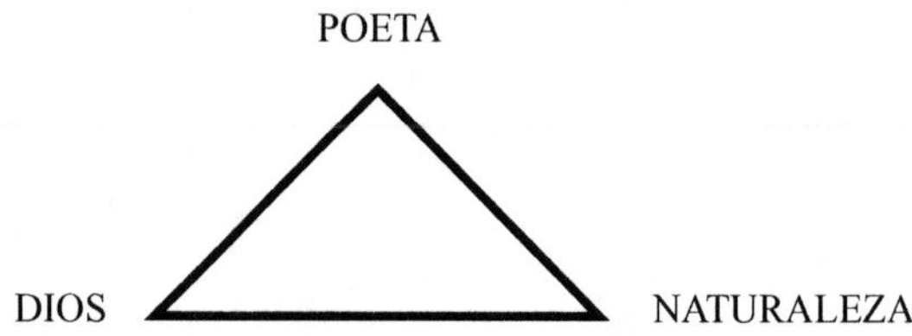

Por otra parte, el poeta está consciente de su responsabilidad y de la enormidad de la tarea que se ha impuesto y asume el papel de Amadís de Gaula que deviene en Caballero de la Triste Figura, sin más escudo que la fe, ni más espada que su lira para salir avante en esa "ruda jornada en pos de la verdad", sabiendo que tiene que cruzar el laberinto donde la misma luz que portamos se convierte en principal valladar y piedra de sacrificio, donde podemos quedar atrapados en las telarañas de la ilusión y consciente del riesgo nos lo dice Juan Felipe en esa bella imagen: "Con vivos resplandores de incógnito arrebol / mis ensueños se enredan en madejas de lumbre", pero si salimos avante en la prueba, el premio es la metempsicosis de lo humano en lo divino.

En conclusión, el poema, como reza su título "Ego", es una exaltación del "Yo" del poeta en una especie de unción panteísta que culmina en la suplantación de Dios, porque el creador literario, como ha dicho Vargas Llosa, es un deicida.

Vaya este breve, parcial y modesto estudio, como un homenaje al insigne literato que es Juan Felipe Toruño, con quien compartimos, aunque en distintas generaciones, los mismos cultos, anhelos e inconformidades poéticas en fin, como dice el peruano, la misma vocación de los suplantadores de Dios.

Juan Felipe Toruño: auténtico eco daríano

por John Andrew Morrow

Rubén Darío, el poeta de América, el colmo creativo del continente, ha tenido una influencia imponente en las letras hispanoamericanas y universales. Entre los poetas que fueron inspirados por él, que abrieron sus almas y sus corazones a su contagiosa creatividad, se encuentra Juan Felipe Toruño, nicaragüense de nacionalidad, que vivió la mayor parte de su vida en El Salvador. Este gran —pero poco estudiado— poeta tuvo una adolescencia marcada por el Modernismo y tres eventos notables: el haber recibido una carta de Rubén Darío en la que lo entusiasmaba a publicar uno de sus poemas, el haber asistido a los funerales del gran vate —a la edad de 18 años—, donde estuvo muy impresionado por la presencia y los discursos de literatos de todo el mundo y, finalmente, el haber sido el fundador y editor de la revista *Darío* que fue el primer homenaje epónimo que se hizo al inmortal bardo nicaragüense. Toruño y Darío tenían mucho en común. Ambos eran grandes eruditos, completamente autodidactas y con una vasta cultura. Eran escritores eclécticos y polifacéticos que dedicaron su labor artística a la poesía, la novela, el cuento, el ensayo, el periodismo, la crónica y la crítica literaria. Aunque la influencia de Darío en Toruño puede encontrarse en los muchos géneros que manejaba con maestría —en su estética modernista y actitud antiimperialista—, se manifiesta particularmente bien en su poema "Mensaje a los hombres de América" de *Hacia el sol*.[1]

[1] Todas las citas de "Mensaje a los hombres de América" provienen de Juan Felipe Toruño, *Hacia el sol* (San Salvador: Centroamérica, 1940). Todas las citas de Darío provienen de *Poesías completas*, Ed. Alfonso Méndez Plancarte (Madrid: Aguilar, 1961). De aquí en adelante citaremos solamente los versos de los poemas.

"Mensaje a los hombres de América" es un poema escrito en verso libre a la manera de "A Roosevelt" y "Salutación al Águila". Presenta "características modernistas, no sólo a nivel de experimentación del lenguaje sino también por las referencias a la mitología clásica, la pureza del lenguaje, la sonoridad, sensualidad, la rima y musicalidad en los versos".[2] El poema, con 78 versos agrupados en cinco estrofas y tres pares de versos dísticos, fue escrito en 1939 y demuestra que la influencia de Darío no aparece solamente en sus primeros poemas (R. Toruño 27, 28). Las dos primeras estrofas se enfocan en aspectos negativos de América, mientras que las tres últimas se enfocan en aspectos positivos, dando mayor peso a lo bueno y un aire de esperanza. Darío dividió sus poemas "A Colón" y "A Roosevelt" de manera parecida. En cuanto a los recursos literarios utilizados, el poeta muestra su predilección por la metáfora, la repetición, la preponderancia del polisíndeton, la doble y triple acumulación, el imperativo, los signos de exclamación, la pregunta y el uso extensivo de la anáfora. Su estilo es fluido y demuestra una gran riqueza retórica.

La primera estrofa del poema empieza con una descripción caótica de las maldades que manchan a la América —dictadores, guerras civiles, discordia, violencia y destrucción— y hace un llamado a los hombres americanos, buscando sugerencias y soluciones:

El mundo entre ígneas tormentas envenénase.
Estalla en famélicas [*sic*] odios.
Caínes modernos. Brutos sanguinarios, asesinan, traicionan.
No fulgen auroras de redención ni de paz.
Tempestuosas pasiones trituran los dorsos del globo.
Millones de arpías destrozan alturas excelsas.
Perece la armonía. ¡Y no hay comprensión!

---

[2] Rhina Toruño, "Juan Felipe Toruño: vida y poesía", *Voces* 1 (1999): 27.

¡Y no hay conciliación! ¡Y ha muerto el Amor!
Ante este tremendo bestial cataclismo, ¿qué hacemos?
¿Qué hacemos los hombres habiendo ideales lumínicos
y fuegos angélicos en el corazón? (vs. 1-11)

En estos versos, se divisa el mismo tono apocalíptico daríano de los poemas "Salutación al optimista", "Santa Elena de Montenegro", "Canto de esperanza" y "A Colón". Los siguientes versos de Darío se parecen en tono, estilo y tema a los de Toruño:

Siéntese sordos ímpetus en las entrañas del mundo,
la inminencia de algo fatal hoy conmueve la tierra;
fuertes colosos caen, se desbandan bicéfalas águilas,
y algo se inicia como vasto social cataclismo
sobre la faz del orbe. (vs. 23-27)

En "Santa Elena de Montenegro" Darío nos pinta un panorama pavoroso:

Hora de terror milenario,
hora de sangre, hora de osario…
Tiemblan pueblos en desvarío
de hambre, de terror y de frío…
Falta la terrible trompeta,
Mas oye el alma del poeta
crujir los huesos del planeta.
Al ruido terráqueo, un ruido
se agrega, profundo, inoído…
Viene de lo desconocido. (vs. 2-3, 16-17, 28-33)

En "Canto de esperanza", vemos más imágenes siniestras: "Un gran vuelo de cuervos manchan el azul celeste. / Un soplo milenario trae amagos de peste. / Se asesinan los hombres en el extremo Este" (vs. 1-3).

En "A Colón", Darío nos da una descripción dolorosa de los problemas socio-políticos que enfrenta Hispanoamérica: "Duelos, espantos, guerras, fiebre constante" (v. 53). Compara América a "una histérica / de convulsivos nervios y frente pálida" (v. 4). Habla del "desastroso espíritu" (v. 5), la "perpetua guerra" (v. 7), los hermanos que "se hieren y destrozan" (v. 8), la sangre y ceniza en los campos fraternos (v. 12), los "cañones y los clarines" (v. 14), los "negros beyes" (v. 15), además de los Judas y los Caínes que fraternizan (v. 16). Como Toruño, Darío empieza su poema pintando el desolado panorama hispanoamericano. Luego, vuelve a la América precolombina en busca de soluciones para los problemas de hoy, hablando de caciques (v. 23), de Atahualpas y Moctezumas (v. 28) de zipas (v. 43), de Incas (v. 44), de Chibcha, de Cuzco y de Palenque (v. 60).

En la segunda estrofa, Toruño se dirige a los americanos. Los llama a la atención por vía de la repetición de: "¡Hombres de América!" y el uso repetido de imperativos como: "¡Escuchad!", "Mirad", "Sentid" y "Pensad", que abarcan lo auditivo, lo visual, lo físico y lo intelectual. Para Toruño, América es el puente que se extiende del pasado hasta el futuro. Como Darío, Toruño tiene un compromiso pan-americanista. Piensa en la Patria Grande, la América toda y capta, como nota Francisco Propata, "el alma noble y generosa de nuestros pueblos, los que no defraudarían la esperanza que la humanidad ha depositado en ellos" (R. Toruño 28).

Motivado por amor, Toruño critica el caos que reina en América y la sangre inocente que se vierte. Denuncia la destrucción, el dolor, la angustia y el sufrimiento. Nos presenta imágenes penetrantes de bocas desdentadas que piden piedad y de madres que claman misericordia cerrando la estrofa con una denuncia del imperialismo norteamericano.

¡Hombres de América! ¡Hombres de América! ¡Escuchad!

¡A vosotros hablo constituidos en guión que se extiende
entre la cultura de hoy y la cultura de mañana!
¡Hombres de América!: oíd los vocablos angustiosos
que, amargos, nos llegan del caos insólito.
Mirad la sangre que mana de las arterias de la tierra.
Escuchad el estruendo de la tragedia bárbara.
Sentid el retorcimiento de los espasmos de las naciones
Y los estreñimientos zodiacales.
Pensad en que la catarata humana se desempeña en odios.
Que el hombre, hartándose, no se sacia, cayendo
Bajo sus propias ambiciones.
Que claman piedad las desdentadas bocas de historiadas
[íconos]
Y misericordia las madres de la humanidad.
¡Vivimos la hora repugnada que desoye la voz del
[criterio...!]
La razón del sistema infernal, la lógica de la dinamita,
el argumento omnímodo de la destrucción y de la matanza,
imponen sus materiales exterminadores. (vs. 12-29)

Estos versos se asemejan a los poemas "A Roosevelt" y "Salutación al Águila" de Darío. En los versos: "¡Hombres de América!: oíd los vocablos angustiosos / que, amargos, nos llegan del caos insólito. / Mirad la sangre que mana de las arterias de la tierra"; es evidente la existencia del eco dariano (R. Toruño 27). También lo es en los versos 26-29 donde hay una referencia directa contra los invasores de Hispanoamérica que provienen de Estados Unidos (28). Darío había condenado el imperialismo estadounidense en poemas como "A Roosevelt" donde dice: "Eres los Estados Unidos, / eres el futuro invasor / de la América ingenua que tiene sangre indígena, / que aun [*sic*] reza a Jesucristo y aun [*sic*] habla español" (vs. 5-8). Toruño hizo lo mismo, por la pistola y la palabra, luchando contra los conservadores, apoyados por la Embajada Americana en Nicaragua —cuando apenas tenía 12 años— y escribiendo poemas antiimperialistas como "Mensaje a los hombres de América".[3]

En la tercera estrofa vemos que Toruño, como pensador progresista, no empieza la historia de América con la llegada de los Colones y los Corteses. Reconoce la historia y la herencia autóctona que fluye en las venas culturales e incluso raciales de muchos hispanoamericanos. Para él, los hombres de América, los verdaderos americanos, son los que vieron pasar a Manco Capac, sufrir y luchar a Lempira y a Urraca, a Tecún Umán, a Atlacatl y a Nicarao; son los que asistieron al concurso de Caupolicán, al baile de Tun, que escucharon el canto de Tutecotzimí, que vieron morir a Xalí. Los hombres de América son hermanos, son unidos, por carne y espíritu, son los que tienen una visión para América, son seres comprometidos, responsables, dispuestos a ponerse al trabajo por la gloria del continente. Pero, como dice Rhina Toruño, el llamado no es para todos los americanos desde Alaska hasta Tierra del Fuego, sino para los que llenan los requisitos de hermandad y de visión (29).

El "COMPRENDAMOS" en mayúsculas del verso 43 es final e inicial. Es la conclusión del "¡Hombres de América!" del principio de la estrofa al mismo tiempo que es la introducción a los argumentos de la cuarta estrofa:

> Nosotros, los hombres de América,
> los que vimos pasar con su bosque de flechas a Manco
> [Capac,]
> y cargando simbólico tronco de árbol a Caupolicán,
> y sufrir y luchar a Lempira y a Urraca,

---

[3] Helmo Roger Toruño, "Juan Felipe Toruño: propulsor de las letras salvadoreñas", *Co Latino* 151 (1996) 4.

a Tecún Umán, a Atlacatl y a Nicarao,
los que asistimos nervudos, totémicos, al baile del Tun;
que escuchamos el canto de Tutecotzimí y que vimos
morir bajo un arco de luna en creciente a Xalí
en el monte que quiebra en sus aguas el riente Cailahuat;
los que somos hermanos por carne y por espíritu;
los que tenemos visión de lo que es y será nuestra América,
responsabilicémonos.
¡Aprontemos la idea y el alma y la lealtad en la taremagna!

COMPRENDAMOS (vs. 30-43)

Las referencias a personajes del mundo precolombino y colonial parecen salir de distintos poemas de Darío. Hay que recordar que si muchos hispanoamericanos ya conocen a esos personajes del mundo indígena, se debe, en parte, a Darío, en cuyas obras aparecen Manco Capac, Caupolicán, Nicarao y Tutecotzimí, entre otros autóctonos. Manco Capac aparece en el soneto "El sueño del inca". El líder araucano aparece en el soneto "Caupolicán" que habla del: "Robusto tronco de árbol al hombro de un campeón" (v. 2). Nicarao aparece en el poema "Raza" (v. 14) y el jefe de los pipiles en el poema "Tutecotzimí".

En la cuarta estrofa, Toruño elogia a la América autóctona, su cultura perfecta, imprescindible y universal. Para Toruño, la América no está estancada. La América crece, se desarrolla, está orgullosa de su patrimonio amerindio asociado con la antigua Atlántida:

La América habrá de fijar su cultura perfecta,
Imprescindible, universal.
¡La América nueva que viene creciendo en los siglos!
Que tiene sorpresas para el hombre de extrañas costumbres;

que oyó la canción de los astros con oídos mayábicos;
que dio los gigantes de la antigua Lemuria;
que sostuvo en sus hombros el peso de dioses y de enigmas;
que habló con el fuego y el agua y el viento
al buscar con sus fuerzas el lumínico signo
de Verdad y de Vida;
que aprisionó el tiempo en símbolos pétreos
que —de la Atlántida— asoma sus perlas de orientes
[magníficos]
bullentes, fulgentes;
que, de prehistóricas épocas, sigue el rastro de Dios
por montañas y lagos y ríos y mares
sembrados de eternidad. (vs. 44-59)

En Toruño, como Darío, lo autóctono se respalda muchas veces en lo clásico. Todavía no tiene sus propios pies. Existe como contraste, como complemento, como parte de una dualidad, como equilibrio y como compromiso. No es un indigenismo libre e independiente. Cuando Darío habla de Caupolicán, habla de Hércules (v. 4), de Sansón (v. 4) y de Nemrod (v. 7). Cuando habla de los aztecas, habla de Flora (v. 3). Cuando habla de los incas, habla de Ariel (v. 6). Cuando habla de un indio, habla de Deméter y Pan (vs. 19, 21). Cuando habla de Bolivia, habla de Grecia. Puede mencionar a Manchaypüito (v. 8), pero también menciona a Pegaso (v. 11). En el poema "Momotombo", cuando aparece Huracán, también aparece Aquilón (vs. 60, 62). Cuando Toruño habla de la América India, habla de la Atlántida, de igual modo que lo hizo Darío en Canto a la Argentina (v. 59) y "Salutación al Águila" (vs. 24-25). Cuando Toruño habla del origen de la América India lo compara con: "Aquellos tiempos inmemoriales en los cuales los pensadores de las Escuelas Jónicas buscaban el origen de la vida y de las cosas" (R. Toruño 29). Habla de mayas, aztecas e incas, pero también hace alusiones bíblicas a Caín (v. 3) y alusiones clásicas a los titanes (v. 77). Tal es el caso en su poema "Llamado con voz de América" donde menciona "los [a]mazonas y [o]rinocos y [m]ississipis y [m]agdalenas" (v. 52) pero menciona también a Colón (vs. 44) y a Satanás (v. 98).

En la quinta estrofa, Toruño presenta su visión multicultural, multilingüe y multirracial de América. Es un mundo pluralista que acepta lo mejor de todo, que lo mezcla y que lo cocina en una olla como ajiaco o una buena paella. Forma parte de un nuevo orden planetario donde no hay desequilibrio, donde las pujantes fuerzas del norte, es decir, de Estados Unidos, son felices y no bélicas, donde hay agricultura en Sudamérica y donde Centroamérica es el fiel de la balanza, el puente entre dos enormes bandejas de civilización: América del Norte y América del Sur. Para Toruño, la América Central es el corazón del continente, la armonía de América como la diástole y la sístole del corazón humano. Centroamérica es el lugar donde se abrazan dos grandes océanos por donde se esparcen las noticias al mundo de las nuevas normas de cultura y civilización, de amistad y hermandad, de desarrollo y de progreso:

Hombres de América: tenemos que dar el aliento
A nuevas generaciones: civilización y cultura nuevas.
¡Y que en América quepa la humanidad!
Y que haya un emporio de pujantes fuerzas felices en el [Norte:]
Agricultura y riqueza fértiles en el Sur,
dos enormes bandejas de civilización.
Y en el centro, el fiel de la balanza,
el puente que apréstase a ser el conducto de savia:
corazón que regule, pecho que se abra

y por donde ya se abrazan dos océanos
que han de sentir en sus lomos el viaje
de enormes mensajes llevándole al mundo novísimas
[normas]. (vs. 60-72)

La referencia a Centroamérica como el fiel de la balanza, como: "El puente que apréstase a ser el conducto de savia" (67-68), puede compararse al poema "Raza", de Darío, donde habla del: "Gran Nicarao, que un puente de canoas / brindó al cacique amigo / para pasar el lago / de Managua" (vs. 14-17). La esperanza de un continente cuyos países coexisten en paz, también fue el sueño de Darío. En "Salutación al Águila", el poeta pide la paz con Estados Unidos: "Águila, existe el Cóndor. / Es tu hermano en las grandes alturas / [...] / Puedan ambos juntarse en plenitud, concordia y esfuerzo" (vs. 39, 42). El poeta clama: "¡Qué la Latina América reciba tu mágica influencia / y que renazca un nuevo Olimpo, lleno de dioses y de héroes!" (vs. 57-59).

En el primer par de versos dísticos, Toruño no se convierte en deicida sino que señala sencillamente la supremacía divina que indica a América el sendero luminoso a seguir: "Y el Cristo indicando las rutas / desde las expectantes cumbres de los Andes" (vs. 73-74). Este verso se parece al verso: "Cristo va por las calles flaco y enclenque" (v. 4) del poema "A Colón" de Darío, poema de temática parecida. Los dos últimos pares de versos dísticos del poema son un himno de amor, de alegría y de paz (R. Toruño 29): "Y la humanidad que quepa en América, / Pueblo de pueblos luchadores, trabajadores, soñadores. / Y la paz tenga asilo en el alma del pueblo titánico, / y fije en los siglos esa alma sagrada... ¡Así sea!" (vs. 75-78).

En el poema "Pax" de Darío, el poeta hace un llamado a los pueblos luchadores, trabajadores y soñadores de América: "¡Oh pueblos nuestros! ¡Oh pueblos nuestros! ¡Juntaos / en la esperanza y el trabajo y la paz" (vs. 181-82). En los últimos dos versos, Toruño comparte la misma visión pluralista que Darío expresó en su *Canto a la Argentina*. En ese poema, Darío describe a América como un conjunto de judíos, italianos, suizos y franceses superpuestos en una base indo-hispánica (vs. 908-911). Habla de "la confraternidad de los destinos, / la confraternidad de oraciones, / la confraternidad de las canciones" (vs. 915-17), de la "fraternidad de brazos (v. 361) y la "transmisión de los idiomas" (v. 362). El poema de Toruño termina con un rotundo y tajante: "¡Así sea!" (v. 78), "que puede considerarse como la conclusión de un discurso o de un manifiesto" (R. Toruño 29). También puede tomarse como un decreto divino con alusiones bíblicas o en su sentido literal de "amén" al terminar una oración, una súplica o una plegaria.

En este breve estudio, hemos tocado apenas el tema de la influencia de Darío en Toruño, limitándonos a subrayar algunas influencias darianas en la forma y contenido de uno de sus poemas. Como hemos visto, el poema "Mensaje a los hombres de América" de Juan Felipe Toruño manifiesta influencias estilísticas, lingüísticas, estéticas, temáticas, filosóficas, mitológicas y socio-políticas de origen dariano. Obviamente, esa influencia no se aplica a todos sus poemas. Como muchos de sus contemporáneos, Toruño inició su labor poética inspirado en el Modernismo para luego evolucionar y convertirse en vanguardista, romántico, místico, metafórico y cósmico. La presencia de Darío en Toruño se halla en sus primeros poemas y en poemas más tardíos como "Mensaje a los hombres de América", uno de sus ejemplos más representativos. Es importante insistir en el hecho que la influencia dariana en Toruño nunca se trata de plagio o de perífrasis. Se trata más bien de intertextualidad, de alusiones, de la influencia de un maestro en su discípulo, del reflejo del padre en el hijo. Es en ese sentido que podemos considerar a

Toruño como un heredero artístico de Darío, como un auténtico eco daríano.

"La gitana": Reivindicando la marginalidad y el sentido de la vida

por Ana Torres

En 1924, Juan Felipe Toruño publica el poemario *Ritmos de vida* (16-19).[1] "Aquella gitana" es uno de los varios poemas incluídos en él y es el objeto de este estudio. Años después sucedieron muchos hechos de envergadura internacional que cambiarían nuestra historia drásticamente. El 30 de enero de 1933, Adolfo Hitler asumió la posición más poderosa en el gobierno alemán y desde entonces no cesaron sus exitosos intentos para eliminar la democracia de su país. Parte de su agenda nefasta consistía en diseminar y poner en práctica su ideología racial, la cual predicaba su superioridad sobre las "razas inferiores". Los gitanos fueron, entre otros, parte de estos seres aborrecidos, martirizados y ejecutados por este gobierno. El 1.º de septiembre de 1939, otro hecho sacudió al mundo: la invasión alemana a Polonia y como consecuencia la Segunda Guerra Mundial.[2]

Durante este tiempo en El Salvador, Toruño recibía homenajes en vida tanto por su labor literaria como periodística: "Luego de un paso fugaz por *El Día*, del cual fue jefe de redacción, se incorporó como redactor del *Diario Latino*, en 1925, siendo el

---

[1] Juan Felipe Toruño, *Ritmos de vida* (Centro Editorial Salvadoreño, 1924).

[2] Susan Bachrach, extractos de "*Tell Them We Remember*" en "Historia del holocausto: panorama general", <http://www.ushmm.org/education/foreducators/teachabo/spanish/ historia.pdf>.

editorialista del periódico desde 1937 hasta 1973".[3] Debido a este último vínculo laboral, no es difícil deducir que tenía un acceso privilegiado al acontecer, no sólo en América sino en el mundo entero. Tomando en cuenta el marco histórico de la época, voy a señalar cómo Toruño rescata un personaje tan indeseado, como es el de la gitana, para convertirla en la verdadera heroína de un poema de corte modernista.

El poema está dividido —de acuerdo a su temática— en cuatro partes que reflejan las cuatro fases de "*Knowledge of Others*" (El conocimiento de los otros) que Tzvetan Todorov expone en su libro *The Morals of History* (*Las moralejas de la historia*).

Todorov, refiriéndose a las culturas extranjeras, pregunta: "*How does one understand the other?*" (¿Cómo entiende uno al otro?) y su respuesta es: "*The other is my fellow being, my neighbor, anyone who is not-I*".[4] (El otro es mi prójimo, mi vecino, cualquiera que sea el no-yo). Al leer el poema, se hace obvio que Toruño, como lo hiciera antes Víctor Hugo, Federico García Lorca, Rubén Darío y muchos más, considerara, admirara y celebrara esa otredad de una manera muy particular.

Aunque el poemario *Ritmos de vida* fue publicado muchos años después del auge del movimiento modernista es necesario señalar los fuertes lazos y los rasgos de este período en el poema en estudio. En cuanto a esta tardía influencia, Rhina Toruño dice refiriéndose a su padre: "[...] Toruño, desde su adolescencia estuvo marcado por el Modernismo de Darío; no solamente sus poemas de los primeros años muestran esa impronta daríana sino otros también

---

[3] Dr. Helmo Roger Toruño, "Juan Felipe Toruño: propulsor de las letras salvadoreñas", *Co Latino* IV:151 (4 de mayo 1996) *Tres mil*, Suplemento Cultural, IV. En adelante referencias a este artículo serán indicadas en el texto como: Helmo Toruño.

[4] Tzvetan Todorov, *The Morals of History*, trans. Alyson Waters (Minneapolis: University of Minnesota Press, 1995) 14; la traducción es mía.

como el poema 'Mensaje a los hombres de América', escrito en 1939" (R. Toruño, *Voces* 27).[5]

"Aquella gitana" consta de 20 estrofas de cuatro versos cada una. Los versos son dodecasílabos, forma muy empleada por los poetas modernistas, con una cesura que los divide en dos hemistiquios con rima consonante ABAB. Esto permitirá la musicalidad a lo largo del poema. La estructura interna presenta elementos mitológicos, paganos, esotéricos; lugares lejanos, históricos, llenos de sensualidad, colorido y musicalidad; un lenguaje impecable, pero sobre todo aparecen tonos graves, inquietud, amargura, que reflejan el sentir y la preocupación ante los acontecimientos históricos. En cuanto al aspecto teosófico de este movimiento literario se ha dicho que:

> El Modernismo es una respuesta a la carencia de sentido trascendente en el ejercicio estético, que es visto por él [Darío] como el instrumento superior para recuperar la perdida noción de "totalidad" entre el mundo y el hombre. Y es aquí donde las formas ocultistas del pensamiento moderno juegan un papel sustantivo.[6]

El título del poema evoca un personaje misterioso clásico: la gitana romantizada, luego sigue un epígrafe que la describe en tiempo imperfecto: "Iba por las calles" (*Ritmos de vida* 16) comparándola con la Esmeralda de Víctor Hugo: "Me recuerda a la heroína del amor en la novela del genio francés, inflexible a los deseos impúdicos del Arcediano de Josas, Claudio Frollo, allá en el París de 1482" (ib).

---

[5] Rhina Toruño, "Juan Felipe Toruño: su vida y su poesía marcadas por Rubén Darío", *Voces*. San Francisco, California. Vol. I, 1999. 27

[6] José Miguel Oviedo, *Historia de la literatura hispanoamericana 2*. Del Romanticismo al Modernismo (Madrid: Alianza Editorial, 2002) 293.

Aunque se menciona a un clásico de la literatura y a un país extranjero, la gitana de este poema está en León de Nicaragua, no en Francia. El hablante lírico no la quiere lejana sino cerca de él como la realidad inmediata en la que vive. Es interesante notar el paralelismo que hay entre estos dos acontecimientos: en la novela de Hugo, el archidiácono Frollo dio órdenes para que los soldados del Rey echaran a los inmigrantes gitanos de la ciudad. De igual forma, el líder nazi ordenó la expulsión masiva de los indeseables de Alemania —muchos de ellos de la raza romana—. Los forzó a una condicón de "impatriados". Entonces, no podemos olvidar dos cosas: primero, la solidaridad del poeta con los seres marginados; y segundo, su visión premonitoria en cuanto a este grupo gitano marginado. Para el autor, como para Víctor Hugo anteriormente, lo indeseado socialmente se convierte en el objeto del deseo: una gitana.

La primera estrofa se convierte en un estribillo que se repetirá al final del poema. El primer verso dice: "Llamábase Rurha la bella gitana", aunque comparada con la legendaria Esmeralda, esta gitana tiene un nombre propio, y aunque su país de origen es Hungría, por el momento vive en León. Los ocho primeros versos son femeninos y la describen en tiempo imperfecto, lo cual nos da la idea del comienzo de un relato.

Las cuatro primeras estrofas del poema forman parte de la primera fase del entendimiento que, según Todorov:

> *[...] consists of assimilating the other to oneself. [...] all the works about which I speak allow only one voice to be heard: my own. [...] The act of perceiving the others does exist, but it only reproduces several copies of the same thing. Knowledge grows quantitatively, not qualitatively. There is only one identity: my own.* (Todorov 14) (consiste en asimilar el otro a uno mismo. [...] de todas las obras de

> las que hablo permiten que se escuche solamente una voz: la mía. [...] El acto de percibir a los otros existe, pero solamente reproduce varias copias de la misma cosa. El conocimiento aumenta cuantitativamente, no cualitativamente. Sólo hay una identidad: la mía.)

El hablante lírico usa símiles y adjetivos favorables para describir a Rurha como vemos en los siguientes versos: "... bella gitana [...] / como una mimada flor de aquellos prados [...] / como una manzana de eterna alegría [...] / pizpireta [...]" (1, 5, 8, 13).

Lo anterior denota belleza, delicadeza, salud, alegría y agudeza, en fin, lo que se espera de una gitana estereotípica. El "Yo" poético se da cuenta de la presencia de Rurha pero la describe basándose en sus propias necesidades: ella existe porque él existe. Nos dice: "Pobre la gitana [...] / con sus pirueteos me alejó el esplín" (vs. 11-12). El adjetivo "pobre" es más de compasión ya que bailaba en las largas noches de invierno. Pero la vio más de una vez ya que se produce un cambio de estaciones en la siguiente estrofa: "Una hermosa tarde la ví pizpireta [...] / y mientras danzaba con su pandereta / en las lentejuelas retozaba el sol" (vs. 13, 15-16). El adjetivo "pizpireta" y la prosopopeya en "retozaba el sol" le dan cierta agilidad y viveza juguetona, necesarias para transmitir el sentido cenestésico de su baile al son de su alegre instrumento musical. La imagen del sol, reflejado en el atuendo de la gitana como consecuencia de los movimientos de ésta, produce en el lector una percepción simultánea en los sentidos.

Esta interacción por parte del sujeto del deseo y el "Yo" poético, se ve reflejada especialmente en los versos 9 al 16. Estos versos son masculinos (agudos) y femeninos (llanos) y se intercalan para reflejar mejor la acción entre ellos dos (Barnstone 25).[7] Él

---

[7] Willis Barnstone, *Spanish Poetry* (London: Oxford University Press, 1970) 25.

forma parte de la historia; él vio a la gitana bailando y ésta, con su talento y alegría, le quitó esa melancolía que produce el tedio. La palabra "marginados" se aprecia por primera vez en el verso 7, en el cual, también se debe notar la aliteración de la consonante fuerte "r", "reinando en el reino de los impatriados", colaborando a darle una imagen solemne y poderosa. Este verso presenta un oxímoron: Rurha es la reina de los desterrados, pobres e indeseados, pero es reina. El hablante lírico cambia la condición marginal de la gitana por una de nobleza y de poderío compensando de esta forma las limitaciones de la historia. Hasta este punto, el lector tiene mucha información sobre Rurha. El "Yo" poético nos presenta una visión del acontecer de la gitana y ésta está narrada solamente a través de una voz: la del hablante lírico.

La segunda etapa de este conocimiento es a partir del verso 17 al 44, siete estrofas dedicadas en su totalidad a Rurha. Este hecho no es sorprendente puesto que:

> *The second phase of understanding consists of effacing the self for the other's benefit. [...] I learn about their past and present, I accustom myself to perceiving the world through their eyes, [...] I pat myself on the back for making the writer I am reading speak [...] as if he were speaking himself. [...] Here again, there is only one identity; but it is the other's*. (Todorov 14) (La segunda fase de entendimiento consiste en borrarse uno mismo por el beneficio del otro. [...] Aprendo sobre su pasado y presente, me acostumbro a percibir el mundo a través de sus ojos, [...] me felicito por lograr que el escritor que leo hable [...] como si hablara él mismo. [...] Aquí otra vez, hay una sola identidad, pero es la del otro.)

De los 28 versos, 24 son femeninos. El hablante lírico se

convierte en un ser omnisciente. No sólo nos dice de la belleza, la generosidad, la bondad y la compasión de la gitana sino que también nos informa de su triste vida, de las injusticias a las que está sujeta por su condición marginal y, sobre todo, de sus penas de amor más hondas. Él sabe todo lo que pasa en la vida de Rurha, especialmente en su interior y para dar más credibilidad al relato le cede la oportunidad a ésta para que ella misma lo cuente. Entre los versos 19 y 20 se aprecia el uso de tres figuras literarias: el paralelismo que se logra con la repetición del adverbio "tanto" para intensificar su sufrimiento, la metonimia y la antítesis que juntas logran su cometido de comunicarnos las causas y efectos de su comportamiento y a su vez despiertan sentimientos de compasión hacia ella. Lamenta que "sólo un amor tuve, pasión de mis venas / y como en un tiempo lloré tanto, tanto / por eso es que ahora río de mis penas" (vs. 18-20). Recibimos esta información de primera mano. De hecho, la misma gitana se dirige al lector directamente sin intermediarios. Luego, a partir del verso 24, el "Yo" poético regresa al poema pero sólo para hacer eco a la voz de Rurha:

> Compasivamente daba sus dineros
> pues ella era de patria mendiga
> de todos los países conoció los cielos. [...]
> en la ciudad era la dulce gitana [...].
> Quizás envolviendo torvos sufrimientos [...]
> mordiendo la amarga fruta de tormentos
> en cambio de lloros cantaba y reía. (vs. 24-26, 29, 37, 39-40)

El verso 25 hace la segunda alusión a su condición de desarraigo. El uso de la metáfora "una patria mendiga" implica una tierra que ruega, que pide. Es la segunda alusión que se hace a su desventaja social. El verso 26, por su parte, hace uso de la hipérbole para dejarnos sentir de una manera exagerada su condición errante por todo el mundo. Entre los versos 27 y 36 hay una serie de epítetos como: "lozana y noble doncella", "ricos señores", "regia princesa", de un cuento oriental que acentuarán el carácter de este idílico y bello personaje produciendo un efecto de estilo muy característico del Modernismo.

También en los mismos versos encontramos las primeras alusiones mitológicas y religiosas cristianas. Metáforas insinuantes convierten a la gitana en "el auriga" que conducía su coche por los diversos suelos. Si bien esta palabra quiere decir cochera, si se entiende como un sustantivo, también significa la constelación boreal situada entre Géminis y Perseo. Rurha se transforma a través de sus bailes sensuales en la "Salomé" bíblica: ¿Qué pedirá ella en recompensa por sus danzas? Es "driada" [*sic*] de los campos que, según la mitología griega, era la ninfa de los bosques, cuya vida duraba lo que la del árbol al que se suponía unida. Esto se presenta como un presagio que se develará más adelante. La antítesis se vuelve a presentar entre los versos 37 al 40 cuando nos dice que cambia una vida de "torvos sufrimientos" por una de "vana algazara" y que a pesar de seguir "mordiendo la amarga fruta de tormentos / en cambio de lloros cantaba y reía". La metáfora referente a la "amarga fruta de tormentos" trae resonancias de las consecuencias de la desobediencia en el Jardín de Edén. Pese a su condición de paria no ha variado en lo absoluto, Rurha —en un par de estrofas— ha hecho un viaje mágico a través de la historia de los siglos. Esta travesía la transporta definitivamente a un plano más privilegiado.

Los tiempos verbales se intercalan entre el pretérito y el imperfecto siendo éste último el más usado. Todavía el lector tiene la sensación de que se le está contando un cuento. El "Yo" poético se ha empapado de la vida de Rurha; él ya no existe para no opacar la grandeza de la gitana. De hecho, es como si ella estuviera contando su propia historia.

Respecto a la tercera fase de conocimiento, Todorov menciona:

> *I resume my own identity, but after having done everything possible to know the other. My exotopy (temporal, spatial, or cultural exteriority) is no longer a curse; it is, on the contrary, what produces new knowledge, now in a qualitative rather than quantitative sense. [...] I do not claim to make others speak, but rather, to establish a dialogue between myself and them [...]. Duality (multiplicity) replaces unity; the "I" remains distinct from the other.* (Todorov 14-15) (Yo reasumo mi propia identidad, pero después de haber hecho todo lo posible para conocer al otro. Mi exotopía (exterioridad temporal, espacial o cultural) ya no es una maldición; al contrario, es lo que produce nuevo conocimiento, ahora en un sentido cualitativo en lugar de cuantitativo. [...] No alego hacer hablar a los otros, sino establecer un diálogo entre ellos y yo [...]. La dualidad (multiplicidad) reemplaza la unidad; el "Yo" sigue siendo distinto del otro.)

En esta fase hay seis estrofas, incluidos los versos 45 al 68. Aquí se producirán las tres únicas exclamaciones encontradas en todo el poema, éstas le darán un tono solemne y lo llenarán de una carga emotiva. La voz poética comienza con una frase llena de compasión y de impotencia ante lo que es evidente y ya no tiene solución: la muerte: "¡Pobre la gitana! / [...] / ¡Tropel de caballos! / [...] / ¡Y después fue el llanto!" (vs. 45, 53, 65). Después de muerta hay un funeral a la usanza gitana y es sepultada, pero a diferencia de Esmeralda, quien fue tirada en una fosa común, Rurha es llevada "hacia el Campo Santo" (v. 55). Las dos primeras estrofas de esta parte tienen versos femeninos y masculinos alternados, reflejando así la idea de la dualidad y el diálogo a los que Todorov se refiere. El hablante lírico ya no habla de sí mismo ni de la bella gitana. Tampoco se presenta como un "Yo" poético omnisciente sino al contrario; ahora estamos frente a una voz limitada que no entiende ni sabe pero se considera diferente al sujeto del poema y esa diferencia le da más credibilidad. El tiempo verbal continúa mayormente en imperfecto, con exepción de los versos que bregan directamente con su muerte, facilitando de esta manera el progreso de la narración:

> [...] Un día de tantos
> muerta la encontraron [...]
> la envidiosa muerte le paró sus cantos. [...]
> Los turbios errantes no supieron nada
> de sus padeceres ni de que murió [...].
> Quizás con afanes de esotra jornada
> que no es de este mundo, hacia ella marchó [...]. (vs. 45-47, 49-52)

Encontramos prosopopeyas como: "envidiosa muerte" y "la hora más cruel y torturante" que nos transmiten el sentido de injusticia y dolor causado por su súbita pérdida. Los sustantivos y adjetivos son tremendistas. La muerte de Rurha es un misterio que nadie, ni los errantes gitanos, ni el hablante lírico mismo lo puede entender. Él, que lo sabía todo en la fase anterior, ahora acepta sus dudas y lo afirma con un honesto: "Quizás". El tono ha cambiado; la voz poética se limita en estos versos a narrar lo sucedido. Acepta que, a pesar de conocer mucho sobre la gitana, él no forma parte de ella ni de su gente, ni mucho menos pretende entender todo lo relacionado con las costumbres de los gitanos:

> [...] iba bulliciosa la gitanería

Bermejos pañuelos, trajes de colores,
rojos, amarillos y flordelotados:
sobre un tosco lecho de exóticas flores
iba la princesa de los impatriados.
Y música y endiablados sones [...]. Cuando la enterraban
vino y pan pusieron en su fosa, tales
cosas de macabro rezo acompañaban. (vs. 56-64)

La reticencia [...] presente en los versos 50, 52 y 62 enfatiza la confusión en la que el hablante lírico se encuentra, si se entiende por este término: "Figura que consiste en dejar incompleta una frase, dando, sin embargo, a entender el sentido de lo que se calla".[8] Así lo explica Todorov cuando afirma que: "*This does not contradict the effort to know things as they really are, but rather complements it*" (Todorov 15). (Esto no contradice el esfuerzo de conocer las cosas como realmente son, sino que lo complementa.). Tal vez esto también sea otro reflejo de la incertidumbre de la época cuando Toruño escribió "Aquella gitana". El poeta dice más con lo que deja a medias, como si estuviera en complicidad con el lector obligándolo a completar la frase. Vemos entonces que el diálogo del que habla Todorov no se da solamente entre el hablante lírico y "los otros", sino también entre el autor y el lector.

Los elementos modernistas como el color, la musicalidad, la alusión a flores exóticas, títulos nobiliarios, lo esotérico, lo oculto y lo macabro son notables en estas estrofas. La voz poética no nos puede decir cual fue el motivo de la muerte pero la hipotetiza en los versos 51 y 52 con la idea de que tal vez fue la misma gitana la que anheló su propia muerte. Deja que el lector intuya la clase de música que se toca en el funeral. En la última estrofa, el hablante lírico pasa

[8] *Diccionario actual de la lengua española* (Illinois: NTC Publishing Group, 1996) 1390.

a narrar cómo los gitanos cambian de la alegría al dolor expresado a través de las lágrimas: "¡Y después fue el llanto! Por la calle plena / de sol y de viento sólo se veía / grupo de caballos rumiando su pena / tornaba llorosa la gitanería" (vs. 65-68).

En los versos anteriores se funden los cuatro elementos cósmicos: el agua representada en el llanto, la calle es la tierra, el sol es el fuego y el viento es sí mismo. La crítica del poeta ante las injusticias de esos tiempos se siente cuando mediante una sinestesia en el verso 67 dice que hasta los animales estaban "rumiando" el dolor. Este verbo transitivo consiste en masticar por segunda vez. Con el uso de este verbo, Toruño logra crear un paralelismo entre el dolor —casi repulsivo— en el poema y la pena que producían las atrocidades de la época. Si los animales pagan sus respetos por la pérdida de Rurha, ¿Cuánto más no estará el ser humano obligado a sentir por el sufrimiento de su prójimo?

El hablante lírico en estos versos no se considera parte del grupo pero acepta sus diferencias y las de "los otros" como una ganancia. También, deja entrever que de la misma manera en que los diversos elementos se unen naturalmente al final de la vida de Rurha, es posible una armonía entre los seres humanos partiendo de la "multiplicidad" de sus razas, credos, costumbres y nacionalidades. La muerte y el dolor son "categorías" de la psiquis humana percibidas de forma diferente entre los unos y los otros que dan universalidad al ser humano.

Regresando a Todorov, en la cuarta y última fase afirma que:

> *Knowledge of others depends on my own identity. But this knowledgeof the other in turn determines my knowledge of myself. [...] it has become a space of possible understanding between the other and myself. By interacting with the other, my categories have become transformed in such a*

> *way that they speak for both of us and —why not?— for third parties also.* (Todorov 15) (El conocimiento de los otros depende de mi propia identidad. Pero este conocimiento del otro a su vez determina el conocimiento de mí mismo. [...] se ha vuelto un lugar de posible entendimiento entre el otro y yo mismo. Al relacionarse con el otro, mis categorías se han transformado de tal forma que hablan por nosotros dos y —por qué no?— por los otros interesados también.)

En las últimas tres estrofas que quedan del poema se presentan algunas variaciones en cuanto al tiempo de los verbos: "No más en la plaza la bella gitana / verasé arrastrando la absurda alegría / de los corazones. Se marchó la hermosa / flor de las lejanas praderas de Hungría" (vs. 69-72).

Por primera vez, en todo el poema, se usa el tiempo futuro para expresar que, si bien Rurha está muerta, es precisamente en la muerte donde encontró la libertad. Ya no "arrastrará", como si se tratara de una carga muy pesada, las cadenas de una esclavizante felicidad fingida. Los versos del 73 al 76 están en tiempo presente y hablan de la pérdida y del vacío que la muerte de la gitana ha dejado en la vida de los demás: "Y en noche de invierno cuentan los gitanos / [...] / se oyen tristes cantos, e imposibles manos / tocan apasible son de mandolín [...]" (vs. 73-76). Ya no hay quien les aleje el "esplín" con sus "pirueteos". El poema comienza a dar un giro hacia atrás; hay un eco de frases mencionadas en la segunda y tercera estrofa del poema, pero en esta ocasión el invierno enfría el cuerpo de los gitanos de la misma forma que la muerte de Rurha lo hace con sus almas. Los cantos son de congoja y no de alegría. La última estrofa es casi idéntica a la primera del poema. La diferencia reside en un verbo que ahora está en pretérito: "Y llamóse [*sic*]

Rurha la bella gitana / que cual Esmeralda de Hugo tenía, / en vez del exiguo zapato de lana, / tatuada una extraña sílaba de Hungría" (77-80).

El primer verso usa el imperfecto "llamose". Pareciera que todo vuelve al comienzo y, de cierta manera, se trata de una estructura circular en cuanto a la forma, mas no así al contenido. Este pequeño pero estratégico cambio verbal denota un desarrollo emocional por parte del hablante lírico. Al comienzo, éste está dispuesto a contarnos una historia y aunque conoce el desenlace de tal relato nos presenta una descripción llena de adjetivos que denotan vida, alegría, movimiento, jocosidad, calor y hasta cierto toque de esperanza. Por el contrario, en la última estrofa nos vemos frente a un "Yo" poético que parece ser otro. El uso del verbo en pretérito implica el fin de una acción. Rurha, tal como la Esmeralda de Hugo, se fue para no volver.

Si aplicamos las ideas de Todorov a estas tres estrofas finales, diríamos que en este caso, el hablante lírico "sale" de sí mismo pero en una forma totalmente diferente. La antepenúltima estrofa consta de versos femeninos, la penúltima, de versos intercalados —femeninos y masculinos— y la última, de versos femeninos nuevamente. No solamente los tiempos verbales se intercalan —futuro, presente y pretérito— sino también el género de los versos. Mediante esta interacción se produce un entendimiento entre la gitana "la otra" y "él mismo", las "categorías" se han transformado a tal punto que éstas ahora hablan por él, por Rurha representando la marginalidad y, ¿por qué no?, también por Toruño. Conocido es el hecho que el poeta se enlistó en el ejército de los liberales contra los conservadores (1912) y que: "Después de meses retornó a León, sin zapatos y en harapos; ya que los había destruído en el viaje" (Helmo Toruño 4).

Hasta cierto punto, estas frases parecieran conflictivas entre sí; sin embargo, Todorov las entiende como un proceso sucesivo dentro de un solo acto. A veces esto puede implicar un retroceso al pasado con tal de lograr un ideal fijo. Uno puede comunicarse y entenderse de un ser a otro, de una cultura a otra (Todorov 16). En el poema "Aquella gitana", Toruño regresa al pasado, al París de *Notre Dame (Nuestra Señora)*, pero no con un afán escapista sino para recuperar —a través de Rurha la gitana— la belleza, la admiración, la injusticia y el mismo sentido de la vida al borde de la marginalidad captado por Víctor Hugo y otros grandes poetas clásicos anteriores a él. Nelson señala al respecto: "Toruño tiene fuertes enlaces con los modernistas, pero no retrocede ni se esconde en un mundo escapista. Se mantiene en contacto con las raíces y los procesos históricos a la vez que está consciente de las transiciones del mundo moderno".[9]

La publicación de su poemario *Ritmos de vida* en 1924, en el cual se encuentra "Aquella gitana", predice un devastador hecho en la historia del mundo. Debido a su labor periodística de aquel entonces resulta difícil creer que no hubo una consciente intención, por parte de Toruño, de reivindicar la penosa marginalidad a la que los gitanos estaban sujetos. Para contrarrestar el horror de la época, el poeta recurre a elementos modernistas. El lenguaje del poema es hiperculto, salpicado de algunos extranjerismos como el sustantivo "esplín". El principio estructurante es el hipérbaton. De las 20 estrofas, no está ausente sino sólo en dos de ellas. Esta figura literaria fue usada anteriormente por Góngora, Sor Juana y Darío, entre otros. Al alterar el orden regular de las palabras hace más complejo el entendimiento del poema. Pareciera contradictorio que el hablante lírico haga uso de este lenguaje para contar la historia de una gitana marginal, pero es sólo una técnica para engrandecerla y

---

[9] Ardis Nelson, "Juan Felipe Toruño y el Modernismo: Lo histórico en *La mariposa negra*", V Congreso de Historia: Mesa Redonda sobre Juan Felipe Toruño, (San Salvador 18-21 julio 2000) 12.

darle la distinción que le han negado a ella —y por consiguiente a los suyos— a través de la historia.

Otra figura literaria constante a través del poema es el encabalgamiento, éste, junto con los paralelismos y las anáforas (la repetición de la "Y" al comienzo de las últimas estrofas) crean una repetición armoniosa que favorece el fenómeno cenestésico que se requiere para captar la esencia del canto y del baile que llegan al lector a través de los versos. Todos estos elementos se fusionan de una manera natural para darnos la idea de un movimiento constante en el poema.

Oviedo dice que "el Modernismo planteaba un 'renacimiento', un ciclo nuevo vital tras la presente crisis del espíritu; había una red de secretas comunicaciones entre este mundo y el otro, entre los hombres de diversos tiempos, que apuntaban a la fusión de la totalidad cósmica" (Oviedo 294). Hay siglos que separan a Rurha, de León, y a Esmeralda, de París; pero aparte de la belleza física, ambas comparten un común denominador: pagar con la vida el ser marginal, impatriado, diferente a lo esperado. En "Aquella gitana", Toruño plasma positivamente y reivindica —tal como lo hiciera Víctor Hugo anteriormente con Esmeralda— aquella "otredad" llenando de belleza, color, musicalidad, majestuosidad, elegancia y, sobre todo, de heroicidad, a un personaje históricamente marginado: el gitano.

Poesía contestaria y estética modernista de Rubén Darío en poesías de Juan Felipe Toruño

por Rhina Toruño-Haensly

Es interesante constatar cómo los hechos históricos continúan inspirando la creación literaria; leyendo la vida de Rubén Darío, me doy cuenta de cómo la guerra hispanoamericana de 1898 conmovió profundamente a Rubén Darío. En sus artículos de *El tiempo* censuró a los Estados Unidos: "No, no puedo, no quiero estar de parte de esos búfalos de dientes de plata. Son enemigos míos, son los aborrecedores de la sangre latina".[1]

Algunos años después, Darío hizo referencia a la política anti-yanqui en el prólogo de su poemario *Cantos de vida y esperanza* (1905): "Si en estos cantos hay política, es porque aparece universal. Y si encontráis versos a un presidente es porque son un clamor continental. Mañana podremos ser yanquis (y es lo más probable); de todas maneras, mi protesta queda escrita sobre las alas de los inmaculados cisnes, tan ilustres como Júpiter" (*Darío: Poesía* 248). El poema al que se refiere es "A Roosevelt", fue publicado siete años después de la guerra entre España y los Estados Unidos, en que el país norteamericano tomó posesión de Cuba y de Puerto Rico. A raíz de lo anterior, los latinoamericanos consideraron a los Estados Unidos como un invasor que se quería apoderar de todo el continente americano. De ese temor surgió un sentimiento anti-yanqui. Los poetas preocupados por los destinos de sus naciones, con los pies y

---

[1] Ernesto Mejía Sánchez, *Rubén Darío: Poesía* (Caracas: Ayacucho, 1977) 526. Prólogo: Ángel Rama, cronología: Julio Valle-Castillo. En adelante cuando me refiera a este libro diré: *Darío: Poesía.*

el corazón en su terruño, expresaron su temor ante una posible invasión a sus países. Rubén Darío en su poema "A Roosevelt" simbolizó al país en la persona de su presidente, en una forma metonímica: "Eres los Estados Unidos, / eres el futuro invasor / de la América ingenua que tiene sangre indígena, / que aún reza a Jesucristo y aún habla en español" (*Darío: Poesía*, versos 5-8, 255).

El temor de Darío de que los Estados Unidos invadiera cualquier país de América Latina se cristalizó en su país natal, Nicaragua, y esto sucedió en 1910, seis años antes de que muriese el fundador del Modernismo Hispanoamericano. Fue a raíz del estallido en la Costa Atlántica por la revolución conservadora (1909), acaudillada por el general Juan José Estrada, quien derrocó a José Santos Zelaya,[2] quien dejó la presidencia. Después por elección popular sucedió a Zelaya el Dr. José Madriz (*Darío: Poesía* 543), bajo cuyo régimen, de nuevo en la Costa Atlántica, triunfó la revolución conservadora (apoyada por los Estados Unidos).

Al caer el Dr. José Madriz, Juan José Estrada asumió la presidencia. En seguida intervino los Estados Unidos bajo los Pactos Dawson, "con el pretexto de prevenir el bombardeo de Bluefields y de proteger la vida y los bienes de los norteamericanos" (*Darío: Poesía* 545). En 1912, de nuevo la nación de los Estados Unidos invadió militarmente a Nicaragua, "con ocupación permanente y administración de las aduanas, el ferrocarril y la banca, hasta 1925. Estrada reconoce ante el *New York Times* haber recibido un millón de dólares para el alzamiento contra Zelaya, por parte de compañías norteamericanas" (*Darío: Poesía* 547).

Juan Felipe Toruño, por su respeto a la soberanía de los pueblos, y especialmente de su país, reaccionó en forma muy tajante

---

[2] General José Santos Zelaya fue un presidente liberal de origen leonés. Fue reelecto cuatro veces y en 1907 negó la autorización para la construcción de la base naval norteamericana en el golfo de Fonseca.

contra la invasión a su país natal. Primero se opuso a aprender la lengua inglesa, decisión que posteriormente lamentó; pero aprendió las lenguas francesa y portuguesa. Segundo, aún siendo adolescente se alistó en el ejército para defender el gobierno constitucional de Madriz, quien no gozó del apoyo de los Estados Unidos y fue derrocado. En su novela *El silencio* (1938)[3] recrea a Evaristo Meneses, abuelo del héroe Oscar Cruz, quien huye a esconderse por haber participado "en el atentado para asesinar al Presidente de la Republica" (*El silencio* 20). En la misma novela posteriormente se dice: "... se llevaría a cabo el asesinato cuando el general [José Santos] Zelaya asistiera a una entrevista con el primer magistrado de un país vecino, en la frontera" (23). El nombre del personaje es ficticio pero ese hecho corresponde a la historia de Nicaragua, pues existió ese atentado contra el presidente Zelaya.

Así como la guerra de 1898 en España inspiró algunas poesías de Rubén Darío; en forma similar, la ocupación norteamericana en Nicaragua motivó la poesía de Juan Felipe Toruño, quien escribió el soneto "Las XI de la mañana", el cual forma parte del poema "Horario Sentimental" donde desfilan todas las horas del día. Éste se encuentra en el poemario *Senderos espirituales* (1922) en cuya introducción Toruño expone que él tejió el poema bajo el influjo de la vieja ciudad y mientras escribía "un grupo de soldados yanquis atraviesa frente la puerta de mi cuarto".[4] El poema es un soneto que grita el coraje, la protesta del pueblo que vivía bajo una intervención extranjera como era la norteamericana desde 1910 hasta 1925. El verso del primer terceto se refiere a esa ocupación cuando dice: "Y un soldado yanqui vestido de pus pasa".

---

[3] *El silencio* (San Salvador: Editorial Arévalo, 1935). Obtuvo el primer premio en el concurso del Libro Americano celebrado en Matanzas, Cuba en 1938.

[4] Juan Felipe Toruño, *Senderos espirituales* (León, Nicaragua: Tipografía La Prensa, 1922); "Horario Sentimental", 9; "Las XI de la Mañana", 28.

Posteriormente en su libro *Poesía y poetas de América*,[5] Toruño explicó cómo en el uso del color "pus", él quiso expresar la ignominia, la repugnancia, que se sentía al ver al extranjero ocupando su ciudad: "En vez de decir vestido de kaki dije de pus. Y de pus, precisamente, porque el pus es repugnante y en aquella época de la penetración marinera estadounidense, el soldado de la ocupación repugnaba" (273).

Considero que el hecho de contemplar a su país humillado bajo la ocupación norteamericana motivó la redacción de ese soneto más que la influencia del poema "A Roosevelt", de Darío.

Paso a continuación a mostrar la influencia de la estética modernista daríana en la poética de Toruño. Darío murió en 1916 en León, Nicaragua. En esa misma ciudad nació Toruño, el primero de mayo de 1898. Él asistió a los funerales de Darío. Ya para ese entonces, Toruño estaba marcado por la estética modernista, tanto de los primeros poemas daríanos como por los últimos de *Cantos de vida y esperanza* (1905). Toruño comenzó a escribir poesía muy joven, pero no se ha conservado nada de ella; posiblemente se deba a que abandonó Nicaragua en 1923. Su dedicación a las letras no se registra hasta abril de 1918 cuando se inició en el periodismo en el *Eco Nacional*, al publicar algunos artículos y noticias.[6] De acuerdo al Dr. Jorge Eduardo Arrellano en su libro *Literatura Nicaragüense*, los jóvenes post-modernistas se agrupaban en torno a ese diario:

Varios trabajaban en su redacción acogidos por el

---

[5] *Poesía y poetas de América: Trayecto en ámbitos, fisonomías y posiciones* (San Salvador: Imprenta Funes, 1945) 273.

[6] José Jirón Terán, poeta compatriota y amigo personal de Toruño, es un distinguido dariísta, reconocido mundialmente, que ha hecho una labor encomiable de organizar una biblioteca de literatura nicaragüense en su ciudad de origen, León. Él entrevistó a Toruño, quien le proporcionó muchos datos biográficos y con ellos redactó el mejor estudio que hasta la fecha se tiene sobre la vida y obra de Toruño. "Juan Felipe Toruño en sus cincuenta años de periodismo y actividades literarias: 1918-1968" (León, Nicaragua: Biblioteca "José Jirón", 1994) 3. Es un texto de 119 páginas, mecanografiado por José Jirón Terán y revisado por Juan Felipe Toruño.

eminente escritor Mariano Barreto, quien había comprado el diario a su fundador: José Constantino González. Y de todos ellos, Juan Felipe Toruño (1898-1980), poseía una envidiable disciplina intelectual; por eso el año siguiente recibía la dirección del diario y fundaba la revista *Darío*. El título de este órgano reveló la vinculación modernista de esos muchachos que sumaron veintidós según el mismo Toruño.[7]

El primer poemario de Toruño, *Senderos espirituales* (1922), lo escribió bajo la influencia de Darío. En el preámbulo titulado "Al tropezar" dice:

> El primer libro: más que todo encontraréis sinceridad en esta obra. He querido adaptarme al concepto de Darío: "Ser sincero es ser potente". Mis versos van desnudos en los parajes de la poesía contemporánea: árboles silenciosos y pensativos que se enfilan en las sendas espirituales. Minas interiores: oro y azul de una intención única, me indican por donde [*sic*] volar debe mi psiquis... El hombre me ha enseñado mucho: libro abierto en el que he aprendido el sistema del equilibrio material. Lo demás ha venido en mí... La armonía de lo visible me subyuga, la armonía de lo invisible me atrae. Y, con esa fiebre de misterio, he sabido leer, en el intrincado alfabeto del espacio, el lumínico silencio de las estrellas.

La influencia de Rubén Darío y del Modernismo es innegable en Nicaragua, en España, en México y, en general, en toda la América Latina, como bien señaló el famoso escritor argentino

---

[7] Jorge Eduardo Arellano, Literatura nicaragüense (Managua: Distribuidora Cultural, 1997) 53.

Jorge Luis Borges quien argumenta que todos los poetas en América Latina, incluso él, comienzan bajo la influencia de Darío. Así, Toruño: "Como poeta, surge modernista y luego se esfuerza por asimilar sustancias vanguardistas".[8] Toruño después se independiza, al igual que Neruda, Borges, Octavio Paz y otros grandes poetas de su tiempo. Se convierte en poeta vanguardista, romántico, místico, metafísico y cósmico.

El poema "Mensaje a los hombres de América" (1939) presenta características modernistas y vanguardistas por varias razones: fue escrito en versos libres, hay experimentación del lenguaje, hay referencias a la mitología clásica, y muestra la pureza del lenguaje, la sonoridad, la sensualidad, la rima y la musicalidad.[9] Es un poema cósmico porque se refiere a todo el universo. Mejor dicho "indigenista-cósmico" dado que se refiere en gran parte y con rasgos positivos a nuestros antepasados, nuestros caciques indios. En el poema hay alusiones a los caciques desde el Valle del Anáhuac hasta los del Cono Sur y continúa con los elementos vitales del universo: el agua, el aire, el fuego y la tierra, citados por primera vez por los pre-socráticos. Hay en este poema una referencia universal, la cual no es sólo a nivel geográfico, sino también a nivel cultural, espiritual, esotérico y místico, cuando dice: "¡A vosotros hablo constituidos en guión que se extiende entre la cultura de hoy y la cultura del mañana!" (vs. 13-14).

El poema también expresa la unión conflictiva del hombre con su entorno y con su terruño cuando el yo poético pide a los hombres que miren, que piensen, que escuchen los gritos angustiosos

---

[8] David Escobar Galindo, *Índice antológico de la poesía salvadoreña*, 2.ª ed. (San Salvador: UCA Editores, 1987) 306-7.

[9] "Mensaje a los hombres de América", *Hacia el Sol* (San Salvador: Imprenta Funes, 1940) 43-46. También se reproduce en *Raíz y sombra del futuro* (San Salvador: Imprenta Funes, 1944) 37-39.

de su "madre tierra". Es importante mencionar que Toruño consideró que, para los nicaragüenses, siempre está presente la "madre tierra" en su lírica o narrativa. La dedicatoria de *Senderos espirituales* apunta: "A los que conmigo van a la sagrada selva". También hay que recordar que a la edad de 13 años, Toruño pernoctó en la selva nicaragüense por seis meses. Ya adulto ingresó a la francmasonería donde se acostumbra a disciplinar al espíritu, dominar al cuerpo y aprender a escuchar los sonidos de la madre naturaleza como también a interpretar sus signos y símbolos.

"Mensaje a los hombres de América" es un mensaje, un llamado patriótico a todos los americanos, sean del norte, centro o sur del continente americano.

La estructura externa del poema presenta 82 versos en estilo libre, agrupados en cinco estrofas y tres pares de versos dísticos. En cuanto a la estructura interna, vemos que los primeros 29 versos describen el mundo en forma caótica, lleno de violencia, odio y muerte de "caínes modernos". El hablante lírico llama a esta situación desesperante de "tremendo bestial cataclismo" (v. 9):

> El mundo entre ígneas tormentas envenénase.
> Estalla en famélicas [*sic*] odios
> Caínes modernos. Brutos sanguinarios, asesinan, traicionar. [*sic*]
> No fulgen auroras de redención ni de paz.
> Tempestuosas pasiones trituran los dorsos del globo.
> Millones de arpías destrozan alturas excelsas.
> Perece la armonía. ¡Y no hay comprensión!
> ¡Y no hay conciliación! ¡Y ha muerto el Amor!
> Ante este tremendo bestial cataclismo, ¿qué hacemos?
> ¿Qué hacemos los hombres habiendo ideales lumínicos
> conciencia de espíritu, miel en el alma
> y fuegos angélicos en el corazón? (vs. 1-12)

Esta primera estrofa es un oxímoron dado que une dos opuestos: "Los caínes modernos (v. 3) y los hombres con fuegos angélicos en el corazón" (v. 12). En ese entonces, la madre patria estaba sangrando bajo la guerra fascista, llamada: Guerra Civil Española. Dos años antes, los poetas vanguardistas latinoamericanos de tendencia izquierdista acudieron a España para protestar contra el fascismo, entre ellos estaban Pablo Neruda; César Vallejo, con su poema "España, aparta de mí este cáliz"; y Octavio Paz, con su poema "No pasarán". Se estaba iniciando la Segunda Guerra Mundial. El Salvador (donde vivía Toruño) estaba bajo una dictadura opresora como era la del general Maximiliano Hernández Martínez (1931-1944). Toruño había vivido en carne propia la invasión norteamericana en su país natal y temía una nueva invasión en Centroamérica. Por lo tanto, a través de la lírica pide a los hombres, pero a aquéllos que puedan reflexionar en medio de una guerra, que hagan algo para impedir la destrucción del ente humano.

El tono es mesiánico y apocalíptico, con implícitas referencias a los cuatro caballos del Apocalipsis (Apocalipsis: Capítulo 6:1-9). En los versos a continuación, sentimos que es la voz del trueno la que habla, la del profeta-poeta que denuncia el desasosiego que hay entre los humanos:

> ¡Vivimos la hora repugnada que desoye la voz del
> [¡criterio...!]
> La razón del sistema infernal, la lógica de la dinamita,
> El argumento omnímodo de la destrucción y de la matanza,
> imponen sus materiales exterminadores. (vs. 26-29)

El yo poético está pidiendo a todos los Hombres de América, en mayúscula y en tono imperativo, que escuchen, que actúen para eliminar las guerras, los odios, el hambre, la muerte entre los americanos, y que construyan un mundo unido, de amor y de paz.

Después de estos 29 versos hay un cambio drástico a nivel del contenido y de la forma. A partir del verso 30, el pronombre personal “vosotros” se cambia por “nosotros”. El mensaje sigue dirigiéndose a los hombres de América pero, a partir de este verso, la responsabilidad es compartida: somos todos nosotros los hombres de América. Pero, ¿quiénes somos los hombres de América? La respuesta se encuentra en un tono metafísico:

> Nosotros, los hombres de América,
> los que vimos pasar con su bosque de flechas a Manco
> [Capac,]
> y cargando simbólico tronco de árbol a Caupolicán,
> y sufrir y luchar a Lempira y a Urraca,
> a Tecúm Umán, a Atlacalt y a Nicarao Cali.
> [...]
> los que somos hermanos por carne y espíritu
> los que tenemos visión de lo que es y será nuestra América
> responsabilicémonos.
> Aportemos la idea y el alma y la lealtad en la tarea magna:
> COMPRENDAMOS. (vs. 29-33, 41-45)

Al decir el hablante lírico, “Nosotros los hombres de América” se refiere al hombre como especie, no como individuo; por lo tanto, el tiempo cronológico está en suspenso. El verbo es usado en presente perfecto, implicando que los latinoamericanos del siglo XXI hemos visto pasar ante nuestros ojos más de quinientos años de historia de guerras y odios contra nuestros antepasados. El hablante lírico alude a la época precolombina y al momento de la conquista de América por los españoles, al mencionar a los diferentes caciques.

El llamado a los hombres de América no es para todos los americanos desde Alaska hasta el Cabo de Hornos, sino para los que cumplan con los requisitos de ser "hermanos de carne y de espíritu", o sea, los amerindios o latinoamericanos: mestizos, indios, negros y blancos. Para los otros, los requisitos son los de tener la visión, el ansia, el coraje de querer convertir la América india en la América líder, la que posee valores éticos y culturales que orgullosamente vienen desde sus antepasados luchadores y gloriosos.

Este poema es también un canto de alabanza a las grandezas de la América Precolombina y una invitación al compromiso, dado que en ese entonces había guerra en Europa. Primero estalló en 1936 con la Guerra Civil Española y después se extendió por toda Europa: "La América habrá de fijar su cultura perfecta, / imprescindible, universal. / La América nueva que viene creciendo en los siglos!" (vs. 46-48).

El hablante lírico se refiere a una América que sigue creciendo desde hace 25 siglos. Es polisémico el término "nueva". El primer significado se encuentra en los versos 53-55 donde el hablante lírico comenta que: "Habló con el fuego, el agua y el viento", sugiriendo que la América nueva tiene en su ontogénesis, la civilización occidental. El fuego, el agua y el viento constituyen una referencia a los elementos vitales discutidos por los pre-socráticos de la Escuela Jónica en el siglo V antes de Jesucristo, cuando se preguntaban de dónde viene la vida. Tales de Mileto respondía que viene del agua, dado que él vivía en la Isla de Mileto, rodeado de agua; además reflexionaba que el animal y el hombre se gestan por medio del semen, el cual es líquido. También el agua, afirmaban los pre-socráticos, constituye el elemento vital en los vegetales, lo cual lo comprobaban cuando al triturar una hoja les quedaban húmedos los dedos. Anaxímenes, también de Mileto, respondía que el origen de todo estaba en el aire. Esta idea, modificada, fue apropiada por las religiones cristianas al explicar que Dios engendró la vida en el hombre a través del soplo divino, que en resumidas cuentas es el aire.

Juan Felipe Toruño, poseedor del conocimiento de las culturas clásicas, orientales y esotéricas, compara el origen de la América indígena con aquellos tiempos inmemoriales en los cuales los pensadores de las Escuelas Jónicas buscaban el origen de la vida y de las cosas.

Un sentido de la "América nueva" es la fusión de razas que se efectuó cuando la princesa Malitzin (Malinche) fue obsequiada juntamente con otras diez vírgenes al invasor español Hernán Cortés y él se acostó con ella. De esa unión nació el primer mestizo, Martín. Otro significado de la América hispana es que tiene una cultura viva y se mantiene en la búsqueda incesante de la verdad; la América latina es filósofa, es luchadora, es maestra que enseña y enseñará a las nuevas generaciones los valores universales. De acuerdo al poema "Mensaje a los hombres de América", ahora es el turno de la América Latina de convertirse en líder mundial por practicar los valores eternos cristianos o los de la mayoría de las religiones y sociedades filantrópicas que son capaces de inculcar la armonía y la unidad entre todos y todas a través del amor, la paz y el mutuo perdón.

El poema se aproxima al final con la alusión directa a un Cristo vivo, no una estatua como El Corcovado que se encuentra en Río de Janeiro. Esto es connotado por el uso del participio presente que funciona como adjetivo: "Y el Cristo indicando las rutas desde las expectantes cumbres de los Andes" (vs. 73-74). El Cristo de los cristianos también es respetado y considerado un profeta dentro de la francmasonería.

La estrofa final es un himno de amor, de alegría, de paz, de resurrección cristiana o ética masónica; es una nueva oda de la alegría o de la amistad de Beethoven expresada en versos y con el referente americano: "Y la humanidad que quepa en América, /

pueblo de pueblos luchadores, trabajadores, soñadores / Y la paz tenga asilo en el alma del pueblo titánico, / y fije en los siglos esa alma sagrada... / —¡Así sea!" (vs. 75-79).

El uso continuo de vocales fuertes y de las consonantes "r" y "s" dan un ritmo marcial, pletórico de vida, energía y alegría. La expresión final del poema alude al final de una plegaria: "—¡Así sea!" El poeta, dice Mario Vargas Llosa, se convierte en un deicida, aunque en este caso el yo poético reconoce la supremacía de Cristo y le deja que Él indique a la América joven el camino que debe seguir.

Al cerrar el poema con el "—¡Así sea!", el yo poético invita al lector a ser cómplice con él, a que se responsabilice (véase verso 43: "responsabilicémonos") en la tarea inminente de llevar a la práctica la Unión Panamericana. Es importante recordar que este poema se escribió en 1939; aun cuando ya estaba fundada La Unión Panamericana, se discutía mucho en los periódicos y revistas sobre cómo darle vitalidad. Si el poema se lee como testimonio de un teósofo (Toruño lo era) o como un manifiesto de los unionistas panamericanos, el deseo o propósito que posiblemente inspirará al cómplice lector será llevar a la práctica lo que ha leído.

Deseo concluir este ensayo con una reseña reducida del profesor argentino Francisco Propato, donde compara la poesía de Toruño con la de Darío de la siguiente forma:

> Si Nicaragua dio al universo americano su máxima lírica con Rubén Darío, San Salvador ostenta con legítima ufanía en su parnaso a un poeta de fuertes características propias y cantor excelso de la patria grande, que es la América toda, la que va de polo a polo, sin odios raciales, ni luchas religiosas... "Mensaje a los hombres de América" dirá al culto lector cuál es la envergadura moral-espiritual y la

> capacidad intelectiva del eximio vate salvadoreño. Por ese "Mensaje" podemos aquilatar el don extraordinario que posee Juan Felipe Toruño para interpretar, con cálido acento y armoniosos versos, el alma noble y generosa de nuestros pueblos, los que no defraudarán la esperanza que la humanidad ha depositado en ellos...[10].

En la anterior reseña se puede notar que tal apreciación no provenía de un amigo conocido de Toruño dado que le confunde la nacionalidad. Toruño amó entrañablemente a El Salvador, vivió en ese país desde la edad de 23 años hasta los 82, cuando murió en el mismo país, y nunca lo abandonó. Le dedicó poemas y cuentos en *De dos tierras: León y San Salvador* (1947),[11] pero nunca renunció a su nacionalidad nicaragüense.

---

[10] Francisco Propato, *Revista Ática*, febrero de 1942, y *Revista Boedo*, ambas de Buenos Aires. Reproducido en *Diario Latino* [San Salvador] 12 de abril de 1980: 6.

[11] Libro de cuentos en el que se encuentran paisajes, leyendas, tradiciones y nombres de personas importantes de ambos países. (San Salvador: Imprenta Funes, 1947).

III Historiografía

Juan Felipe Toruño, crítico de la poesía negrista

por Jorge J. Rodríguez-Florido

Juan Felipe Toruño fue un escritor multifacético. De profesión periodista, cultivó la poesía, la novela, el cuento y el ensayo. Fue un cronista medular y un crítico literario perspicaz. Su nombre figura en antologías, historias literarias y diccionarios biográficos, publicados tanto en El Salvador como fuera de ese país. Tres años antes de su muerte, en 1977, se publicó su colección de artículos titulada *Poemas andantes*, donde se anuncia que publicó treinta y seis libros.[1]

Algunos aspectos de su creación literaria, sobre todo de su obra en prosa, deben estudiarse y diseminarse más. Por ejemplo, su labor como antólogo y crítico de la poesía negra no se ha valorado suficientemente. El propósito de este trabajo es el de remediar un poco esta situación. Primero se señalará su constante y profundo interés por este arte poético, especialmente antes de 1953, fecha en que publica su antología.[2] Luego se analizará la contribución de esta antología al canon afrohispano. Y finalmente se elucidará la contribución de Juan Felipe Toruño a la corriente crítica que se conocería posteriormente como negritud.

La aplicación de Toruño al estudio de la poesía negra se origina mucho antes de 1953. Hasta ahora no se ha divulgado en

---

[1] Juan Felipe Toruño, *Poemas andantes: Ensayos sobre literatura europea y oriental* (San Salvador: Editorial Universitaria, 1977). Citas subsiguientes a esta obra aparecerán en el texto como: *Poemas*.

[2] Juan Felipe Toruño, *Poesía negra: Ensayo y antología* (México: Obsidiana, 1953). Citas sobre esta obra serán incluidas en el texto como: *Poesía*.

ciertos círculos académicos cuánto le fascinaba el tema negro, al que se dedicó también como poeta.[3] Tampoco se ha advertido cómo el nicaragüense se relacionaba con autores negristas, entablando amistad con ellos. Y, sin embargo, bástense revisar, por ejemplo, las semblanzas literarias contenidas en tres volúmenes críticos, *Los desterrados* (1938, 1942 y 1952), para percatarse de ello.[4] En cada volumen aparecen poetas que habían cultivado la poesía negrista.

En el primer volumen, cuando esta poesía todavía estaba en su auge, Toruño incluye una semblanza del prolífico escritor argentino Arturo Capdevila, de quien seleccionará quince años más tarde "Canción de la bailarina negra" para la antología. También agrega al colombiano Jorge Artel cuyo poema "Danza mulata" aparecería en la compilación. Lo significativo de la semblanza de Artel es que en ella Toruño despliega un gran conocimiento sobre la poesía negrista, a la que le dedica casi cuatro páginas (*Desterrados* I 23-27).[5] El tercer autor antologado en el primer volumen es el

---

[3] Rosa Valdés-Cruz, en *La poesía negroide en América* (New York: Las Américas Publishing Company, 1970), afirma que Toruño incluye en su antología sobre la poesía negra "numerosos poemas" (178). Sin embargo sólo se encuentra un poema completo de Toruño, "Chanca" (Valdés-Cruz 163-64).

[4] Juan Felipe Toruño, *Los desterrados*, Tomo I (San Salvador: *Diario Latino*, 1938); Tomo II (San Salvador: Imprenta Funes, 1942); Tomo III (San Salvador: Imprenta Funes, 1952). De ahora en adelante las referencias a estos tres volúmenes de *Los desterrados* se indicarán a continuación de los textos citados, como sigue: *Desterrados* I, *Desterrados* II, *Desterrados* III.

[5] En el análisis de la poesía de Artel se encuentra ya en ciernes la teoría que desarrollaría Toruño quince años más tarde. Como buen precursor que fue de la crítica de la negritud, Toruño profetiza: "Analizando debidamente la situación del negroísmo, ¿para dónde camina? Va hacia él mismo. Va hacia sentir lo que hay dentro de sus carnes y en su espíritu saturado de opresión en un centenar de siglos, casi anulado por el ambiente que... ya no es de él" (*Desterrados* I 24). También en este análisis Toruño muestra su independencia de criterio, de no formar escuela, cuando rebatiendo a los críticos del momento reniega de la jitajánfora como expresión genuina de la poesía negrista. Y se pregunta: "¿Pero es poesía esto? ¿Hay poesía en todas esas frases y cinturas que forman las comas y en esos verbalismos inanalizables? No. No y no.

hondureño José R. Castro. Su libro de poesías, *Canciones del Atlántico*, publicado en Cuba, cautivan a Toruño, quien señala que a Castro lo influencian los versos afro de Luis Palés Matos, Vicente Gómez Kemp y Nicolás Guillén (*Desterrados* I 128-129).

En *Desterrados* II aparece una semblanza del renombrado poeta cubano, chino y negro al mismo tiempo, Regino Pedroso. De nuevo, en sus comentarios sobre Pedroso, Toruño muestra una gran familiaridad con la poesía negra escrita por los cubanos Emilio Ballagas, Nicolás Guillén, Ramiro Gómez-Kemp y Ramón Guirao; por los colombianos Jorge Artel y Arturo Camacho Ramírez, y por el venezolano Manuel Rodríguez-Cárdenas. Lo que atrae a Toruño de Pedroso, a quien habría de incluir en la antología, es su humanismo fraternal y su solidaridad racial.

En *Desterrados* III (1952) aparece la semblanza del escritor costarricense Max Jiménez. Jiménez, en una de sus frecuentes visitas a La Habana, escribió el poema "Rumbera" (Valdés-Cruz 178). Sin embargo, Toruño prefiere no hablar de la poesía negra de este autor, entonces fallecido, porque no representaba la totalidad de su obra creativa. Lo que nos interesa de las semblanzas de otros autores no *negristas* en este volumen es cómo el antólogo, una y otra vez, hace referencias críticas a la poesía de tema negrista. Y, así, cuando discurre sobre la figura del poeta colombiano Luis Carlos López, parangona:

> El antecedente de Luis Carlos López, en América, podría estar en el Negrito poeta mexicano, aquél [*sic*] José Vasconcelos del siglo XVII, que sacaba de quicio a las hembras que se mofaran de él o que a sus costas quisieran pasar un rato alegre que se les tornaba de revés, por la

Eso es una modalidad a la que habrá que catalogarla como se hace con las medicinas de patente, poniéndoles una etiqueta. No y no, aunque Alfonso Reyes, Luis Alberto Sánchez, Emilio Ballagas, Juan Marinello y otros quieran afirmar que dentro de todo esto está latente una poesía novísima" (*Desterrados* I 25).

> ingeniosidad estallante del negrito, al que ampararon frailes y truhanes. *(Desterrados* III 52-53)

Y, más adelante, cuando hace la semblanza del dominicano Héctor Incháustegui Cabral, enseguida lo compara y contrasta con otros autores dominicanos de índole negrista, como Tomás Hernández Franco y Manuel del Cabral (*Desterrados* III 284).

Además de los tres tomos de *Los desterrados* existe un libro de crónicas, *Un viaje por América*, que Toruño publicó en 1951 y que también es fuente de información para evidenciar su interés constante por lo negro. Las crónicas son de viajes transcurridos en su mayoría entre julio y octubre de 1950, cuando había recién cumplido veinticinco años con *Diario Latino*.[6] El primer país que visita es República Dominicana. Apenas llega a Quisqueya inquiere por tres poetas amigos. Dos de ellos, Manuel del Cabral y Tomás Hernández Franco, cultivan la poesía negra. De Santo Domingo se traslada a Cuba vía Haití. Mientras hace el trasbordo de aviones piensa en los negros haitianos de esta manera:

> [El haitiano] tiene la visión lejana, en la sangre, de sus mitos. Exaltado por ardores, la savia hierve a su impulso. En tanto afuera está Francia que ha cultivado a muchos ingenios haitianos, entre ellos Luis Morpeau. En la literatura hatiana canta el dolor. El folklore [*sic*] se extrae de la conseja y del embrujo; del ñáñigo supersticioso que forma sectas. (*Viaje* 285)

En las entradas sobre el corto viaje a Cuba acontecido entre el 30 de septiembre y el 3 de octubre, Toruño revela su familiaridad

---

[6] Juan Felipe Toruño, *Un viaje por América* (San Salvador: Imprenta Funes, 1952). De ahora en adelante las citas de este texto aparecerán como: *Viaje*, seguida de la paginación.

con algunos poetas negristas. Desafortunadamente, en este viaje no pudo comunicarse con ellos porque había perdido la libreta de direcciones. Pero no deja de recordar que entre sus conocidos se encontraban Nicolás Guillén, Regino Pedroso y Emilio Ballagas (*Viaje* 290).

Cuando Toruño publica su *Poesía negra: Ensayo y Antología*, en 1953, hace el siguiente juicio sobre la poesía negrista: "No quedará exhaustivo el tema; pero aporto al conocimiento lo que conceptúo la más original de las tendencias poéticas hasta mediados de siglos. La más original, estrambótica y real, con finalidades más humanas" (*Poesía* 15). El ensayo introductorio, de donde está sacada esta cita, alcanza casi cien páginas de extensión. La antología incluye poemas de treinta y siete autores agrupados por orden alfabético según sus países de procedencia: Argentina, Brasil, Colombia, Cuba, Ecuador, El Salvador, Estados Unidos, Haití, Guatemala, Honduras, Nicaragua, Panamá, Puerto Rico, República Dominicana, Uruguay y Venezuela. De los autores incluidos, muchos no habían aparecido en previas compilaciones.

El ensayo introductorio está subdividido a su vez en catorce secciones. Por su alcance, agudeza y aproximación comparativa, este análisis de Toruño debe considerarse un hito en la crítica sobre la poesía negrista. Es el primer intento serio de americanizar esta poesía, sacándola de su ambiente caribeño inicial y llevándola a un contexto global americano y más universal. En el ensayo se tratan, entre otros puntos, los antecedentes de la poesía negra en América; el tema negro en la literatura peninsular española; la función de la jitanjáfora dentro de la poesía negra; y la relación entre la poesía negra, la social y la popular.

La antología de Toruño no fue la primera sobre la poesía negra. Ya se habían publicado otras que tenían más circulación en las bibliotecas americanas, entre ellas, dos de Ballagas: *Antología negra hispanoamericana* y *Mapa de la poesía negra americana;* y dos de Ildefonso Pereda Valdés: *Antología de la poesía negra americana* y *La poesía negra en América.*[7] Cabría preguntarse, pues, ¿qué añadía Toruño a lo ya publicado anteriormente? o ¿qué de original aportó el crítico centroamericano al estudio del tema?

Al cotejar las antologías anteriores con la de Toruño, se nota enseguida el contraste, en cuanto a la procedencia de los autores incluidos. Mientras Pereda Valdés prefiere a los de habla inglesa y francesa, Toruño le da más cabida a los de Centro y Sudamérica. En la antología de 1950 (que resulta más bien una segunda edición ampliada a la de 1936), Pereda Valdés incluye a quince autores de habla inglesa y a once haitianos. De los países caribeños de habla española sólo aparecen seis autores: cinco cubanos y una puertorriqueña. Y de Sudamérica hay siete: cuatro de Uruguay, dos de Colombia y uno de Argentina. Como puede comprobarse, las antologías de Pereda Valdés no presentan a ningún autor centroamericano. Toruño, por su parte, no sólo incluye a ocho centroamericanos (tres nicaragüenses, dos salvadoreños, un guatemalteco, un hondureño y un panameño) sino también a más suramericanos (tres venezolanos, tres argentinos, tres colombianos, un ecuatoriano y un uruguayo). Y reduce el número de los autores de habla inglesa, francesa y portuguesa a tres, uno por cada lengua. La

---

[7] Emilio Ballagas, *Antología de la poesía negra hispanoamericana* (Madrid: Aguilar, 1935) y *Mapa de la poesía negramericana* (Buenos Aires: Editorial Pleamar, 1946); Ildefonso Pereda Valdés, *Antología de la poesía negra americana* (Santiago de Chile: Ediciones Ercilla, 1936) y *La poesía negra en América* (Montevideo: Biblioteca Uruguaya de Autores, 1950). Además de las de Ballagas y de Pereda Valdés hubo otras dos antologías, pero que no consiguieron tanta popularidad y quedaron relegadas a los estantes empolvados de las bibliotecas. Una de ellas fue publicada, precisamente, en El Salvador: Tomás Hernández Franco, *Apuntes sobre poesía popular y poesía negra en Las Antillas* (San Salvador: Publicaciones del Ateneo de El Salvador, 1942). La otra fue publicada en Madrid: José Sanz y Díaz, *Lira negra* (Madrid: Aguilar, 1945). En esta antología se da preferencia a poetas españoles que escriben sobre el tema negro.

comparación de las antologías muestra que Toruño tenía una visión más universal que la de Pereda Valdés, dándose cuenta de que en la demografía americana, la herencia africana no estaba limitada a las islas del Caribe, al sur negro de Estados Unidos o a Brasil.

En cuanto a la antología de Ballagas de 1935, se nota la preferencia geográfica al incluirse casi exclusivamente a autores caribeños. De los diecisiete poetas antologados, sólo tres no son de esa región: un español, un argentino y un uruguayo. El mismo Ballagas reconoce el exiguo contenido de su libro, cuando confiesa en la introducción:

> Serias dificultades se presentan al compilador de estos poemas obscuros: el breve tiempo disponible para una investigación jugosa y la casi dispersión de los elementos intelectuales cubanos que podrían contribuir con su revisión y noticias a que este trabajo fuese lo más completo posible. (*Antología* 19)

Y continúa Ballagas, más adelante: "Más que una selección, es esta antología una colección de poemas nacidos de la presencia del negro en América hispana, y especialmente en las Antillas..." (*Antología* 20).

En su próxima antología, Ballagas trata de corregir el defecto de la primera e incluye a más autores de procedencias diversas. De los diecisiete de la primera, pasa ahora a cincuenta y cuatro, distribuidos de la siguiente manera: seis de habla inglesa, cinco franceses, un brasileño, ocho españoles, tres mexicanos, tres centroamericanos, doce cubanos, tres dominicanos, un puertorriqueño y doce suramericanos. Pero, de nuevo, a diferencia de la antología de Toruño, la segunda de Ballagas es más dispersa y menos centrada, distrayendo la atención de un lector que pudiera bien preguntarse: ¿Por qué incluye Ballagas poesías de otros siglos?

¿Por qué a autores europeos? ¿Por qué escoge sólo a tres autores centroamericanos? ¿Por qué hay cinco autores de habla francesa (cuatro de Haití) y sólo uno de Colombia? Estas omisiones y preferencias delatan la trayectoria de Ballagas quien, en oposición a Toruño, limita su visión a lo inmediato caribeño, desentendiéndose del amplio bagaje histórico de nuestros pueblos, del que no puede substraerse la herencia africana. Las palabras introductorias de *Mapa de la poesía negra americana* muestran cuán lejos se encontraba Ballagas de Toruño:

> Sin entrar en detalles y sin ventilar la opinión de los que creen que la raza negra no es determinativa en los pueblos de América, hemos de advertir que además de haberse extinguido en diversos países como el Perú, Chile y Uruguay, los negros son minoría en los Estados Unidos, América Central y Brasil. (Ballagas, *Mapa* 12-13)

Después de publicada la antología de Toruño han aparecido muchas otras, así como estudios sobre el tema negro. Por ejemplo: *La poesía negroide en América*, de Rosa Valdés-Cruz; *Black Poetry of the Americas*, de Hortensia Ruiz del Vizo; *Literatura afro-hispanoamericana*, de Enrique Noble; *La poesía negrista*, de Mónica Mansour; *Antología clave de la poesía hispanoamericana*, de Armando González-Pérez; *Sensemayá: la poesía negra en el mundo hispanohablante*, de Aurora de Albornoz y Julio Rodríguez-Luis.[8] También apareció un estudio extenso sobre la poesía negra en

---

[8] Los completos datos bibliográficos son como siguen: Hortensia Ruiz del Vizo, *Black Poetry of the Americas: A Bilingual Anthology* (Miami: Ediciones Universal, 1972); Enrique Noble, *Literatura afro-hispanoamericana: poesía y prosa de ficción* (Lexington, MA: Xerox Publishing, 1973); Mónica Mansour, *La poesía negrista* (México: Ediciones Era, 1973); Armando González-Pérez, *Antología clave de la poesía hispanoamericana* (Madrid: Ediciones Alcalá, 1976); Aurora de Albornoz y Julio Rodríguez-Luis, *Sensemayá: la poesía negra en el mundo hispanohablante* (Madrid: Editorial Orígenes, 1980). El libro de Valdés-Cruz ya ha sido mencionado en la nota tres.

1973, *Iniciación a la poesía afro-americana*, de Oscar Fernández de la Vega y Alberto N. Pamies.[9] Conviene preguntarse ahora: ¿hasta qué punto tuvieron en cuenta los antólogos lo logrado por Toruño?

En primer lugar, hay antólogos y estudiosos que desconocen, o aparentan desconocer, a Toruño. Y así, en el de otra manera enjundioso análisis de Mónica Mansour no se cita ni una vez al nicaragüense. Tampoco aparece su nombre (ni tan siquiera en una necesaria referencia bibliográfica) en las antologías de Ruiz del Vizo y de Enrique Noble, o en la de Albornoz y Rodríguez-Luis. Es de pensar que estas omisiones se deban a un injustificado afán de los compiladores de crear un terreno nuevo o de incluir a otros autores contemporáneos, pretendiendo que la antología de Toruño ya estaba pasada de moda.

Más realistas y objetivos son González-Pérez, Valdés-Cruz y Fernández de la Vega. El primero incluye a Toruño como referencia bibliográfica. La segunda escoge el poema "Chanca" y habla en términos elogiosos de su autor, diciendo: "En 1953 publicó en México *Poesía negra: ensayo y antología*, en la que hace un documentado estudio del género negroide, sus antecedentes y sus proyecciones" (Valdés-Cruz 178).

De todos los antólogos e investigadores, quien le presta mayor atención a Toruño es Fernández de la Vega (y su coautor

---

[9] Oscar Fernández de la Vega y Alberto Pamies, *Iniciación a la poesía afro-americana* (Miami: Ediciones Universal, 1973). De ahora en adelante las referencias a este texto serán incluidas como: *Iniciación*, seguida de la paginación correspondiente. Hay dos escritos muy útiles de Fernández de la Vega: la reseña de *La poesía negroide en América* de Rosa Valdés-Cruz, *Inter-American Review of Bibliography*, 2, XXIII (April-June 1973): 212-13; y su ensayo "Medio siglo de poesía negrista", *Cubanacán* 1 (1974): 63-79. Las referencias a este artículo serán incluidas como: "Medio siglo".

Otras antologías que ofrecen interés para nuestro estudio son las siguientes: José Luis González y Mónica Mansour, *Poesía negra de América* (México: Ediciones Era, 1976); Simón Latino, *Antología de la poesía negra* (Buenos Aires: Cuadernillos de Poesía, 1963); Jorge Luis Morales, *Poesía afroantillana y negrista* (Puerto Rico, República Dominicana, Cuba; Río Piedras: Editorial Universitaria, Universidad de Puerto Rico, 1976).

Alberto Pamies). En *Iniciación a la poesía afro-americana,* de estos autores, hay una cita que quizás resulte la más apropiada para mencionar aquí:

> Los juicios de Juan Felipe Toruño nos interesan especialmente: cultivó con éxito la poesía negrista y publicó, en Méjico, una antología muy interesante que incluye obras y autores que no aparecen en otras. Además redactó las páginas prologales, en las que estudia el fenómeno social y artístico que ahora nos ocupa, ya con una perspectiva de casi un cuarto de siglo. (*Iniciación* 109, nota 5)

En otro trabajo, de la Vega reincide en su valoración de Toruño, a quien considera entre los tres más destacados poetas negristas de Centroamérica (junto con Max Jiménez y Demetrio Korsi) y de cuya antología advierte: "No debe pasarse por alto *Poesía negra: Ensayo y antología,* de Juan Felipe Toruño" ("Medio siglo" 72, nota 1).

Fernández de la Vega estaba tan apegado a la compilación de Toruño, que la usaba como fuente principal de referencia cuando examinaba otras antologías. Y, así, en una reseña sobre la de Valdés-Cruz recrimina a la compiladora por no incluir al brasileño Raúl Bopp, al nicaragüense Jesús Cornelio Rojas, al hondureño Diego Laínez, al colombiano Hugo Salazar, al mexicano Efraín Huerta y a los venezolanos Carlos Augusto León, Aquiles Certad y Josefóscar Ochoa (Reseña 212). Sin darse cuenta, o dándose mucha cuenta, al citar sólo a autores que proceden exclusivamente de la compilación de Toruño, Fernández de la Vega establece que esta antología, publicada diecisiete años antes que la de Valdés-Cruz, estaba más completa, cubría más terreno. La obra de Toruño no sólo formaba parte integral del canon antológico sino que lo determinaba. A partir de 1953, las antologías no debían ignorar a la del nicaragüense.

Por otra parte, es verdad que la misma selección de poetas en la antología de Toruño constituye un rasgo o voluntad de estilo, una preferencia estética y una actitud crítica definida que a la larga determina el valor de ésta o de cualquier otra compilación. Además, un mayor aporte de Toruño al desarrollo del discurso afrohispano es su larga exposición introductoria. En concreto, el ensayista-antólogo anticipa a los críticos hispanos de la negritud, adelantándose a ellos.

Como es sabido, fue Aimé Cesaire quien, en su *Cuaderno de una vuelta al país natal* en 1939, acuñó el vocablo *negritud.*[10] Sin embargo, el discurso crítico sobre la negritud tomó cuerpo después de la publicación de la antología de Toruño, en 1953. Puede decirse que ganó auge a partir de la celebración del primer Congreso Internacional de Escritores y Artistas Negros, celebrado en París en 1956. También contribuyó a su diseminación el poeta Leopold Sédar-Senghor, quien participó en este Congreso, y los críticos Georges Coulthard y Jahnheinz Jahn. Sédar-Senghor declara sus ideas en *Présence Africaine* en 1956, Coulthard publica *Raza y color en la literatura antillana* en 1958 y Jahnheinz Jahn, *Muntu: An Outline of the New African Culture* en 1961. La versión española de este libro es de 1963.[11]

Sin haber podido leer a estos autores europeos, porque los

---

[10] Las referencias a la negritud en este párrafo las hemos obtenido de un artículo de Georges Coulthard, "Antecedentes de la negritud en la literatura hispanoamericana", *Mundo Nuevo* 11 (1967): 73-77. También se recomienda, para un conocimiento más claro de la negritud, otro artículo de Coulthard, "*Parallelisms and Divergencies Between 'Negritude' and 'Indigenism'*", *Caribbean* VII, 1 (1968): 48. Irene Gendzier ha escrito "*La Présence Africaine and Négritude*" en *Frantz Fanon: A Critical Study* (New York: Vintage Books, 1974). Otro libro sobre este tema es el de Janheinz Jahn, *Las literaturas neoafricanas* (Madrid: Ediciones Guadarrama, 1971). El artículo de T. Melone, "*Le thème de la négritude et ses problèmes littéraires*", Presénce Africaine 48 (1963): 133-50 y el de Publio Mondéjar, "Negritud y poesía", *Revista Nacional de Cultura* 204 (1972): 22-33, son de necesaria consulta.

[11] Janheinz Jahn, *Muntu: Las culturas neoafricanas* (México: Fondo de Cultura Económica, 1963).

precedía, Toruño usó una aproximación semejante al analizar la literatura negrista. Con acertada intuición, cree en la relevancia de la filosofía bantú para una mejor apreciación del arte africano e incluye en la bibliografía de *Poesía,* la obra del padre Placide Tempels, *Filosofía bantú*, que había sido publicada en *Présence Africaine* en 1946. Y a ella alude en la sección "Superstición y embrujo", de la introducción:

> Se crisparán los nervios con los aullidos y huirán despavoridos, espantados los negros, si al desarrollarse el ritual se oye trueno o habla alguna voz extraña. Es que no estarán conformes las deidades, y, furiosas, les eliminarán las fuerzas materiales y viriles a los negros que para ellos constituye la belleza, lo hermoso: la virtud en la civilización —digamos— bantú del Congo en la que se mantiene aún ese hilo prodigioso —de la fuerza y de virilidad— que les sirve de comunión con el ñáñigo y con los todopoderosos elementos predominantes en la raza de ellos. (De esto habla extensamente el padre Tempels, en su libro acerca de la filosofía bantú.) (*Poesía* 86)

Como evidencia esta cita, Toruño manejaba bien el componente teórico que fundamenta y sirve de base a la crítica de la negritud. Y es que no sólo estaba familiarizado con la filosofía bantú sino también con los escritos antropológicos de Arthur Ramos, a quien cita en la sección "Superstición y embrujo" (*Poesía* 86) y cuya obra fundamental fue *Las culturas negras en el nuevo mundo.*[12] Estas lecturas le proporcionaban las herramientas para afianzar su propia aproximación teórica, siendo crítico hispano de la negritud, sin ser llamado así, porque para 1953 no había tal calificativo.

---

[12] Arthur Ramos, *Las culturas negras en el nuevo mundo* (México: Fondo de Cultura Económica, 1943).

Antes de proseguir este comentario sobre la contribución de Toruño a la crítica de la negritud, conviene recordar los rasgos propios de esta modalidad que, según Jahnheinz Jahn (citado por Coulthard), son los siguientes:

> 1) La revaloración de la cultura negra en sus propios valores y no en relación con los ajenos, impuestos desde fuera, o sea, europeos; 2) un énfasis en elementos rítmicos y la repetición rítmica; 3) la fácil comprensión, es decir, una literatura que se dirige al mundo, que tiene su origen en el sentimiento colectivo de todo el pueblo, no que se escribe para una élite intelectual; 4) la posesión, la captación de la realidad mediante la palabra, una especie de poder imaginativo mágico, hechicero; 5) una atracción fácil y especial para todos los pueblos de origen africano dondequiera que se hallen. (*Antecedentes* 74)

Estos rasgos se encuentran, de una manera o de otra, en las disquisiciones de Toruño sobre la poesía negra que anteceden a la antología y en la preferencia selectiva de los escritores antologados. En este sentido, para Toruño, lo autóctono hispanoamericano es una parte integral de la diáspora africana, desligada de la influencia europea ajena. Olvidándose por un momento de los originadores blancos de esta poesía, Toruño va más allá, anticipando al afrocentrismo tan popular ahora, por el cual se da por sentado que el mejor mensajero o portavoz del negro es el negro mismo: "Es ella [la poesía negra] manifestación de luchas por ascender al puesto en el que se encuentran otros que preconizan derechos, justicia, evolución, igualdad, fraternidad. Quiere el negro hacerse oír y se vale de una expresión ensordecedora y apasionada" (*Poesía* 99). Para Toruño, la representación poética del *afro*, aun cuando la persona negra sea ideada por un autor blanco, resulta auténtica si parte de sus propios valores, si los exhibe desde una perspectiva interna. Y es en esta autenticidad donde el crítico ve cómo el negrismo entronca con la negritud.

La presencia de los elementos rítmicos y de la repetición rítmica, a que prestan atención los críticos posteriores de la negritud, también llamó la atención a Toruño. En la sección "Jitanjáfora", se refiere a los ruidos, las repeticiones y el ritmo como cualidades propias de la poesía negra que afirman lo africano:

> Voces, repeticiones con sílabas estruendosas, contorsiones, grito y aullido, tartamudean astillándose. Abierta la herida psicológica, la sangre es palabra que no parece palabra y sólo fonética en algunos trozos negroístas: música sin música, estrambótica y con caprichosas combinaciones. (*Poesía* 37)

Lo que significa es que los elementos rítmicos y la repetición no son manifestaciones del arte por el arte, sino del ser afroamericano. Y en la misma sección concluye para clarificarlo más:

> No se encuentra el motivo —ni se justificaría si se encontrara— para menospreciar la manifestación poética de una existencia que, no pudiendo expresarse en otra forma y para ser veraz y concreta, toma útiles que le son propios: explosiones, rezongos, retorcimientos, estrépitos jitanjafóricos, fiebre y patética especial para reproducir lo que es de entraña, aflicción, alegría, borrachera, sangre y dolor en una realidad racial inconfundible. (*Poesía* 41)

El tercer rasgo de la negritud es el carácter colectivo de una poesía que no se escribe para la élite intelectual. Ya desde las primeras páginas de su ensayo antológico, comparando la poesía social con la negrista, Toruño revela:

> Parangono, [*sic*] en lo que tiene de paragonarse, lo que llámase poesía social clasista, con la negroísta, puesto que se tocan en las preocupaciones y en las ansias de liberación. La diferencia entre ambas consiste en que el negro lucha por lo negro y su condición de tal, madre de su situación despreciada, siendo por lo mismo el de él un "Yo" de grupo racial étnico. (*Poesía* 14)

Y más adelante reitera:

> Sí; en lo negro no estará jamás lo contemplativo y pocas veces el tono individual y en primera persona singular. Será, es, lo plural, porque en esta expresión no se verá lo que está más allá de lo veraz y cierto, en campos de utopía. Es la voz colectiva que dice sus anhelos. No hay torremarfilismos en ella; pero sí grita [*sic*] en ella la tierra, el calor, los cuerpos, la vida que se muerde con el alma y con la sangre. (*Poesía* 61)

El cuarto aspecto de la negritud es el poder mágico de la palabra que capta o posee la realidad como si fuera un hechizo. En la sección "Lo negro en lo mulato", Toruño alude al encantamiento de la palabra cuando afirma: "El canto negroísta caldeado de insatisfacciones es de lucha fundamental; golpea en el encierro de formas aspérrimas, representativas de movimientos, acciones y sucesos, con quebrados y repetidos tonos y sonidos broncos que en ocasiones son abracadabras estruendosas" (*Poesía* 29). Aquí la palabra clave es "abracadabras" que, según el *Diccionario de la lengua española*, es "palabra cabalística que se escribía en once renglones, con una letra menos en cada uno de ellos, de modo que formasen un triángulo, y a la cual se atribuía la propiedad de curar ciertas enfermedades".[13] Este poder mágico de las palabras es característico de la poesía negrista, como lo es el de poseer la realidad que capta. En la sección "Fisonomía, estructura e intención de la poesía negra", Toruño subraya este rasgo esencial de la negritud cuando intuye: "El arte poético negro, este arte que algunos le niegan atributos, posee aliento y espíritu humanos, en una instancia racial que amanece cada día, cada hora, en cada oportunidad, posesionada de una verdad porque el arte es en sí una verdad de acontecimientos, de tiempo y de lugar" (*Poesía* 47). Aquí, las palabras claves son "arte" y "posesión". El arte, cuyo vehículo en la poesía es la palabra, capta la realidad inmediata de las cosas y la posee, como el *nommo* o palabra creadora que vivifica al mundo, según enseña la filosofía bantú. Como afirma Coulthard:

> 'Nommo', pues, es el poder mágico de adueñarse de la realidad nombrándola, la misma esencia de la fuerza vital y para el africano la finalidad del poema, de la canción, de la obra de arte, consiste en convencer, no mediante la lógica sino mediante la magia, la hechicería de la palabra. (*Poesía* 74)

Nótese, pues, la afinidad del texto de Toruño (1953) y el de Coulthard (1967) aunque están separados por catorce años.

El quinto y último rasgo de la negritud es una especie de pan-africanismo o atracción por todos los pueblos africanos dondequiera que se hallen. Toruño demuestra esta atracción cuando presenta en su antología a todos los lugares americanos donde existe o existió el arte poético negro, incluyendo a su Nicaragua, a quien dedica su poema "Chanca". Escoge también África, sobre todo en la sección "Superstición y embrujo" en la cual basa su análisis, como

---

[13] Real Academia Española, *Diccionario de la lengua española*, Tomo I, 21.ª edición (Madrid: Editorial Espasa Calpe, 1992) 10.

ya se dijo, en los trabajos de los etnólogos Tempels y Ramos. Demuestra su atracción también cuando discurre sobre el negro en la literatura española (*Poesía* 65-74), rescatándolo del olvido y de un tiempo y espacio lejanos. Sin embargo, donde más se nota la atracción por la raza negra es en la penúltima sección de la antología, titulada "Mensaje integral". Aquí se solidariza con todos los negros del mundo a quienes considera víctimas de la opresión y de la discriminación racial:

> Mas, en su carácter, forma, fondo, intención y función con atributos especiales, esta poesía actúa integralmente conduciendo un mensaje... Tal mensaje, en su misión trascendente, no se circunscribe a determinada zona sino que está vivo —más que en ninguna otra parte— en los lugares donde el sufrimiento negro se manifiesta más, por aquella discriminación, clamándose en él para el reparo; siendo así los poemas, con acento o función[,] negros; auténtico mensaje en una letanía de urgencia justificadora. (*Poesía* 107)

Y es también este mensaje otro puente que une al negrismo con la negritud, pero que pocos críticos para 1953 supieron idearlo o relacionarlo, como lo hizo Toruño.

Defensor del Negro, Toruño será o no el primer crítico hispano de la negritud, sin duda fue de los primeros, sin haber disfrutado mientras vivo de ese apelativo. Es siempre oportuno que se estime su contribución como el fundador que fue. Echó los cimientos de un edificio inconfundible, que es la crítica de nuestra poesía negra, poesía que representa el mismo meollo de nuestra realidad americana. A este observador sagaz le tocó ver por primera vez, con todos los colores, ruidos y aseveraciones lo que a otros les llevó tanto tiempo intuir o descubrir. Su ensayo-antología sobre la poesía negra merece ser leído y releído, una y otra vez, por quienquiera que se tenga por experto en la materia. Es de esperar que la lectura atenta de su obra sirva de acicate a futuros investigadores.

En este sentido y como colofón, téngase en cuenta lo que escribió el argentino Campio Carpio en 1965 que todavía sigue vigente:

> El escritor nicaragüense Juan Felipe Toruño dio a publicidad un ensayo-antología *Poesía Negra*, [*sic*] que es uno de los documentos más humanos que hayan caído bajo nuestra mirada. Si no se tratara de un escritor de auténtica jerarquía continental y cuya nombradía corre a través de las mentalidades literarias de las Américas, este solo libro lo hubiera colocado en la primera fila de las figuras intelectuales más representativas de nuestra familia astellana, que hace profesión de fe y que pone su pluma al servicio de la humanidad. (*Poemas andantes* 22)

En resumen, Toruño integró al canon de la literatura hispanoamericana una vertiente minoritaria, abriendo espacio a obras y autores que habían sido marginados. Sentó, pues, las bases para una clasificación sistemática de una poesía que se llamaba negra, negrista o negroide. Y colocó esta poesía en línea recta con el movimiento de la negritud, que apenas empezaba a darse a conocer por autores negros africanos y del Caribe francés. Todavía, a principios del siglo XXI, los aciertos críticos de Toruño son valederos para el análisis de una literatura cuya vigencia, cincuenta años después de la publicación de *Poesía*, se manifiesta tanto en Centroamérica como en el Caribe y en la América del Sur.

La historiografía literaria salvadoreña

por Rhina Toruño-Haensly

La historiografía literaria salvadoreña es la que se estudia en *Desarrollo Literario de El Salvador: Ensayo cronológico de generaciones y etapas de las letras salvadoreñas*. Este libro constituyó el primer intento sistemático de abarcar todo el desarrollo literario y cultural de El Salvador desde la época precolombina hasta el año en que Juan Felipe Toruño terminó de escribirlo, en 1957.[1]

El mismo autor confirma su propósito en la introducción:

> Y como hasta este año se carece de una obra de conjunto, como la presente, en demostración de lo que es y ha sido El Salvador literario, el autor no ha vacilado en trabajar este ensayo que contiene el proceso seguido a través de varios siglos, en sus distintas generaciones y etapas. (*Desarrollo* 14)

Sobre *Desarrollo*, Walter Raudales, en una edición especial dedicada a la vida y obra de Toruño, comentó que *Desarrollo* "sigue siendo una fuente de valiosa información no sólo por contar con un catálogo de autores y libros, como es usual en los manuales de historia literaria, sino por las interesantes reflexiones del autor y, sobre todo por la lucidez de incluir dentro de su óptica la génesis e historia de nuestras instituciones culturales."[2]

---

[1] *Desarrollo Literario de El Salvador: Ensayo cronológico de generaciones y etapas de las letras salvadoreñas* (San Salvador: Ministerio de Cultura, 1957) Primer Premio de la República de El Salvador, Certamen Nacional de Cultura, 1957, compartido con el autor de *Masferrer un ala contra el destino* (San Salvador: Ministerio de Educación, 1957). En adelante me referiré a *Desarrollo Literario de El Salvador* como *Desarrollo*.

[2] Walter Raudales, novelista salvadoreño "Juan Felipe Toruño: una vida dedicada a la cultura nacional" Edición especial de *Tres Mil, Suplemento Cultural de Diario Latino* (San Salvador) 4 de mayo de 1996: II.

El Dr. Arturo Torres Rioseco, escritor y director del Departamento de Literatura Castellana y Portuguesa de la Universidad de Berkeley, consideró a Toruño "el verdadero historiador de nuestra literatura" (*Poemas andantes* 32). Le escribió lo anterior a Toruño después de haber leído el segundo tomo de *Los desterrados* (1942), el cual es un libro de historia y crítica literaria de la América Latina. En este ensayo no me referiré a los tres tomos de *Los desterrados*. Me concentraré solamente en el *Desarrollo Literario de El Salvador*.

Toruño residió en El Salvador desde 1923, cuando contaba con 25 años de edad, hasta su muerte en 1980. Dedicó más de cincuenta años de su vida a las letras salvadoreñas. *Desarrollo Literario* es una muestra del interés profundo y auténtico por indagar los orígenes de la literatura en El Salvador. Es importante recordar que se habla de un país donde las fuentes y los recursos de investigación casi no existían a mediados del siglo pasado ni mucho menos un servicio inter-bibliotecario como existe en Estados Unidos, Europa y los países más desarrollados de América Latina.

Este libro presenta detalladamente el origen y el desarrollo histórico no sólo de las letras, sino también de las instituciones que coadyuvaron al desarrollo de la educación, como fue la apertura de la Universidad Nacional, de la Academia Salvadoreña de la Lengua, de la Biblioteca Nacional y de otras instituciones culturales. También Toruño investigó la compra de aparatos necesarios para el desarrollo cultural del país tal como la llegada de la imprenta desde Guatemala.

Desarrollo Literario es un texto de la historia de la literatura salvadoreña, pero al mismo tiempo el libro en sí ha hecho historia y es ése el motivo del análisis del libro en este ensayo. Se abre con un estudio de cuarenta y una páginas sobre los antecedentes aborígenes culturales, "Las invocaciones, rituales, votos y cantares son el acervo autóctono en distintas regiones: Chaparrastique al este del río Lempa y al oeste, lo que antiguamente fue llamado Cuzcatlán" (*Desarrollo* 48). Explica Toruño, por ejemplo, que la palabra españolizada "Sonsonate" se tradujo del pipil "Tzuntzúnat," nombre de un río cercano a la ciudad y del que se tomó el nombre.[3] Toruño agrega a su espíritu crítico su sensibilidad musical, dado que él tocaba el mandolín y se interesaba mucho por la música.

Después de lo aborigen analiza la literatura de la conquista y la colonia, señalando las figuras literarias que estuvieron en San Salvador. Con el movimiento independentista enfatiza la libertad de los esclavos. Presenta Toruño, el dato histórico, el aporte cultural y las figuras literarias, también el movimiento post-independentista que en ese momento es cuando llega a El Salvador la primera imprenta.

Se redacta la primera ley de la imprenta y aparece el primer periódico. El país gozaba de relativa libertad, circulaban los periódicos, faltaba la creación de la universidad, la cual se funda el 16 de febrero de 1841, aunque no se impartieron clases hasta en 1843.

Como historiador literario, Toruño hizo el recuento de los géneros literarios en este período post-independentista, comenzando por el más antiguo, como es el lírico:

> En el ambiente salvadoreño de época turbulenta, post-1927, caldeado por egoísmos, pasiones. Con una poesía que no tomaba rumbo definitivo, al publicarse en los periódicos se reflejaba el clima de actualidad. Con seudónimos o sin ellos, por temor a represalias, se leían los "párrafos verseros" o deliberaciones en estrofas. (*Desarrollo* 101)

---

[3] Toruño se documentó en el material que existe sobre el antiguo Cuzcatlán, de Jorge Larde y Larín, de muchos más historiadores y sobre todo en los dos tomos publicados por Doña María de Baratta, *Cuzcatlán típico. Ensayo sobre Etnofonía de El Salvador, Folklore, Folkwise y Folkway* (San Salvador, 1951) 2 vols. Baratta en sus viajes de investigación hacía que los indígenas más primitivos de las regiones ejecutaran para ella esos cantares.

Tanto en El Salvador como en el resto de los países vecinos y latinoamericanos los géneros no se perfilan sino hasta después de la Independencia, pasado el medio siglo. Esto se verá más claro al analizar el género narrativo.

Toruño a continuación presenta las diferentes tendencias en la poesía y sus cultivadores, pero es con el género épico que inicia su estudio. Uno de estos poemas es dedicado a Anastasio Aquino, quien en 1832 reclamó con las armas el trato justo para sus compatriotas indios, como también las tierras en que ellos laboraban; se autoproclamó "El Rey de los Nonualcos." El tema de Aquino ha sido muy querido por los escritores salvadoreños que lo han abordado en los diferentes géneros. Uno de ellos es la obra de teatro de Matilde Elena López.[4]

El siguiente capítulo de *Desarrollo Literario* trata sobre el desenvolvimiento del romanticismo y luego su decadencia. Dedica un capítulo a las letras femeninas en el siglo XIX. Toruño fue pionero en reconocer los valores femeninos, como también lo fue en reclamar el puesto que en el mundo de las letras deben tener los poetas negros, tanto los del Caribe como los del resto de América.[5]

Discute a continuación la creación de la biblioteca, la fundación de la Academia Salvadoreña de la Lengua, la Academia de Ciencias y Bellas Letras, y otras instituciones culturales. La adquisición de la primera imprenta es narrada en forma muy amena. Cuenta cómo el presidente de la República, don Juan Manuel Rodríguez, quien antes de ser presidente estuvo en una misión diplomática en Estados Unidos, al ver y sentir el ambiente de ese país, se interesó por la divulgación de las ideas en su patria. Al

---

[4] Matilde Elena López, *Anastasio Aquino*, 2.ª ed. (San Salvador: Ministerio de Educación, Dirección de Publicaciones, 1984).

[5] Además dedica unos poemas a poetas negros, lo cual se encuentra en su antología *Poesía negra* (Ciudad de México: Colección Obsidiana, 1953).

asumir la presidencia en 1824, una de sus primeras disposiciones fue comprar la imprenta y, careciendo el gobierno de los fondos apropiados, solicitó al Presbítero José Matías Delgado que hiciera en la iglesia una colecta con ese fin. Cuando se logró y por fin entró la "extraña máquina" en junio de 1824, en un vehículo arrastrado por bueyes, las campanas de las iglesias repicaron a júbilo, estallaron juegos pirotécnicos y diferentes clases de luces de Bengala. El mismo presidente del país fue al encuentro de la imprenta traída de Guatemala; había muchos invitados y curiosos que testificaron la llegada de tan significativa máquina para el progreso cultural del pueblo salvadoreño.

Toruño expone las características de los movimientos literarios, unas veces más analítico que otras. En ciertos temas como la novela, compara el "esbozo de la novela salvadoreña" con los esfuerzos de crear una novela nacional en el resto de los países latinoamericanos. Sobre este asunto da a conocer lo siguiente:

> Desde antes y después de la independencia —dicho queda ya— no se produjo la novela de autor salvadoreño. En tanto ya se habían publicado en Guatemala en el siglo anterior más de una docena, hasta aquí en San Salvador la Imprenta Nacional le editó en 1877 a Miguel Ángel Urrutia (1852-1921) *Blanca*, novela de intrigas amorosas, tipo romántico. (*Desarrollo* 209)

Seymour Menton, en su *Historia crítica de la novela guatemalteca* (1960), afirma: "En Guatemala, lo mismo que en el resto de Hispanoamérica la novela nace en el siglo XIX."[6] Toruño afirmará este juicio más adelante cuando escribe: "De paso diremos que en 1847 dio Guatemala con José de Irisarri, la primera novela

[6] Seymour Menton, *Histórica crítica de la novela guatemalteca* (Guatemala: Editorial Universitaria, 1960) 7.

editada en Bogotá: *El cristiano errante*, de género picaresco y autobiográfico" (*Desarrollo* 209). Toruño considera *El cristiano errante* la primera novela de autor centroamericano; sin embargo, Menton da razones por las cuales *El cristiano errante* no es una novela:

> *El cristiano errante* es el relato autobiográfico de Antonio José de Irisarri que se parece más a las *Memorias de Fray Fernando Teresa de Mier* que al *Periquillo de Lizardi*. En cierto sentido cada autobiografía tiene elementos novelescos y cada novela tiene elementos autobiográficos. La prueba de que no es una novela es que no tiene intriga y que se nota claramente que el propósito del autor no fue el de crear una novela. El mismo Irisarri afirma que el objeto de su libro fue pintar las costumbres de su tiempo para que la gente conociera su pasado. (Menton 9)

Se puede apreciar que el análisis de Menton es contundente y no se puede soslayar, por lo cual la categorización de *El cristiano errante* como novela por Toruño no tiene validez.

Continuando con el análisis de *Desarrollo*, se observa que Toruño pasa revista a los diferentes géneros literarios, como a sus representantes. Aborda el género narrativo, con los prosistas, y a continuación pasa por los historiadores. Desarrolla muy bien el capítulo dedicado al Modernismo. Como es del conocimiento público, Rubén Darío en su autobiografía reconoce que:

> Fue con Gavidia, la primera vez que estuve en esa tierra salvadoreña, con quien penetré en iniciación ferviente en la armoniosa floresta de Víctor Hugo: y de la lectura mutua de los alejandrinos del gran francés, que Gavidia, el primero seguramente, ensayara en castellano a la manera francesa, surgió en mí la idea de renovación que debía ampliar y

realizar más tarde…[7]

Desarrollo literario de El Salvador ha representado el primer esfuerzo de sistematización de la historia del pensamiento literario y cultural de El Salvador. Ha tenido sus aciertos y sus fallas, como señalé al comparar los juicios de Menton y de Toruño sobre la novela *El cristiano errante*. Como dijo Enrique Mayorga Rivas en la introducción a *La Guirnalda Salvadoreña*, parafraseando a su abuelo, "Conocida es la imperfección que acompaña siempre a las obras humanas".[8] En el siglo IV antes de Cristo, Aristóteles sistematizó todo el saber que había surgido hasta la época. En El Salvador, en su segunda patria y en su campo de especialización, la literatura, Juan Felipe Toruño también sistematizó todo lo que había hasta 1957.

El poeta y escritor salvadoreño Tirso Canales reconoce la labor ingente de Toruño, sobre todo cuando se refiere a *Desarrollo*:

> En su recorrido, el historiador recoge lo poco que había por recoger y lo anotó en su obra *Desarrollo Literario de El Salvador*, que tiene registros valiosos hasta el año 1957. A trabajadores de la literatura, como Juan Felipe Toruño, es a quienes el pueblo salvadoreño les está en deuda, porque gracias a ellos, se han podido salvar importantes rasgos de nuestra identidad histórico-social, contenidos en las obras de los espontáneos escritores.[9]

---

[7] *Rubén Darío: Obras completas* citado por J.F. Toruño en *Gavidia entre Raras Fuerzas Étnicas –De su vida y de su obra–* (San Salvador: Ministerio de Educación, Dirección de Publicaciones, 1969) 56.

[8] Enrique Mayorga Rivas, *La Guirnalda Salvadoreña* (San Salvador: Ministerio de Educación, 1977) 2.

[9] Tirso Canales, *El conflicto, las claves de la guerra y otra realidades* (San Salvador: Editorial Memoria, 1999)18.

Toruño terminó Desarrollo con la "Generación Comprometida," poetas a los que les tendió la mano y quienes llegaron a convertirse en las estrellas salvadoreñas que figuran actualmente en la constelación universal de la literatura. Algunos de ellos son Roque Dalton García, Manlio Argueta, quien colabora en este libro con su ensayo, "Juan Felipe Toruño, historia literaria y "Sábados de *Diario Latino*". Argueta nota que: "Toruño facilitó las páginas de los 'Sábados de *Diario Latino*', para que se publicase una poesía totalmente innovadora en su forma y atrevida en su contenido, en un momento histórico en el cual facilitar la publicación de ideas a favor de la lucha popular era transgredir el orden institucional". Argueta comenta que Toruño fue un retador de su tiempo y que le dio a la palabra la facilidad de ejercer su libertad. También agrega que propició la expresión de las ideas de los grupos literarios jóvenes que tuvieron un espacio para la práctica de una estética revolucionaria y optimista.

Toruño tuvo la visión de que los poetas de la "Generación Comprometida" llegarían a ser grandes y no se equivocó. En diciembre de 1999, la novela de Manlio Argueta, *Un día en la vida*, quedó clasificada entre las cien mejores novelas de lengua castellana del siglo XX en la encuesta realizada por "Modern Library" en los Estados Unidos para escritores de habla española en el siglo XX; aun más, quedó clasificada en el quinto lugar después de algunas novelas de los recipientes de los Premios Nóbel como Gabriel García Márquez, Camilo José Cela y Juan Goytisolo, y antes de *El Señor Presidente* de Miguel Ángel Asturias.

Toruño cierra *Desarrollo Literario* con un valioso apéndice en el cual reconoce a los distinguidos literatos venidos de otros países, como Román Mayorga Rivas. Toruño también llegó a El Salvador, donde vivió más de cincuenta años y a pesar de haber entregado su vida al desarrollo literario de El Salvador, tanto a él como a Mayorga Rivas se les ha negado el derecho de ciudadanía en las historias de literatura salvadoreña, o cuando no es así, se les concede unas tres líneas, como en *Panorama de la literatura salvadoreña: Del período precolombino a 1980*, de Luis Gallegos Valdés (415).

En 1958, un año después de la publicación de *Desarrollo Literario*, don Luis Gallegos Valdés publicó "Panorama de la literatura salvadoreña" como un capítulo en su *Panorama das literaturas das américas*. La tercera edición sí constituyó un estudio similar al de Toruño: *Panorama de la literatura salvadoreña: Del período precolombino a 1980.*[10] El autor Gallegos Valdés reconoce las fuentes en las que se basó y cita a Toruño entre otros:

> Para los fines propios de este *Panorama*, la fijación en generaciones o en grupos se ha hecho en base a las opiniones de Francisco Gavidia, Román Mayorga Rivas, Juan Ramón Uriarte, Juan Felipe Toruño, Hugo Lindo y Matilde Elena López en el orden estrictamente cronológico de su enunciación. (195)

---

[10] Luis Gallegos Valdés, *Panorama de la literatura salvadoreña: Del período precolombino a 1980*, 3ª edición (San Salvador: UCA Editores, 1981). La primera edición de este libro constituye un capítulo en *Panorama das literaturas das américas* (Nova Lisboa, Angola: Edición del Municipio de Nova Lisboa, 1958) 495-588. La 2ª edición del libro de Gallegos Valdés fue publicada por el Ministerio de Cultura (San Salvador, 1962). Existen otros estudios similares, por ejemplo, de María de Membreño, *Literatura en El Salvador, desde la época precolombina hasta nuestros días* (San Salvador: Tipografía Central, 1959). En el género lírico existen tres tomos de *La Guirnalda Salvadoreña*, 2ª ed., de Román Mayorga Rivas (San Salvador: Ministerio de Educación, 1977), que es una excelente fuente de información, ya que contiene amplias notas biográficas, interesantes juicios críticos y abundante material poético. En el mismo género se encuentra *Cien años de poesía en El Salvador: 1800-1900* por Rafael Gochez Sosa y Tirso Canales (San Salvador: Publicaciones de la Biblioteca Dr. Manuel Gallardo, 1978) e *Índice antológico de la poesía salvadoreña*, 2ª ed., de David Escobar Galindo (San Salvador: UCA Editores, 1987). Sobre el cuento hay algo parecido por Manuel Barba Salinas, *Antología del cuento salvadoreño: 1880-1955* (San Salvador: Dirección de Publicaciones del Ministerio de Educación, 1980). Y hay otros estudios más parciales como el de Eugenio Martínez Orantes, *32 Escritores salvadoreños de Francisco Gavidia a David Escobar Galindo*

La obra de Gallegos Valdés tiene el mérito de haber investigado hasta 1980, lo que es un avance con relación al *Desarrollo Literario*. Por lo tanto, incluye las nuevas promociones literarias de poetas, novelistas, ensayistas y dramaturgos nacidos entre 1940 y 1950. Desfilan en esas páginas, jóvenes literatos como David Escobar Galindo, quien practica todos los géneros de la literatura y el periodismo profesional, y Ricardo Lindo, quien, además de escribir poesía, novela, ensayo y cuento, también pinta. Se agrega a la lista Luis Melgar Brizuela, Rafael Mendoza, José María Cuellar, Ovidio Villafuerte, Julio Iraheta Santos, Ricardo Castro Rivas, Rolando Costa y Salvador Juárez. Gallegos Valdés identifica a los grupos literarios que se formaron en esa época como "La masacuata", integrada por Roberto Galicia, Miguel Huezo Mixto, Eduardo Sancho, Pedro Portillo y Manuel Sorto; "La cebolla púrpura", fundada por David Hernández, novelista, periodista y actualmente profesor de literatura en la universidad de Hannover, Alemania. Los otros grupos son "el Taller Francisco Díaz" y "La Golondrina." Además de esas asociaciones de intelectuales, cita la revista *Taller* donde colaboraron Claribel Alegría, Gioconda Belli, Alfonso Quijada Urias, Salomón Rivera, José Roberto Cea, Alfonso Velis y Rhina Toruño, entre muchos otros escritores.

Panorama vio la luz en 1980. Desde entonces han pasado veinte y seis años, durante los cuales la creación literaria nunca se ha detenido, aun en medio de la Guerra Civil que duró 13 años, desde 1979 hasta 1992. La literatura en esta época tuvo mayor pujanza y con nuevos motivos, terriblemente dolorosos como fueron las

(San Salvador: Amanecer Editores, 1994). Sobre las escritoras hay una recopilación de 100 años, desde 1900 hasta 2000, *Mujeres en la literatura salvadoreña: Red de mujeres escritoras salvadoreñas* (San Salvador: Imprenta Pública, 1997).

masacres, represiones a las clases populares y las inmigraciones.

Así surgió un nuevo género de novela en El Salvador, la novela testimonial. Estos veinte y seis años deben ser analizados y compilados en otro *Desarrollo literario de El Salvador*. Toruño les tiende la mano a las nuevas generaciones a que actualicen su libro y lo superen, con la ayuda de la red-internet, la tarea ingente que realizaron Mayorga Rivas, Gavidia, Membreño, Gallegos Valdés, Ramón Uriarte, Toruño, Hugo Lindo, Matilde Elena López, Escobar Galindo, Cañas-Dinarte y muchos más. El camino ya está iniciado y, siguiendo la inspiración de Antonio Machado, "Caminante, no hay camino, el camino se hace al andar", ya hay historiografía de la literatura en El Salvador y debemos continuarla.

Juan Felipe Toruño, capitán sin barco, el buceador de las letras salvadoreñas y universales

por Antonio Velásquez

> Juan Felipe Toruño es el 'capitán sin barco de las letras' salvadoreñas [...]. Toda la erudición que el autor ha acumulado en sus largos años de buceador de las letras universales y toda la sensibilidad de su alma de poeta, las ha hecho ahora Toruño converger hacia la búsqueda de los 'por qués' [*sic*] y los 'cómos' en el proceso de la creación poética en nuestro continente.[1]
>
> —Juan Marín

Estudiar cualquier aspecto de la cultura de El Salvador implica reconocer que en su proceso formativo han jugado un papel esencial intelectuales y artistas que, aunque con raíces en otras naciones, han fructificado y legado sus más valiosos esfuerzos a este país que los adoptó. Entre varios de estos animadores culturales podríamos destacar al español Edmundo Barbero (1899-1982), quien desde su llegada en 1950 estableció su marca de incansable creador y difusor del teatro salvadoreño. En el ámbito de las letras en general brillan, entre muchos, Román Mayorga Rivas (1864-1925), nicaragüense y primer gran impulsor de la historiografía lírica salvadoreña y Claribel Alegría, muy salvadoreña en su personalidad y de rica producción literaria, quien nació en Estelí, Nicaragua, en

[1] Juan Marín, "Juan Felipe Toruño, animador de las letras salvadoreñas", *Repertorio Americano: Cuadernos de Cultura Hispánica* 42.2 (14 de julio de 1945): 16. En adelante referencias a este artículo aparecerán dentro del texto como: Marín, "Juan".

1924; y es hoy en día uno de los orgullos más altos que tiene El Salvador dentro del espacio de la literatura femenina latinoamericana y universal. Por último, pero no de menos importancia, está el también nicaragüense Juan Felipe Toruño (1898-1980), quizá la persona más entregada a la revelación de la labor literaria en este país y, sin duda, a su mayor difusión.

La producción más abundante de este poeta fue el ensayo histórico-crítico literario, pero sus huellas han quedado fuertemente impresas en el campo de la poesía con 23 libros y en el de la novelística con dos obras. El énfasis de este trabajo, sin embargo, recae en sus otras inquietudes intelectuales como lo fueron su devoción a la historización y crítica de las letras. De manera que este estudio no es sólo un intento por reconocer debidamente a Toruño como pilar esencial de la cultura nacional de El Salvador, sino más bien un esfuerzo reivindicador que ubica su labor de crítico-historiador literario en el centro de la historiografía literaria salvadoreña y universal.

Como bien lo expresa el mismo Toruño: "Nicaragüenses han sido los que más han laborado en las letras salvadoreñas".[2] En efecto, su presencia misma no sólo como periodista, poeta y narrador, sino también como crítico e historiador de la literatura salvadoreña marca un hito importante en la historia cultural salvadoreña. No es de extrañar, entonces, que cuando la nueva historia de la literatura salvadoreña se escriba, Toruño brille como un astro de luz propia cuya grandiosidad será al menos reconocida, ya que el país siempre le estará endeudado por su contribución al enriquecimiento de la cultura. Así se lo comunicó el famoso historiador Jorge Lardé y Larín, al expresarle que: "No podrá El Salvador pagar lo que tú le has tributado y lo que has hecho por su

[2] Juan Felipe Toruño, *Desarrollo literario de El Salvador: Ensayo cronológico de generaciones y etapas de las letras salvadoreñas* (San Salvador: Ministerio de Cultura, 1957) 437.

cultura".[3]

Aunque Toruño ya había publicado una novela, *La mariposa negra* (1928), su gran revelación artística en este género sólo trascendió fronteras con *El silencio*, que en 1938 ganó el primer premio en el Concurso del Libro Americano en Matanzas, Cuba, auspiciado por el Ministerio de Educación de ese país. Elogiado por algunas de las figuras más sobresalientes de la literatura latinoamericana, no puede menos que considerárselo como un aunténtico creador, dispuesto a explorar horizontes y a trazar modelos para el quehacer novelístico de la región. Gabriela Mistral expresó haber disfrutado de la lectura de la novela "por la exuberancia del lenguaje y por la descripción de nuestra tierra de América".[4] La uruguaya Juana de Ibarbourou lo exaltó como "gran poeta [y] un maravilloso narrador" (*El silencio* 9). Con esto concuerda una de las críticas más dedicadas a la exploración de lo literario en Centroamérica, Nydia Palacios, quien cree que *El silencio* "sitúa [a Toruño] entre los mejores narradores del género".[5]

Por su parte, otra gran figura de las letras salvadoreñas, Arturo Ambrogi, anunció que: "Juan Felipe Toruño es digno de figurar con merecimiento entre los primeros novelistas de Hispanoamérica" (*El silencio* 11). Es obvio que su labor en el campo novelesco y el poético, como se podría descubrir en otros trabajos que se incluyen en esta antología en su honor, es de suma riqueza e importancia porque profundizó en temáticas vigentes en todo el continente y las trató tan bien como lo hicieran los grandes de su

---

3 Citado en Carlos Gregorio Flores, *Biografías de escritores salvadoreños* (San Salvador: Editorial Libertad, 1994) 160.

4 Comentarios de diversas personalidades son incluidas en esta segunda edición de la obra de Juan Felipe Toruño, *El silencio* (San Salvador: Editorial Universitaria, 1976) 9. En adelante, referencias a la misma obra aparecerán dentro del texto como: *El silencio.*

5 Nydia Palacios Vivas, *Estudios de literatura hispanoamericana y nicaragüense* (Managua: Fondo Editorial Inc., 2000) 99.

tiempo y antes de él.

Vale enfatizar que el poeta leonense-sansalvadoreño, además de contribuir al desarrollo literario nacional tanto con poesía como con novelas, tomó la pluma y en diversos momentos de su vida como lo hicieran Francisco Gavidia y Alberto Masferrer, entre otros, elogió y criticó pero lo más importante es que reconoció debidamente los talentos silenciados por la ignorancia o por la falta de interés. Similar a los sofistas que comentaban textos en la cultura occidental de antaño, Toruño supo indagar en el valor mimético de la literatura respecto a las relaciones humanas así como en su función cognoscitiva. Ignorar una producción literaria que nos abría las puertas para poder entrar en contacto con la realidad ya no era una opción para Toruño. Como no había otros críticos o historiadores que de lleno se dedicaran al estudio de las letras salvadoreñas, el poeta-novelista y periodista hace como T. S. Elliot quien creía que muy frecuentemente el poeta debe ser la misma persona que el crítico, como lo han hecho desde la antigüedad en la cultura occidental: Dante, Goethe, Coleridge, Shelley y otros; todos fueron poetas pero eso no les impidió acercarse a la crítica literaria para descifrar e interpretar el caudal de voces que del mundo querían revelarnos. Además, el don de ser poetas les confiere más autoridad para hablar de las obras de otros poetas con quienes comparten una sensibilidad carente en el hombre común.

Aunque en algunos casos el trabajo de Toruño se avecina más a lo antológico que a lo crítico, en otros casos, como se evidencia en los tres tomos de *Los desterrados*, los juicios que hace son valederos y en cumplimiento con reglas y criterios del trabajo de un crítico. Además, se ve claramente que el poeta puede utilizar con destreza las herramientas básicas del crítico que según T. S. Elliot son "*comparison and analysis*"[6] (comparación y análisis). Es muy común ver en Toruño el entretejimiento de la historia y la crítica y,

[6] T. S. Elliot, *The Sacred Wood: Essays on Poetry and Criticism* (London: Faber and Faber, 1997) 31.

aunque probablemente algunos censurarían este hecho por considerarlo dos áreas distintas que requieren un acercamiento propio, es obvio que su trabajo adquiere más profundidad porque balancea ambos campos para contextualizar uno dentro del otro, es decir, lo crítico dentro de lo histórico. Por otro lado, en varios de los trabajos del autor se capta su subjetividad, pero ¿qué autor no es subjetivo en cualquier cosa sobre la cual decida meditar y escribir?

Ésta es la pregunta que deberíamos hacernos para hacer coro con otros intelectuales como Gabriel García Márquez quien cree firmemente en la carencia de objetividad en cualquier trabajo artístico.

A nuestro parecer, el historiador-crítico tiene el derecho total de emplear juicios personales o clasificaciones arbitrarias para llegar a decir algo y para poder vislumbrar ideas que han carecido de atención. Por esta razón, cuando Seidy Araya y Magda Zavala observan en tono acusador que: "Toruño analiza la producción literaria salvadoreña de manera selectiva porque se detiene sólo en algunos autores de cada generación o grupo";[7] no sólo cometen el error de aislar el trabajo histórico literario del crítico literario sino el de dar por excusada la: "Tarea de titanes", en el decir de Hugo Lindo, la cual "siempre tendrá, quiérase que no, cierto tinte subjetivo".[8] Además, como René Wellek afirma, la crítica literaria es"*the study of concrete works of literature with emphasis on their evaluation*"[9] (el estudio de obras literarias concretas con énfasis en

---

[7] Seidy Araya y Magda Zavala, *La historiografía literaria en la América Central (1957-1987)* (Heredia, Costa Rica: Editorial Fundación UNA, 1995) 74.

[8] Hugo Lindo, "Sobre la historia de nuestras letras", *Revista de Estudios Centroamericanos* 11.107 (agosto de 1956): 392. En adelante, referencias a este mismo artículo aparecerán dentro del texto como: "Sobre".

[9] René Wellek, *Concepts of Criticism* (New Haven: Yale University Press, 1978) 34. Otras referencias del mismo libro, aparecerán dentro del texto como: Wellek, *Concepts.*

su evaluación); pero, ¿cómo se podría evaluar una obra de arte que carece de un contexto histórico específico? Para los discípulos de la Nueva Crítica anglosajona liderada por John Crowe Ramsom, René Wellek y otros, durante la época en que Toruño escribía, la literatura era referencial y no podía existir sin salirse de ella misma hacia el mundo externo o sin tocar la experiencia humana. De la misma manera, los críticos sociológicos ven la literatura no como un producto pasivo de la historia sino como un fenómeno contribuidor y aun creador de la historia. De aquí podríamos desglosar que Toruño fue un crítico que combinaba todas estas características para cumplir con su encomiable labor de historiador-crítico literario.

En su *Diccionario de escritores centroamericanos*, Eduardo Arellano injustamente escribe que Toruño, "llevado por su voluntariosa entrega al estudio", produce no más que "recuentos parciales". No obstante, reconoce que "su aporte como historiador literario fue útil".[10] Lo cierto es que, recuentos parciales o no, las elucubraciones hechas por Toruño son valederas y de vital importancia para ampliar el conocimiento de áreas tan áridas en Centroamérica como lo ha sido el trabajo de la crítica literaria. Que Arellano reconozca la utilidad de la obra de Toruño o no, reviste muy poca importancia ya que el tiempo y la historia son los que se encargarán de juzgar los grandes esfuerzos de cualquiera que en algún momento de su vida se haya dedicado al enriquecimiento del saber. Además, el autor habrá dejado un legado extensamente rico del cual futuros investigadores se podrán beneficiar, ya que crear o desentrañar la historia literaria de una nación es trabajo colectivo en el cual una generación se nutre de su anterior.

Los poetas que desfilan por las páginas de *Los desterrados* provienen de las más diversas naciones del globo y, aunque los

---

[10] Jorge Eduardo Arellano, *Diccionario de escritores centroamericanos* (Managua: ASDI, Bibliotecas Nacionales de Centroamérica y Panamá, 1997) 109.

apartados para cada uno de ellos suelen ser breves, se rescata en sus líneas tanto la voz de cada poeta como las valorizaciones que de ésta hace el crítico. Su libro *Índice de poetas de El Salvador en un siglo: 1840-1940*,[11] rescata a los poetas nacionales del olvido tal como lo había hecho Román Mayorga Rivas casi sesenta años antes. Y, al igual que Mayorga Rivas, Toruño nos ofrece una síntesis del entorno e influencias de cada poeta así como también juicios críticos de sus respectivas obras. Por consiguiente, su artículo "La mujer en El Salvador" es una fuente excelente de información para trazar la participación histórico-cultural del género femenino. En ese artículo, Toruño recopila un *collage* de testimonios, cartas y entrevistas para concatenarlos con sus propios juicios de historiador crítico y presentarlos al lector que de otra manera no sería informado de lo mucho que: "Se le debe a la mujer", ni acerca de su "contribución eficaz para impulsar el progreso nacional".[12]

En 1957, bajo el seudónimo de Géminis, Toruño comparte con Salvador Wegiz, autor de *Masferrer, un ala contra el destino,* el primer premio en el Certamen Nacional de Cultura por su *Desarrollo literario de El Salvador: ensayo cronológico de generaciones y etapas de las letras salvadoreñas*, texto que serviría de referencia a investigadores en las disciplinas de crítica e historia literarias dentro y fuera del país. Es cierto, y vale recalcarlo aquí, que para 1957 ya estaba en plena formación una historiografía de la literatura salvadoreña; por ejemplo, en 1893, Alberto Masferrer ya había escrito su breve ensayo "La literatura en El Salvador" y Juan Ramón Uriarte su "Síntesis histórica de la literatura salvadoreña", en 1925.[13]

---

[11] Juan Felipe Toruño, *Índice de poetas de El Salvador en un siglo: 1840-1940* (San Salvador: Imprenta Funes, 1941).

[12] Juan Felipe Toruño, "La mujer en El Salvador", *Revista del Ateneo de El Salvador* 284-285 (julio-diciembre 1975): 7-63.

[13] Este último artículo se encuentra en el breve libro *Los poetas novios de Cuscatlán, Ana Dolores Arias y Rafael Cabrera*, pero lo interesante es que él mismo había prometido una *Historia de la literatura salvadoreña* en cuatro tomos que nunca vieron la luz de la posteridad.

En los años 40 y principios de los 50, el *salvadoreñista* Luis Gallegos Valdés ya había participado en conferencias y escrito artículos sobre la literatura salvadoreña en diversos lugares de Europa y América. Sin embargo, aunque estos esfuerzos poco trascendentales hubieran sentado las bases para una crítica literaria posterior, los textos de la mayoría de los escritores hasta entonces, continuaban careciendo de reconocimiento y atención crítica. Es a partir de la publicación de este valioso libro de Toruño que la literatura salvadoreña empieza a verse con más interés. Su aparición fue como un vértigo que trajo consigo fuertes incentivos nacionalistas para volver la mirada a lo producido en el territorio gavidiano.[14]

No cabe duda de que Juan Felipe Toruño fue un hombre de incontables inquietudes intelectuales. Gracias a sus incursiones literarias y su seriedad de investigador-creador, El Salvador llegó a contar con su primera historia literaria que puede con propiedad reconocerse como un estudio de méritos emparentado con las historias de otras literaturas nacionales que se publicaban en ese entonces. En efecto, para Rhina Toruño, hija del autor y crítica literaria radicada en los Estados Unidos, "*Desarrollo literario de El Salvador* ha representado el primer esfuerzo de sistematización de la historia del pensamiento literario y cultural de El Salvador".[15]

---

[14] Después de *Desarrollo literario de El Salvador* salieron a la luz trabajos de estudiosos dignos de mención, como la monografía *Literatura de El Salvador desde la época precolombina hasta nuestros días* de María B. de Membreño (San Salvador: Tipografía Central, 1959); *Estudios literarios: capítulos de literatura centroamericana* (San Salvador: Ministerio de Cultura de El Salvador, 1959), con énfasis en lo producido en El Salvador del español Alfonso María Landarech; *Panorama de la literatura salvadoreña* (San Salvador: Ministerio de Educación, 1959) del ya mencionado Luis Gallegos Valdés; y, además de estudios en revistas locales y extranjeras por otros investigadores, *Recuento: anotaciones literarias e históricas de Centroamérica* (San Salvador: Dirección de Publicaciones e Impresos, 1969) de Hugo Lindo.

[15] Rhina Toruño. "Juan Felipe Toruño, autor del *Desarrollo literario de El Salvador* y promotor de grandes poetas como Roque Dalton García, Manlio Argueta, Roberto

Lastimosamente parece haber una miopía deliberada dentro de El Salvador donde tales observaciones pasan desapercibidas; por ejemplo, la editorial estatal jamás se ha preocupado por reimprimir una nueva edición de este valioso texto que el Ministerio de Cultura le publicó a Toruño en 1958.[16] Este gran forjador de generaciones culturales bien pudo haber tenido el éxito que otros historiadores y críticos de las letras hispanoamericanas han tenido, pero para su infortunio, el medio en el cual le tocó actuar, su oficio, como el de muchos que pudieron haberlo intentado con resultados aun menos trascendentales, no era considerado una profesión seria. Entonces, ¿cómo pudo Toruño resistir las fuerzas de un medio tan hostil y árido para el desarrollo intelectual y tan poco receptivo de una disciplina tan importante para el conocimiento de lo propio y lo ajeno? "Su poder creador", diría Juan Marín, uno de sus más fieles admiradores intelectuales de la época. También fue gracias a su sed insaciable de explorar todo aquello que estaba a su alcance.

Es interesante notar que por la misma época otro de los pocos incansables creadores y estudiosos de la literatura salvadoreña, Hugo Lindo, se hacía la misma pregunta; lo citamos aquí extensamente para ilustrar la fuerza movedora y las motivaciones de hombres como Toruño y él mismo para no ceder a las limitaciones impuestas por el medio y por las circunstancias. Dice Lindo lo siguiente con respecto a la necesidad de escribir la primera historia literaria de El Salvador:

Armijo, Tirso Canales, José Roberto Cea y otros". *V Congreso Internacional de Historia*. Mesa Historia y Literatura. San Salvador (18-21 de julio de 2000), <http://www.fordham.edu/lalsi/Literatura.html>.

[16] Claro está, demonizar completamente las acciones de esta institución sería injusto, ya que hoy en día está haciendo lo posible por sacar del adormecimiento a las voces de críticos ya fallecidos o residentes en el exterior. Además, el número de publicaciones de autores locales e internacionales hasta hoy logrado es alentador, pues está haciendo algo que ninguna otra editorial de los Estados regionales ha intentado.

> [L]os pocos que nos hemos entregado a estas investigaciones tropezamos a cada instante con escollos muy difíciles de salvar. ¿Valdrá la pena de hacer el esfuerzo? La importancia del propósito obliga a la respuesta afirmativa, sin vacilaciones, porque es una importancia de muchas facetas. Hay estrechísima relación entre las formas de vida social de un pueblo en un momento de su historia, y la expresión literaria de ese mismo instante. Primero, por cuanto ya la expresión literaria, en sí misma, constituye una de las múltiples formas de vida social, y luego, porque mantiene con las otras —la moral, la política, la económica, etc.— un juego de complejas interacciones, a veces demasiado sutiles o profundas para poder aislarlas en un proceso de análisis. La historia de nuestras letras vendría a ser un tipo de historia nacional, más íntima y espiritual que la otra, la que hace referencias a los acontecimientos externos. Esta [*sic*] que propugnamos vendría a ser no sólo una historia del pensamiento de nuestros hombres, situados en muy diversas condiciones personales, y, por tanto, legítimos representantes de los núcleos humanos de que han formado o forman parte, mas también una visión de sus modalidades más secretas: sensibilidad, gustos estéticos, creencias religiosas o anti-religiosas. [...] De cuanto ha venido integrando el meollo espiritual de la Patria. ("Sobre" 390)

Por supuesto, Hugo Lindo escribió estas líneas dos años antes de que Toruño publicara su *Desarrollo literario de El Salvador*; no obstante, aquí tenemos a dos intelectuales que muy probablemente tenían ideas similares y sentían esa preocupación de legar al país una historia de su literatura. De modo que para ambos, sí valía la pena bregar por la cultura, aunque a veces quijotescamente, contra todas las dificultades que enfrentaban.

Siguiendo con nuestra temática, vale establecer que las disciplinas de la crítica y la historia literaria, ya bien desarrolladas en otras naciones, han tenido menos seguidores y estudiosos dentro de El Salvador que en otros países latinoamericanos como México, Argentina y aun el país vecino, Guatemala. Mucho antes que cualquier otro país del istmo, Guatemala ya tenía una *Historia de la literatura guatemalteca,* escrita por David Vela. Con respecto a El Salvador, hasta recientemente las únicas obras histórico-literarias que podían consultarse en algunas bibliotecas extranjeras eran, en primer lugar, *Desarrollo literario de El Salvador* de Toruño y *Panorama de la literatura salvadoreña* de Luis Gallegos Valdés. A este último, Toruño lo reconoce como alguien con potencial en ese entonces pero todavía en plena formación.

Toruño se lamenta de que: "En El Salvador no se ha ejercitado la crítica en sentido exacto y ecuánime [...]. Lo que se ha llamado crítica han sido, unas veces, desahogos y otras manera de quedar bien" (*Desarrollo* 385). Más tarde, Hugo Lindo señalaría estos mismos defectos en su valioso libro *Recuento,*[17] ya que cuando un crítico, propiamente dicho, no puede criticar objetivamente un trabajo por razones de compromisos personales, se entorpece el establecimiento de una crítica pura. Toruño continúa explicando que dentro de ese medio del cual él es parte, "el autor que no es elogiado se siente ofendido enemistándose con el que señaló defectos. No se ha practicado, por lo tanto, la crítica en el verdadero concepto criticista" (*Desarrollo* 385). Lo que ocurre con esta manera de actuar es que se termina por violar la autonomía crítica y se despoja de sus más básicas características, ya que ésta debe ser, en palabras de

---

[17] Hugo Lindo, *Recuento: Anotaciones literarias e históricas de Centroamérica* (San Salvador: Dirección de Publicaciones, 1969). Véanse particularmente las páginas 135 a 168.

Mathew Arnold: "*sincere, simple, flexible, ardent*"[18] (sincera, simple, flexible, ardiente), pero jamás acomodaticia.

Claro está, todo parece indicar que la crítica como disciplina no es y nunca ha sido un área llamativa en comparación a otras áreas del saber, pero es importante reconocer que hubo gente interesada en sembrar el arte de la crítica literaria a pesar de las barreras difíciles que debieran superar.[19] Esto lo hicieron porque para ellos no había duda de que, como postula René Wellek: "*Criticism is part of the history of culture in general and is thus set in a historical and social context*" (Wellek, *Concepts* 8). (La crítica forma parte de la historia general de la cultura y está encuadrada, por consiguiente, en un marco histórico social.) Un estudio comprensivo del origen y desarrollo histórico crítico de las letras en El Salvador que borrando fronteras pudiera tener vigencia en el amplio marco de la crítica latinoamericana y que de paso enalteciera la riqueza literaria de esta pequeña nación, ya no podía postergarse; Toruño entendió esto muy bien y, como tantos de sus esfuerzos, *Desarrollo literario de El Salvador* nació de su pluma: "En función fundamental de la cultura" (*Índice xiii*).

En sus múltiples incursiones literarias se evidencia claramente que Toruño sabe equilibrar la razón de ser de un crítico literario y la de un historiador de la literatura. En su época, en el decir del novelista chileno Juan Marín, era "uno de los mejor

---

[18] Mathew Arnold, *Essays in Criticism* (London: J. M. Dint and Sons Ltd., 1964) 34.

[19] Vale puntualizar que no sólo la crítica literaria quería alzar vuelo en esa temprana edad sino también el reconocimiento de la existencia de una literatura nacional. Esto es evidenciado por la rúbrica fechada 1881 que lleva en uno de los preámbulos *La Guirnalda Salvadoreña* de Mayorga Rivas. La susodicha versa así: "Deseando el Supremo Gobierno dar el mayor ensanche posible á [*sic*] la literatura nacional, ACUERDA: que la obra del señor don Román Mayorga Rivas, titulada '*Guirnalda Salvadoreña*', se imprima en la Imprenta Nacional por cuenta del Tesoro público" (xxix).

informados de nuestra América".[20] Tuvo una gran capacidad para desdoblar su imaginación y fue por esta cualidad que pudo destacarse en la crítica tan bien como lo hizo en la creación poética y novelística. Contra viento y marea indagó en los vericuetos más recónditos del pensamiento tanto salvadoreño como del resto de Latinoamérica y de ultramar. Su seriedad crítica hizo que en 1963 fuera premiado y declarado "crítico internacional" por el Consejo del Escritor Argentino. Como él mismo advierte en el prefacio a uno de sus poemarios, "no hay dificultades para el conocimiento cuando se puede desdoblar la mente".[21] Su sed de saber más y de infundir sus descubrimientos a las futuras generaciones lo llevaron a dedicarse disciplinadamente a la tarea de historiador y crítico consciente de sus limitaciones pero, aun más importante, consciente de que podía alumbrar el camino para los que vinieran después de él.

Investigadores y animadores culturales de la calidad y empeño de Toruño quizá no vuelvan a surgir en la historia cultural de El Salvador, y no porque no haya gente con la capacidad sino porque el medio y las circunstancias son toscos y pueden destruir los mejores intentos y desquebrajar al que no tiene la fuerza y disciplina suficientes para seguir luchando. Aun hoy en día son muy pocos los que se aventuran a escribir en este campo, pero por muy bien intencionados que sean sus esfuerzos, todavía se puede detectar en sus juicios lo que Toruño y Lindo habían venido señalando desde mediados del siglo pasado; esto es: compromisos, favoritismos, falta de madurez o simplemente desahogos por rencillas personales.

Juzgando por el archivo de sus actividades se puede concluir que Toruño siempre fue un intelectual infatigable en el

---

[20] Juan Marín, "Nota bibliográfica", *Repertorio Americano: Cuadernos de Cultura Hispánica* 45.15 (miércoles, 15 de junio de 1954): 239. Citas subsecuentes aparecen referidas dentro del texto como: "Nota".

[21] Juan Felipe Toruño, *Hacia el sol* (San Salvador: Imprenta Funes, 1940) 7. Citas subsecuentes del mismo texto aparecen como: *Hacia*.

campo periodístico y creativo. Con una amplia trayectoria de director, fundador y colaborador de periódicos y revistas literarias, Toruño era la persona más indicada y apta del momento para fundar las páginas literarias del *Diario Latino*. En la columna editorial de este periódico, Toruño, según lo atestigua Marín, "glosa[ba], y comenta[ba] el acontecer político, cultural y cívico del país y de Centroamérica en general" (Marín, "Juan" 16). Pero aun más encomiable labor que ésta fue que, desde las mismas páginas de este periódico, el multifacético escritor orientó y animó a jóvenes escritores y poetas que encontraron en él y en su espíritu alentador una fortaleza protectora de la hostilidad del medio que por siempre, lejos de impulsar y valorar la creación, ha contribuido a su retraso y hermetismo. El novelista Manlio Argueta, mediante los enunciados de uno de sus personajes en su *Caperucita en la zona roja*, publicada por primera vez en 1977, reconoce el apoyo que Toruño les daba a los jóvenes poetas. El personaje dice: "Es que yo leo el suplemento literario que dirige Felipe Toruño en el *Diario Latino*, ahí donde publican ustedes. [...] no se olviden que Toruño también fue proletario, zapatero, y desde ahí ascendió a lo que hoy es, un intelectual, quizás por eso los apoya a ustedes".[22] Este apoyo del patriarca intelectual les garantizaba a las generaciones jóvenes una apertura hacia un campo difícil de entrar y más aun de mantenerse en pie. El que publicaba con Toruño pronto adquiría reconocimiento literario y poético como lo infiere el personaje en la novela.

Toruño detectó en muchos de los jóvenes el potencial que los llevaría a formar las filas delanteras de la literatura salvadoreña, y no se equivocó. La llamada "Generación Comprometida" de los escritores que aun hoy en día escriben y continúan brillando en la plataforma de la literatura internacional, deben su reconocimiento a este forjador inigualable de un capítulo importante en el mapa de la cultura

---

22 Manlio Argueta, *Caperucita en la zona roja*, 2.ª ed. (San Salvador: UCA Editores, 1999) 73-74.

salvadoreña. "Capitán sin barco de las letras salvadoreñas" lo ha denominado Marín, y esto es precisamente porque "en Toruño no entraña limitación, sino todo lo contrario". Ubicado en un mar abierto y susceptible a la turbulencia de pésimas oleadas, Toruño no claudicó y supo dirigirles el rumbo a los que voluntariamente lo acompañaban en su odisea y, más que eso, avizoró "los horizontes para descubrir en extrañas tierras y en playas remotas todo aquello que se identifi[cara] con el culto de la Belleza y del Arte" (Marín, "Juan" 16). De hecho para el mismo Toruño, "el Arte es de seriedad irreponible. Para mí, el Arte es de respeto. Para mí el Arte es la representación constante del pensamiento humano sublimado, expresado en formas" (*Hacia* 8). Y fue este respeto por el Arte en su función locuaz y de representatividad de lo humano que llevó a Toruño a indagar cada vez más y más entrando, de este modo, "en contacto con las fuentes de la literatura universal así como con las corrientes del Arte contemporáneo. Toruño conoce las literaturas modernas, española y francesa, tan a fondo como pudiera conocer la de su patria" (Marín, "Juan" 16). Testimonio de su labor como buceador de las letras universales ha quedado inmortalizado en sus tres tomos de *Los desterrados* así como en otras fuentes dispersas. Es aquí donde realmente podríamos apreciar al Toruño crítico de la literatura en el sentido más amplio y abarcador de este concepto.

El término "crítico" del griego *kritikós*, entendido como: "juez de literatura",[23] data desde el siglo IV antes de Cristo. La "crítica literaria" es trabajo propio del crítico pero, como hemos podido dilucidar aquí, ser juez de literatura implica sumergirse en lo histórico para "enseñar á [*sic*] la humanidad verdades ocultas á [*sic*] la ciencia".[24] En pocas palabras, Juan Felipe Toruño continuará

---

[23] Para más información sobre los aspectos históricos y semánticos de esta palabra, véase a René Wellek en *Concepts of Criticism*, página 22.

[24] Tomás Ayón, "Prólogo", *Guirnalda salvadoreña* de Román Mayorga Rivas, 2.ª ed. (San Salvador: Dirección de Publicaciones, 1977) i-vii.

viviendo en la memoria de aquéllos que reconocen los frutos de cualquier esfuerzo hecho por él con el propósito de ayudar a fundar bases sólidas para la edificación de una cultura que no debe carecer de algo tan elemental como lo son la historización y evaluación crítica de sus literatos y su legado de herencias culturales.

IV Mentor y forjador de generaciones literarias

Juan Felipe Toruño, historia literaria y "Sábados de *Diario Latino*"

por Manlio Argueta

Juan Felipe Toruño: Un ave en la tempestad

No pretende este trabajo hacer crítica literaria de la obra del nicaragüense-salvadoreño Juan Felipe Toruño, sino referirse a su papel como promotor de los jóvenes grupos de varias generaciones en el suplemento literario del *Diario Latino*, ahora *Co-Latino*, decano del periodismo nacional fundado por don Miguel Pinto en 1903.

Este suplemento, según el propio Toruño, se comenzó a publicar en 1932, año que se conoce como el de la matanza o de la insurrección "comunista", pero que es, sobre todo, el inicio de un ciclo histórico que no acabó de cerrarse sino hasta después de una guerra civil de casi 60 años, con el Acuerdo de Paz firmado en enero de 1992. Hay cierto simbolismo entre el año de fundación del suplemento y el inicio de la marginalización de las expresiones de los jóvenes salvadoreños. Fueron condenados por su posición de izquierda, lo cual originaba intolerancia hacia su obra, propio del período absolutista que duró 60 años en El Salvador.

Aunque no cabe hablar de una vanguardia literaria en aquellas fecha de los años 30, es significativo que Toruño abra una página literaria en esa etapa autoritaria que vivía el país. Las preguntas que se hacen desde una expresión cultural que tiene como signo la violencia y el utilitarismo, preguntas vigentes aun para la clase política, son: ¿Por qué hablar de literatura entre los muertos?

¿Por qué traer al plano nacional, la sensibilidad literaria en épocas de necesidades reales? Es una posición que ha prevalecido en círculos del pragmatismo del poder, y tanta trascendencia negativa ha tenido para el desarrollo de las artes en El Salvador. Estas falsas premisas han originado el escaso interés que los medios han prestado a promover el desarrollo de las letras o a la promoción de los grupos literarios iniciales.

Ante la historia dramática del país surge la culpabilidad social que produjo estancamiento en áreas tan sensibles como el cultivo del humanismo. Las respuestas a aquellas preguntas son invariables: arte y hambre no compaginan, letras y miseria tampoco compaginan, y la teoría de la cultura ante una realidad letal es insultante. Esto es semejante al conocido dilema: ¿A quién salvar si se incendia una casa y sólo cabe decidir por una alternativa? ¿Al niño que puede morir quemado o al cuadro de Picasso o Van Gogh? Dilema que parte de premisas falsas que dañaron la proyección de la literatura nacional.

Sin embargo, nos hemos visto obligados, y esto alcanza los tiempos actuales, a decidir entre la miseria y el arte, entre la pobreza y la poesía. Entre el horror y la estética del horror. Es en la ruptura de estos mitos donde se debe ponderar el esfuerzo de Juan Felipe Toruño al dar cabida a varias generaciones de jóvenes que se decidieron por la literatura, no obstante que se arriesgaban a caer entre los dos fuegos del sofisma: el arte es un lujo; y la literatura no es prioritaria en una sociedad en emergencias sociales y económicas permanentes.

Retador de su tiempo, Toruño le dio a la palabra la facilidad de ejercer su libertad, es decir, le otorgó lo que tiene en común con las aves: dejarlas libres, propiciar la expresión de sus ideas a los grupos literarios jóvenes que tendrían un espacio para la práctica de una estética que quería ser vital ante el dramatismo de la realidad, para convertirse en representativos de un arte del optimismo. El veterano periodista y escritor Toruño pudo detectar ese optimismo con una visión similar a la de los jóvenes como lo demuestra su persistencia al apoyo a varias generaciones que hicieron el planteamiento estético hacia una nueva Nación con valores diferentes, aunque nunca pudieron proyectar en lo político lo que parecía ser su aporte moral dentro de la sociedad. Recordemos a propósito que la "Generación Comprometida" tenía como lema que el escritor es una conducta social, ligando ética con estética, pero sin lograr repercusiones en la conciencia de una clase política que aún ahora se desdibuja cada vez más ante los ojos de la opinión generalizada que asocia política con corrupción y falsedad, en lo que se denomina el cinismo del poder.

Algunos de estos grupos jóvenes que surgieron a lo largo de varias generaciones a partir de los años 30, contaron con el espacio que propiciaba "Sábados de *Diario Latino*". Poetas, narradores y periodistas que con el tiempo se constituyeron en representativos que hicieron trascender ese tiempo, no obstante que el mismo Toruño tuviera desacuerdos momentáneos con ellos, lo cual es un mérito mayor para él porque, aun sin compartir las posiciones de los jóvenes, tuvo la visión de apoyarlos en una actitud que arrancaba de propiciar esos espacios a ideas de vanguardia. En esto, el escritor y periodista estaba claro. Así, al referirse a la situación de las letras del país afirma que "ha estado ausente la mesura despojada de pasión y de preferencias, como ha faltado la lógica para el inventario de ideas".[1]

Se abrió a los jóvenes que no contaban con medios para expresarse, ya fuese porque representaban nuevas opciones, o

[1] Juan Felipe Toruño, *Desarrollo Literario de El Salvador: Ensayo cronológico de generaciones y etapas de las letras salvadoreñas* (San Salvador: Ministerio de Cultura, 1957) 285.

porque no tenían una consagración, o porque el marco social no entendía el significado del planteamiento intuitivo y humanístico a través de la novedad de ideas, de las propuestas alternativas desde la sociedad civil. O bien provenía el bloqueo de un prejuicio conservador propio de su tiempo de tempestades. Era difícil así, entender a quienes intuían un futuro diferente. Precisamente la vanguardia tiene entre otras cualidades distintivas adelantarse a su época, romper con aquellos parámetros que fenecen con el tiempo.

Juan Felipe Toruño y el Círculo Literario Universitario

Saltando el orden cronológico de ese apoyo, voy a referirme a uno de los grupos más favorecidos por los "Sábados de *Diario Latino*" y que fueron los que plantearon una ruptura que los acercaba más a una vanguardia literaria: el Círculo Literario Universitario, fundado por Roque Dalton y por el poeta guatemalteco Otto René Castillo. En una primera declaración de principios se definen con un tono propio de lo que son: un grupo de estudiantes de primeros años de la Universidad; el planteamiento no tiene nada de novedoso: "Queremos ser los mejores... Por ahora somos jóvenes inquietos por las letras, la música, la pintura... sabemos hasta lo más hondo de nuestros afectos que el intelectual de ahora es un hombre esencialmente telúrico en comunión continua con sus pueblos, con sus alegrías y tristezas" (Primer Sábado dedicado al Círculo Literario Universitario, el día 28 de enero de 1956). Sin embargo, esa declaración juvenil que aparece firmada por unas treinta y dos personas, casi todas estudiantes de la Facultad de Derecho, connotados juristas ahora y sólo dos o tres escritores, por provenir de una Universidad que representaba una oposición civil cada vez más crítica y activa, que no podía tomar desprevenido a Toruño. En esa misma página señala lo que sigue: "Esta página les pertenece el último sábado de cada mes, se las cedemos con agrado y hasta con regocijo y confiamos que para ellos también será regocijante y satisfactorio tener una plaza pública en la que expresen sus ideas y sentimientos". El concepto "plaza pública" define la claridad con que Toruño aceptaba a los jóvenes que representaban a la Universidad como conciencia crítica de esa época.

Y a medida que los jóvenes del Círculo publican sus poemas y reseñas, Toruño se da cuenta de que los jóvenes le habían tomado la palabra; y como representativo de una empresa periodística, se dirige a los poetas haciéndoles reparos y habla de ellos con ironía de una "generación nuevecita" (se refiere al Círculo Literario que él mismo promovía) que "reforzó a la Generación Comprometida, que quisieran que todo estuviese bajo el imperio de sus principios y actitudes, a manera de monopolio del conocimiento sin conocimiento. Los que no están con ellos están contra ellos" (*Desarrollo* 427). Por otro lado, Italo López Vallecillos, quien le dio el nombre al grupo de "Generación Comprometida", en otra declaración de principios de ese mismo año en la *Revista Hoja* (1956), de la que sólo salieron cuatro números y desapareció de las bibliotecas, afirma:

> Para nosotros la literatura es esencialmente una función social... La Generación Comprometida sabe que la obra de arte tiene necesariamente que servir, que ser útil al hombre de hoy...
>
> Los movimientos literarios que han tenido como fórmula el escribir mucho para no decir nada, han manoseado las palabras, han desvirtuado el contenido de las letras.[2]

[2] Luis Gallegos Valdés, *Panorama de la literatura salvadoreña.* (San Salvador: Monasterio de Educación, 1959) 415.

En la *Revista Hoja* tienen cabida directa Otto René Castillo, Roque Dalton y otros miembros del Círculo Literario Universitario. De esa manera, entre "Sábados de *Diario Latino*" y *Revista Hoja*, se dio la conjunción de los dos grupos, los de 1950 y los de 1956 que a la postre serían los que conformaron la denominada "Generación Comprometida". Pero veamos algo más: Juan Felipe Toruño promueve las letras jóvenes pero no se adhiere a sus planteamientos, y a eso se refiere cuando dice "que [los jóvenes] quisieran que todo estuviese bajo el imperio de sus principios y actitudes". Ya veremos más adelante el gran significado que tiene para un periodista y promotor cultural este tipo de divergencia.

Literatura y búsqueda de la utopia

El anterior planteamiento tendrá más significación si se aclara que desde 1932 hasta la firma del Acuerdo de Paz, excepto por breves espacios, los tiempos de El Salvador fueron de tempestades. La crisis no sólo fue social y económica sino política, y en sus momentos, los intelectuales que se apoyaron en los espacios periodísticos de Toruño fueron parte de esa siembra de vientos. Por su juventud y falta de repercusión en el seno del poder, la voz estética tenía más misión de rompevientos en contra de las tempestades que, sólo una década después, originarían la catástrofe nacional de la guerra.

Los planteamientos estéticos que tuvieron cabida en los espacios propiciados por Toruño denunciaban una sociedad injustamente dividida, denuncia que era parte de una búsqueda de la democracia como utopía o democracia sólo imaginada. Esos planteamientos, en un país sin legitimidad política, crearon el prejuicio contra una literatura nacional que tenía sello de oposición al sistema autoritario y, por tanto, se le reprochaba planteamientos ideológicos y politización, que era la manera de desvirtuar la creación estética que se hacía a través del poema, el género literario predominante en las seis décadas de absolutismo. Y por supuesto que a través de la creación literaria se manifestaba un pensamiento que por carencia de institucionalidad política no se podía asegurar a los que quisieran manifestarse de otra forma para disentir. De esa manera, el Grupo Seis, la Generación del 44 y el grupo denominado de Intelectuales Anti-Fascistas en la década de los 40, antecedentes de la Generación Comprometida, hicieron de la poesía un instrumento crítico. Desde Pedro Geoffroy Rivas, con su "Vida y Muerte del Anti-Hombre" y Antonio Gamero, con "Homenaje a tu saliva", poetas de mayor edad, hasta Oswaldo Escobar Velado, con su "Patria Exacta", o los ensayos sobre realismo artístico de Matilde Elena López, integrantes del Grupo Seis o de la Generación del 44, con excepción de Geoffroy que estaba en el exilio, y que tenían como connotación moral el fin de la dictadura del general Hernández Martínez; a esos escritores... de diferentes épocas... es a quienes se les da cabida en "Sábados de *Diario Latino*".

Por otro lado, es manifiesta la tendencia crítica en ese transcurso histórico de los 60 años absolutistas sobre el rol de la poesía. Y por eso, es tradición dominante de la literatura de El Salvador, lo cual ha dado origen a su propia marginalidad, que no es la marginalidad existente en toda América Latina sino la que proviene de un acendrado prejuicio que tiene por consecuencia lógica ese vacío de seis décadas que aún repercute en nuestros días en falta de interés por los suplementos literarios, de revistas literarias y de tolerancia por el pensamiento e ideas divergentes; prejuicio que no es fácil de borrar por estar afincado en una práctica prolongada por varias generaciones en que dominó el autoritarismo nacional. Y ése es el gran mérito de Toruño y de la familia Pinto, propietaria del periódico *Diario Latino*, para el desarrollo de la literatura de El Salvador, al ofrecer una especie de oasis en las catacumbas silenciosas e insondables. Al no compartir las ideas de los jóvenes, como señalábamos al principio al citar a Toruño, y no obstante ello conceder los espacios para la promoción literaria, se estaba dando una muestra del mayor valor que puede tener el periodismo, el de la tolerancia, ausente en ese período túnel, con una puerta condenada, de la historia nacional. Promover un espacio para la literatura en los medios de información es otorgar un papel relevante a la manifestación más clara de valor espiritual y moral.

Con jóvenes de diferentes épocas es que Toruño propicia ese ejercicio de ave que decíamos al principio, el trabajo estético como única posibilidad de contar con una ventana hacia la libre expresión del pensamiento. El mismo Toruño lo expresó bien:

> Desde 1932 esta página ha publicado prosa y poesía donde se dieron primicias de Alfredo Cardona Peña, hasta 1938 tuvieron espacio Hugo Lindo, Antonio Gamero, Ricardo Martel Caminos, Oswaldo Escobar Velado, Otto Raúl González, Alfredo Cardona Peña... A todos se les acogió con cariño y se les orientó habiendo ocasiones que no les agradaron nuestras observaciones pero con el transcurso de los años nos dieron la razón, de no tratar política militante, porque las letras en vez de avanzar demoran su acción. ("Sábados de *Diario Latino*" 28 de enero de 1956)

Tanto para las letras salvadoreñas como para Toruño eran aplicables las observaciones. Por un lado se trataba de una estética de confrontación contra las ideas tradicionales y por otro, la empresa periodística establecía las reglas del juego y ofrecía con conocimiento de causa una página literaria. Dice Toruño: "No se les puede negar, [a los jóvenes] ni se les podrá ver con indiferencia. Hay que atenderles su condición aunque ataquen y denosten. No se olvide que juventud es futuro y el mundo se anquilosaría si los jóvenes tuviesen las experiencias de los mayores" (*Desarrollo Literario* 431). Estas palabras se dicen cuando el modelo modernizante de los jóvenes militares —impuesto con un golpe de estado el 14 de diciembre de 1948— ha comenzando a avejentarse y se va cayendo en la espiral de la crisis política de quienes habían gobernado con el nombre de Partido Revolucionario de Unificación Democrática (PRUD), calco del PRI de México, país donde estuvieron exiliados y se confabularon los jóvenes militares para derribar en el 48 a otro de los tantos gobernantes generales que hemos tenido.

Pero esas palabras son el parámetro y entendimiento que fijan las reglas entre los grupos de jóvenes y la política empresarial, que reconoce el derecho a dar la palabra, para que exista "un inventario de ideas", como dijo Toruño. Dentro de estas reglas y espíritu de tolerancia se consolidaba y se daba a conocer a los grupos literarios más importantes que ha dado El Salvador.

A Juan Felipe Toruño se sumó otro periodista y promotor cultural, Luis Mejía Vides, en 1957, quien también había abierto el *Suplemento Literario de La Prensa Gráfica*; sin embargo, Mejía Vides no pudo resistir las presiones conservadoras que provenían de otros medios, y se vio obligado a renunciar. Eran esos días difíciles cuando Alvaro Menen Desleal había publicado su poema "Dame tu mano Antípodas". Un columnista de la época execró el poema y el suplemento diciendo que era un poema declaradamente bolchevique, lo cual significaba una condena pública que ponía en la ilegalidad al poeta y dramaturgo, al igual que al periodista que le daba cabida. En esas condiciones de tempestades solamente los más jóvenes pudieron soportar la presión y dar continuidad a sus tendencias estéticas. Eran los años 60. La crisis política lanzó al exilio o la cárcel a la mayoría de los miembros de la "Generación

Comprometida". Con ello terminó el experimento de los suplementos literarios al servicio de la palabra que disentía. Una nueva etapa se abrió desde el ostracismo que dio oportunidad de publicar en revistas y libros fuera del propio país. Mientras tanto, en El Salvador, diez años después, con el inicio de la espiral bélica (1971), los jóvenes, en su mayoría universitarios de otra generación, ya no quisieron empuñar la poesía sino el fusil de la insurgencia.

Sin compartir las ideas de los poetas bajo su sombra —"nuestra sombra de árbol de amate", como decía uno de los más románticos del grupo, Roberto Armijo— Juan Felipe también llegó hasta el final, abriendo sus espacios hasta que ya no quedaba posibilidad de publicar a quienes más había apoyado, al Grupo del Círculo Literario Universitario, los más persistentes de la "Generación Comprometida", comprometidos con su época y su oficio de escritores y que ahora forman parte de una historiografía literaria aún por ahondar.

San Salvador, 18 de julio de 2000

Juan Felipe Toruño: infatigable viajero de sí mismo

por David Escobar Galindo

La voluntad de ser que se filtra en la voluntad de hacer.

Juan Felipe Toruño nació en Nicaragua, en el penúltimo año del siglo XIX, y allá emprendió muy pronto su formación fundamentalmente autodidacta. Temperamento libre e inquieto por naturaleza, su escuela fue siempre la acción: la acción intelectual, en las modalidades más variadas. Recién salido de la adolescencia llegó a El Salvador, y aquí se instaló para siempre. Un "para siempre" que fue su forma personalísima de preservar las raíces haciendo que las ramas se extendieran sobre los territorios abiertos de esa inquietud que lo llevaría a cultivar prácticamente todos los géneros literarios, desde la poesía hasta el artículo periodístico, desde la novela hasta las memorias de viaje, desde el cuento hasta el ensayo. Alma sensible y guerrera a la vez, luchó contra todas las zarzas espinosas del ambiente sin perder la delicadeza profunda. Se hizo dueño de su propio ser desde el comienzo de su andadura vital e intelectual, sin encerrarse nunca en la cripta sorda de los incomprendidos. Ésa es quizás, desde el punto de vista del ejemplo moral, su principal lección: la independencia ganada a desvelo, sostenida a pulso, servida a conciencia.

El periodismo fue su trabajo cotidiano, prácticamente durante toda la vida. La huella periodística de Toruño está perfectamente dibujada en el mapa de nuestra historia cultural. Los "Sábados de *Diario Latino*" aún son recordados por ser tribuna abierta a las aventuras del pensamiento, cuando nuestro pequeño mundo era al mismo tiempo, de una forma curiosamente precursora, provinciano y universal. Toruño fue también editorialista distinguido y comentarista agudo de la realidad literaria. Muchos tuvimos la suerte de recibir el dictamen de su palabra, que no se andaba con cortesías inútiles, pero que jamás zahería sin necesidad. De don Juan Felipe —como llegamos a decirle con respetuosa familiaridad— podía esperarse una advertencia directa, pero jamás una reacción innoble. Era como aquellos antiguos caballeros trajinantes por caminos ásperos, que para preservar la entereza de la personalidad tenían que ganar fama de duros, pero afinando a la vez los mecanismos de la justicia cordial. Hombre de corazón, Toruño no podía transigir con nada que estuviera más allá de los límites de su ideal de vida. Y eso, en aquel tiempo o en cualquier otro, es una proeza de proporciones heroicas.

La disciplina laboriosa y la fecundidad creadora iban de la mano en Toruño, unidas al esfuerzo natural por estar al día con lo nuevo y a la capacidad expansiva de la curiosidad inteligente. Mente globalizadora, mucho antes de que esta palabra estuviera en boga, Toruño quería conocerlo todo, analizarlo todo, integrarlo todo. Lo mismo le interesaban, por ejemplo, los poetas del remoto Oriente que los poetas de nuestra vecindad local. Para Toruño —y en eso también fue precursor— el espacio y el tiempo eran simples servidores de la palabra. Para él, era la palabra, esencia comunicativa del ser, la que gobernaba la Vida y, desde luego, su propia vida. De esto dejó testimonios constantes, que sería muy ilustrativo desentrañar a fondo, para lección de los que están y de los que vendrán. Fue un cultor infatigable de la acción. Nunca descansó en ese empeño cotidiano y por ello más trascendente. Hizo del hacer el filtro depurador del ser. Enseñanza potente, que se ve con tan rara frecuencia en cualquier sociedad del mundo.

El viaje por América

Toruño era hombre interior constantemente volcado hacia afuera. Quiso no sólo ser de su tiempo, sino también derramarse en su tiempo. Para él, las fronteras eran inexistentes, en la mente y en la geografía. Quizás su "desarraigo arraigado", su pertenencia profunda a dos tierras, lo hacía más sensible a la comprensión del otro. Tres grandes figuras intelectuales de Nicaragua vivieron en El Salvador y para El Salvador ese fecundo trasfase: Román Mayorga Rivas en el siglo XIX, y Alberto Guerra Trigueros y Juan Felipe Toruño en el siglo XX. El legado de estos tres grandes señores de la cultura, los tres poetas y también los tres más que poetas, está vivo entre nosotros, y fulgura con vitalidad inagotable. Por curiosa afinidad, tanto Mayorga Rivas como Guerra Trigueros y Toruño dejaron una huella luminosa en el desarrollo periodístico de El Salvador.

La vocación latinoamericana y latinoamericanista de Toruño fue constante y enteramente congruente con su concepción vivencial del papel del intelectual en un mundo en formación y en expansión. En tres densos tomos bajo un solo título —*Los desterrados*—, Toruño reunió sus estudios sobre poetas de América. Conoció América por los aires de la creación antes de conocerla en sus estaciones geográficas y políticas. Y fue en 1949 y 1950 cuando se dio la conjunción de circunstancias favorables para que Juan Felipe Toruño emprendiera su recorrido ilusionado por las comarcas del continente reconocido de antemano en las voces y en las plumas de sus más distinguidos exponentes intelectuales, con los que nuestro autor había venido creando una red de simpatías y afinidades a lo largo del tiempo.

En 1951 se publicó uno de los más reveladores e ilustrativos libros de Toruño: *Un viaje por América*. La originalidad de este libro, que prácticamente ha pasado inadvertido dentro del mundo crítico, estriba en ser una narración de viaje, de seductora sinceridad detallista y, a la vez, un muestrario dinámico de las ideas de Toruño. El autor no es un mero recolector de experiencias intelectuales: sus conceptos, sus vivencias, sus emociones y hasta sus anécdotas se sustentan en un ideario muy propio, resumido en los escuetos párrafos introductorios. Ahí se lee:

> No sé por qué quienes viajan, van a Estados Unidos o a Europa. Sería conveniente, agradable y útil, que fueran a conocer las naciones del sur. Sugestivas. Bellas. Nutridas de leyenda y gesta, con herencias seculares. Con la huella de un pasado grandioso: aborigen o colonial. También por esos países podrá irse a Europa. Necesitamos conocernos. Mutualizarnos. Saber lo que hay en América. Precisa igualmente que se nos conozca. El noventa y cinco por ciento de los habitantes del sur, hasta hoy, ignoran la existencia de los pueblos que componen Centroamérica. Saben apenas de uno que otro país, debido a sus grandes hombres: héroe o poeta.[1]

Y esto, que se escribió hace 55 años, salvo matices que no alteran el fondo, podría escribirse ahora mismo.

El relato minucioso es, además, de una muy expresiva amenidad, "a lo Toruño" podría muy bien decirse, porque nuestro autor era a la vez sesudo y desenfadado, acerado y emotivo, reflexivo y burbujeante, y tenía como marca un talante estilístico inconfundible. Toruño cuenta lo que ve, lo que siente, lo que vive, y así retrata su tiempo, el personal y el histórico. Podrían citarse multitud de ejemplos espigados en las palpitantes páginas. Traigo uno, de su estancia en Buenos Aires, en su visita a Alfredo L. Palacios, figura relevante y controversial de su tiempo:

---

[1] Juan Felipe Toruño, *Un viaje por América* (San Salvador: Ediciones Orto, 1951) 5.

> Le pregunto el motivo que tuvo Lugones para suicidarse. Yo supe —le digo— que llegó a esa determinación por su gran orgullo de hombre superior. Éste no le permitía, como se acostumbra aquí, que lo hicieran esperar horas y horas en antesalas para no ser recibido por quienes eran inferiores a él. Todo por asuntos políticos... —¡Nooo! —exclamó el maestro—. Aquí todos le tolerábamos su mariposeo político. Leopoldo voló en distintas ramas. Quizás fueron ésos los motivos que lo indujeron al suicidio. No creo que haya sido por eso. Parece que estaba enamorado. Que le vino una de esas... neurastenias. En fin... ¡Vaya a saberse concretamente lo que ocurrió en su temperamento! Todos lo quisimos. ¿Pobreza? Yo tengo solamente mi biblioteca. Ya ve usted. (193)

Toruño no desperdicia sensación, de la naturaleza que sea. Espíritu abarcador, entusiasta, insaciable, fue lo que Barba Jacob llamó una llama al viento. Tuvo tiempo y energía para alumbrar todos los rincones de la existencia. Y le quedó suficiente vitalidad para transitar por miles de páginas, como un peregrino sin fatiga. En algunas instituciones, como el Ateneo de El Salvador, su esfuerzo fue ejemplo de disciplina, porque para hacer todo lo que hizo Toruño tuvo que ser esencialmente disciplinado, a su modo, como lo son los creadores que no se detienen a organizar la vanagloria porque saben que el mérito verdadero sólo está en la multiplicación del trabajo diario, que es un milagro semejante al de los panes y los peces, el recuerdo personal.

Entre *Senderos espirituales*, libro de poemas publicado en León, Nicaragua, en 1922, y *Poemas andantes*, ensayos sobre literatura europea y oriental, publicados en San Salvador, El Salvador, en 1977, transcurren para Juan Felipe Toruño 55 años de creatividad fluvial. Lo conocí personalmente a fines de los años sesenta, en *Diario Latino*, y desde entonces lo frecuenté con holgada periodicidad. Era a la vez sincero y generoso. No tenía dobleces en la opinión. Y su información era tumultuosa, con frecuencia desordenada, pero a la vez prendida en incontables ganchos racionales.

No encuentro mejor autorretrato anímico de don Juan Felipe que el que dejó plasmado en su "Tríptico de vida", que son tres sonetos premiados, escritos en 1935, y que se explican por sí mismos y al hacerlo reproducen, en imágenes profundas y aladas, el ser espiritual y mental, esotérico y realista, libre y concentrado de este hombre singular, cuyas fértiles huellas están vivas de tantas maneras y con tantos influjos en los territorios escabrosos de nuestra cultura:

Tríptico de vida

Invitación
I

¡Alma mía, no duermas! Ya tu faz
ha de ser la del sol, y primavera
debes regar. ¡No más la prisionera
en torvas sombras e inquietud sin paz!

¿Quieres amor? Formaremos un haz
de sencilleces puras. Dondequiera
verás entonces reflejada, entera,
tu luminosa e inconfundible faz.

En el terrón anónimo, en la flor,
en la vida sin vida, en el color
del tiempo a nuestro unido amor deshizo,

Hallaremos amor. Idealidad
suprema habrá de guiarnos. La verdad
estará donde estés porque está Dios.

Aspiración
II

Vamos. Idealidad serás la vela
del barco. En paz con nuestras ilusiones,
dos hélices de amor, dos corazones...
Y el pasado quedando como estela.

Sobre la mar sin fin dichosa riela
Serenidad su vida sin pasiones...
No habrá huracán que apague las canciones
en que tan sólo Eternidad se anhela.

Rumbos de luz para bogar tendremos.
Y si la muerte, incauta, nos alcanza,
—como quien sobre una Alba Única vuela—

sobre la propia muerte bogaremos...
Asidas tu esperanza y mi esperanza,
vamos. Idealidad será la vela.

Liberación
III

En vano el tenebroso viento quiso
desgarrar el velamen. Ni la muerte
pudo con esta fuerza que es más fuerte
que la ilusoria muerte. Ni el hechizo

Del tiempo a nuestro unido amor deshizo.
Somos, siempre seremos: ya en la inerte
modulación de un eco que se hizo,
o en la mentida sombra de la muerte.

¡Alma mía, hemos llegado! Somos
en la sola unidad porqués [*sic*] y cómos [*sic*].
Somos la misma Vida y nuestra vida

es esencia de Amor y de Verdad.
¿No sientes alentar con tu encendida
sutil llama la de la Eternidad?

Juan Felipe Toruño: Aquella estrella de la dicha cautivante

por David Hernández

Ciudad vacía para un mundo en crisis

Hace exactamente veintisiete años, en diciembre de 1973, yo era un poeta joven en El Salvador que recién iniciaba mi estancia en el bienaventurado valle de lágrimas de la literatura. San Salvador, más que una provincia, era una camisa de fuerza que asfixiaba. La mayoría de los escritores estaban fuera, y no necesariamente por voluntad turística. Muchos eran perseguidos políticos. Manlio Argueta e Italo López Vallecillos en Costa Rica, Roque Dalton recién llegaba clandestino a El Salvador, Roberto Armijo seguía en París, Menen Desleal en Alemania, Claribel Alegría en Mallorca, España. Los pocos referentes literarios, como José Roberto Cea o Alfonso Quijada Urías, andaban a salto de mata. La Universidad Nacional había sido cerrada por el ejército salvadoreño, luego de haber sido violada su autonomía y capturadas, el 19 de julio de 1972, las principales autoridades universitarias. Unos estaban en Costa Rica —Fabio Castillo, Flores Macall, Mario Moreira— otros en México, entre ellos Lito Menjívar, que se unió a los exilados anteriores como Liliam Jiménez, Liliam Serpas y Mauricio de la Selva. San Salvador estaba intelectualmente vacía.

Por esa época, unos jóvenes poetas fundamos el grupo literario La Cebolla Púrpura. Tanto Jaime Suárez Quemain como Rigoberto Góngora y yo éramos conscientes de la tradición que heredábamos. Sabíamos que en San Salvador había vivido la poesía, no sólo Roque Dalton, Pepe Rodríguez Ruíz, Manlio Argueta, Otto

René Castillo, el Pipo Escobar Velado o Antonio Gamero. También allí se habían vuelto autores malditos, su solo nombre era prohibido en ciertas esferas oficiales. En El Salvador reinaba la paz de los cementerios.

El único referente que aún sostenía vivo ese círculo de fuego mágico que nos vinculaba a la generación anterior era don Juan Felipe Toruño, quien desde hacía décadas mantenía sus "Sábados de *Diario Latino*", donde habían iniciado sus pasos los poetas de la "Generación Comprometida" y del Círculo Cultural Universitario en la década de los cincuenta. Este noble poeta nicaragüense —a quien dependiendo del estado de ánimo o sobriedad, los poetas jóvenes llamábamos don Juan Felipe, Toruño, el Viejo Toruño o Juan Felipe Toruño— era un oasis literario en un desierto cultural e ingrato hacia los creadores a quienes sencillamente se ignoraba. Ni tan siquiera se les despreciaba.

En los años sesenta, los poetas del grupo Piedra y Siglo, como Ricardo Castrorrivas o Rafael Mendoza, habían publicado sus poemas y cuentos en los "Sábados de *Diario Latino*". Y en los setenta estábamos nosotros, huérfanos de mundo.

Es difícil explicar ahora, a la vuelta de muchos años, el gran apoyo moral que significaba la sola presencia de Juan Felipe Toruño en aquel San Salvador asfixiante para los poetas jóvenes de entonces. Sólo él podía comprender nuestra pasión por Allen Ginsberg, los *beatniks*, Artaud y aquella novela legendaria que circulaba por todo el continente hablando de unos cien años de solidaridad; sólo Toruño podía ser tan irracional para compartir con nosotros la admiración por la antipoesía de Nicanor Parra o por Ernesto Cardenal, Pablo Antonio Cuadra, coronel Urtecho y la poesía exteriorista nicaragüense de la que él mismo formaba parte; sólo él podía bendecir nuestros sueños de convertirnos, cuando menos, en condes de *lautreaumonts* salvadoreños, en *rimbauds* de arrabal capitalino, en *kafkas* tuberculosos del trópico, en *hemingways* de la Praviana y el Lutecia, los bares bohemios de esa época.

Al final —hablo de nuestro particular final del juego— Jaime Suárez fue secuestrado y descuartizado por los escuadrones de la muerte en 1980, Rigoberto Góngora cayó como guerrillero del FMLN en 1982 y yo, más por ironía del destino que por casualidad concurrente, terminé como el fantasma que soy, emborrachándome de poesía en las guerras del exilio bajo amargas noches de soledad en Moscú, Amsterdam, Asia Central, Bucarest, París, Budapest, Bonn o Alejandría, ciudades del encanto conocidas primero a través de la magia de la poesía que nos diera Juan Felipe en los encuentros vespertinos en la redacción del *Diario Latino*, y ciudades de la magia que —estoy seguro— mis hermanos poetas muertos me encomendaron recorrer por ellos. Por eso bebí siempre, como cicuta amarga, los vinos del infierno y las hieles de la gloria a la *salú* de nuestro pobrecito poeta país, donde Toruño una tarde de aquellos setenta nos habló de la magia de la palabra y nos hizo comprender el poder de la poesía.

La tarde que conocí a Toruño

Juan Felipe representó, por esos años, la continuidad de la literatura que se estaba gestando en El Salvador. Era el ceibo bajo cuya frondosa sombra nos sentíamos amparados. Su labor como editor de los "Sábados de *Diario Latino*" no tenía parangón en el pobre panorama editorial salvadoreño. Sólo otro periódico nacional, *La Prensa Gráfica*, sacaba de vez en cuando algunas cosas nuestras. Su encargada era una señora italiana que firmaba como: Aldef. Sin embargo, la relación con ella era epistolar; le remitíamos nuestros cuentos y poemas y ella nos contestaba y nos publicaba. No era lo mismo que conversar con Juan Felipe y escuchar su retablo de anécdotas y recuerdos —antimemorias bellísimas que nunca escribió— mediante los cuales nos zambullíamos en el mundo de la literatura y la magia.

Toruño fue durante muchas décadas uno de los pocos nortes para la literatura salvadoreña, especialmente la de los jóvenes. Conversar con él era no sólo disfrutar de un ameno momento, sino también extraer enseñanzas, beber de las fuentes universales de la literatura. Su labor de mentor y guía fue excepcional, ya que nos señalaba las pautas a seguir, las huellas de los grandes maestros.

La tarde que lo conocí, aquel diciembre del 73, estaba de antemano señalada por un telefonazo que di a la redacción del *Latino*. En el diario me dijeron que estaba enfermo, pero que siempre atendía a los poetas jóvenes y me dieron su teléfono. Una voz amable me informó que estaba en cama, pero que podía visitarlo en su casa situada en la Colonia San Francisco, cerca de la terminal de Buses de Occidente. Con una sartriana novela bajo el sobaco y un par de cuentos y poemas, me dirigí a su casa, donde una muchacha amable me condujo a su dormitorio. Ahí estaba él, el pelo cano, postrado, pero muy lúcido. Hoy comprendo que la poesía nunca lo abandonó, fue su savia y su oxígeno. Le entregué mis poemas y cuentos y antes que yo lo notara habían pasado un par de horas de intensa charla, donde se mezclaban las referencias a los poetas universales, pero también a los poetas desconocidos de nuestro país y de Centroamérica, que habían sido también grandes a su manera.

Entre todo el anecdotario de la poesía y los escritores que recorrió me ha quedado la imagen imborrable de un poeta romántico salvadoreño de principios del siglo XX, cuyo nombre no recuerdo y quien, según me relataba Toruño con el aplomo del contador de historias de la tribu, se había suicidado frente a un espejo, pegándose el clásico balazo en la sien, preso de un amor maldito, y recitando los versos famosos de José Batres Montúfar: "Yo pienso en ti / tú vives en mi mente / sola, sin tregua / a toda hora..." Estas anécdotas, más que hablarme de la literatura en sí, me hablaban de la actitud ante la vida de un escritor, de su compromiso, en primer lugar para con la página en blanco y en segundo lugar para con la calidad de su producto cultural. Escribir, escribir y escribir, nos recomendaba Toruño, "el escritor es como el músico; tiene que ensayar todos los días para afinar el oído y estar en forma", remachaba.

Hoy, a la vuelta de muchos años, recuerdo el anochecer de San Salvador, cuando me fui a pie desde la casa de Toruño hasta el café El Porvenir, donde se reunían los poetas de La Cebolla Púrpura, meditando sobre aquel primer encuentro con Toruño. En El Porvenir, un café de barrio bajo, nos emborrachábamos pobremente con cerveza gigante, Regia, fumábamos cigarrillos sin filtro, Embajadores, y cenábamos con boquitas de pepitorias. Con suerte, a veces pasaba algún poeta consagrado que había ganado los Juegos Florales de alguna aldea, y nos invitaba a unas pupusas con aguardiente. Esa temprana noche, sin embargo, la gran noticia fue que ya teníamos el contacto con Toruño.

Nos pusimos contentos como si nos hubiésemos sacado la Lotería Nacional de Beneficencia. "La poesía es como una estrella, que con su luz ilumina y mata", me dijo Toruño al despedirme de su lecho de enfermo, citando en parte a José Martí. Meses más tarde aparecieron mis poemas en el *Latino* y también mi primer cuento, "A las dos de la tarde", dedicado a Juan Mario Castellanos en Costa Rica y escrito para el fuego eterno del olvido.

Los poetas de ese entonces siguieron esa estrella, al igual que las dos generaciones anteriores, formadas bajo el estímulo alentador de don Juan Felipe. Porque publicar en el *Latino* era la mejor garantía de calidad literaria que podía ostentar cualquier escritor en El Salvador. Años después, bajo otros cielos más límpidos o más envenenados, al ver cualquier cielo estrellado vuelco mi recuerdo hacia aquellas charlas de San Salvador. Toruño nos hizo comprender que para escribir hay que alzar la vista hacia el infinito y perseguir la luz más aniquilante y totalizadora. Jaime Suárez y Rigoberto Góngora, los poetas con quienes fundé La Cebolla Púrpura, murieron jóvenes bajo el resplandor ciego de esa estrella sin tener ni el tiempo ni la oportunidad de escribir una obra sólida.

Yo aún recuerdo, en las noches polares del norte europeo, las palabras cariñosas de don Juan Felipe, enseñando a los poetas jóvenes de entonces el rumbo sin rumbo, la rumba como una sagrada tumba cargada de alegría y fatalismo, que esa estrella de la dicha cautivante —la poesía— lleva como cola en su destello asesino. Desde entonces sigo y persigo esa estela que conocí siendo joven, rebelde y feliz en ese El Salvador que ya no existe más que en las metáforas de mis recuerdos.

diciembre de 2000

Apuntes de un heredero desconocido

por Armando Molina

Creer en la virtud de los hombres es creer en la relación ideal entre el espíritu y la naturaleza. Nada más alejado de lo que se observa en la actualidad que lo anterior. Sin embargo, siempre ha existido una particular raza de hombres que creen en esa utópica relación, y se los encuentra uno en los más insólitos entornos como también en el más ordinario: en el aula de clase de una escuela rural, en el consultorio médico de un hospital de ciudad, entre el tedio burocrático de un ministerio o al frente de la vertiginosa redacción de un periódico. Con todo sin embargo, las cualidades que los hace únicos son verdaderos milagros cotidianos, y de ellas data la altura moral que los caracteriza: la profundidad de su espíritu, su confianza en los signos de la vida y su natural disposición a la grandeza.

Pero acaso hablar de virtud en un principio resulte en un lapso metafísico que a pocos interese. Al fin y al cabo, virtud y moral aparecen hoy día como palabras exóticas pertenecientes a una época lejana, lo cual me lleva a insistir en la rareza de encontrar esta clase de hombres cuyas cualidades corroboran su existencia y su justificación de ser.

Me doy cuenta de que me adelanto a mí mismo, característica personal más bien molesta que me hace caer más tarde en regresiones innecesarias sobre lo que quiero abordar como tema. Y quizá sea mejor que empiece por hacer unas cuantas confesiones sobre el hombre que me ha inspirado a escribir estos apuntes, la persona de Juan Felipe Toruño, culto hombre de letras, poeta y maestro, y un escritor que vivió enfrascado en una lucha encarnizada contra lo que esa escritora estadounidense Gertrude Stein ha llamado "la contemporaneidad que encara el verdadero artista". De antemano quiero establecer que estos apuntes no son un análisis crítico de la obra de Toruño, como tampoco un estudio exhaustivo de su vida y su trayectoria literaria. Se trata más bien del testimonio cándido de un heredero lejano y desconocido, cuyo asombro ante las aspiraciones ya vividas por otro lo han llevado a escribir estas exiguas notas que se mueren por ser una apología a la formidable figura de un hombre cuya obra le era hasta hace poco desconocida.

Empezaré entonces por hablar de la magnífica sorpresa que para mí ha sido el descubrimiento de la vida y obra de Juan Felipe Toruño. Digo con certeza sorpresa y descubrimiento, ya que su obra ha venido a corroborar algo que personalmente he venido sospechando desde hace ya algún tiempo, y que ahora se convierte en una verdad evidente a través de conocer su biografía: una vida dedicada al diálogo cultural sobre nosotros mismos, entre nosotros mismos. Esto a lo mejor suene retórico y desconectado en primera instancia, de modo que paso a explicarme.

Hace algunos años ya hablábamos de nuestras aspiraciones literarias con la vehemencia propia de dos jóvenes con un gran amigo fotógrafo y poeta colombiano. Ambos soñábamos con la idea de empezar un suplemento literario que con el correr del tiempo llegara a convertirse en una revista. Era un sueño muy querido por ambos, pues nos sentíamos capaces de afrontar el reto con lo mejor de nuestros pertrechos artísticos ya nada incipientes. Hablábamos entonces de las evidentes ausencias de propuestas culturales latinoamericanas en los medios de comunicación de nuestro entorno ya en las postrimerías del siglo; nos pesaba mucho el lúgubre presente y su falta de opciones culturales impresas; y hablamos también de lo complejo, voluble y efímero del mundo artístico actual. Pero sobre todo nos enervaba el hermético y farragoso discurso de los exégetas de las hegemonías culturales vigentes, el mismo con el que a menudo nos mantienen al margen de nuestros propios logros en el campo del espíritu.

Mi amigo y yo ponderamos la idea del suplemento durante varios meses, hasta el momento en que arribamos a una pregunta que todavía espera una respuesta categórica de mi parte referente a los menesteres culturales, y una que aún me preocupa: ¿Cómo forjar el camino hacia el entendimiento de nuestras diferencias e idiosincrasias como hombres y mujeres, hijos de América Latina? Ése era nuestro dilema, y no es errado pensar que el mismo aún sigue vigente.

Pero nosotros lo teníamos claro entonces, lo que buscábamos en esa época era emprender la tarea de crear el espacio cultural y asumir la oportunidad de presentar nuestras versiones del arte; queríamos asombrarnos ante la diversidad de sus manifestaciones; deseábamos averiguar la verdad sobre nuestro pasado, y profundizar y analizar nuestros logros en los campos de lo humano. Pero también queríamos hacerlo con rigor intelectual, y no a través del dogma o la consigna; ambicionábamos enfocar la tarea bajo una mirada crítica, sin caer por ello en la generalización.

En esencia, aquélla era la pregunta inicial, y ahora, muchos años más tarde, al pensar en cómo aproximarme a la figura intelectual de Juan Felipe Toruño, al descubrir su obra y recorrer su vida me encuentro con que este hombre hacía ya cincuenta años que había tomado medidas concretas hacia la realización de esas ideas que yo consideraba nobles y novedosas hasta hace algunos años.

Es posible que lo rememorado aquí sea poco original, y hasta pudiera creerse presuntuoso de mi parte el insinuar un vínculo con la vida y obra de un escritor de la envergadura de Toruño en el ámbito cultural americano. Sin embargo, para mí resultó saludablemente sorprendente hallar un punto de encuentro con la figura del viejo maestro, en el sentido que mis ponderaciones y aspiraciones literarias tenían de él la misma fuerza y pasión por esas cosas del espíritu. Y fue ese argumento justamente, lo que me llevó a escribir los siguientes apuntes:

Como es de muchos sabido, Juan Felipe Toruño nació el 1º de mayo de 1898 en León, Nicaragua. Muy pronto, a escasos once años lo encontramos de profesor de la escuela de Posoltega, en su tierra natal. A los trece se enlista en el ejército que defiende al presidente electo nicaragüense, José Madriz, y durante ese breve periplo conoce el combate y la crueldad de la guerra. Más tarde huye atravesando la cordillera de los Maribios, esa serie de musculosos cerros de tupida vegetación tropical que corre desde el impresionante volcán Momotombo que se eleva al lado del lago de Managua y se sumerge en el Golfo de Fonseca, para surgir en El Salvador ya con otro nombre y con el mismo ímpetu, todo lo cual resultará en una curiosa coincidencia en su vida, como pronto podrá verse.

En lo que consta en los datos biográficos que de él he podido reunir, en su condición de escritor, Toruño fue un hombre autodidacto. Este hombre que más tarde se convertiría en un paradigma del hombre de letras centroamericano, no nació entre pañales de seda ni fue instruido por tutores privados. No se educó en Europa ni en universidades lejanas sino que lo forjó la vida y, en palabras de uno de sus mentores espirituales, su férrea voluntad de poder. Fue un hombre que se formó con la ayuda de otros a los que él admiraba y respetaba, y tomó al pie de la letra las lecturas de sus héroes de juventud: los románticos del siglo XIX. Los maestros de sus años formativos fueron los clásicos: Aristóteles, Longos, el sofista del siglo II, Baudelaire, Nietzsche y Rousseau, por mencionar algunos.

Hombre sagaz y de diáfana inteligencia, Toruño se convirtió desde muy joven en editor de periódicos y revistas; fue columnista de publicaciones de prestigio de su época y más tarde se convirtió en miembro correspondiente de la Real Academia Española y catedrático de literatura en diferentes instituciones de El Salvador.

Para 1925, Toruño era un poeta hecho y derecho y uno de los hombres centroamericanos más educados, más cultos y más formales de su tiempo. Como puede verse entonces, la suya era una filosofía muy personal basada en el trabajo intelectual arduo y en el culto al arte y a la tierra donde se vive y se sufre.

Pero esto es apenas el comienzo. Ya instalado en San Salvador donde aparece por una de esas deliberadas casualidades del destino —el barco que lo trasladaba a Cuba a asumir su plaza de editor en una publicación de la isla naufragó en la costa de Cutuco— Toruño se dedicó a lo que más amaba y sabía hacer a cabalidad: escribir y forjar poetas. Se incorporó como redactor del *Diario Latino* en 1925, puesto que abandonó sólo tres semanas antes de su muerte en 1980. En 1930 fundó el histórico suplemento literario "Sábados de *Diario Latino*", en cuyas célebres páginas a lo largo de cincuenta años pasaron los que más tarde serían los protagonistas de otras notables páginas de la literatura salvadoreña.

Ahí y entonces, insisto, se afianzó el diálogo de Toruño sobre nosotros mismos, hecho por nosotros mismos, valga la forzada reiteración.

Toruño personifica al hombre de letras centroamericano: el artista aplicado a su oficio y el maestro cuya ulterior búsqueda fue la de sí mismo a través de otros afines a él. Durante su larga y fecunda vida literaria, Toruño escribió poesía, novelas, cuentos, ensayos críticos, crónicas y editoriales, 37 libros para ser más exactos. Se granjeó la amistad de grandes personalidades literarias de su época y se convirtió en un hombre de amplia y vasta cultura admirado por muchos desde México hasta la Patagonia. En su libro *Huésped de la noche y otros poemas*, publicado en San Salvador en 1947 por la Imprenta Funes (una verdadera joya editorial, por cierto), hay una sección final muy curiosa propia de los libros de la época, que viene a corroborar mi afirmación. Se trata de una sección de comentarios sobre el autor hechas por figuras relevantes de su momento. Esta sección no sólo nos permite formarnos una imagen del protocolo literario de la época, sino que asimismo nos ofrece una idea más amplia sobre la importancia de Toruño y su proyección como hombre de letras. Citaré sólo dos de ellos, en mi afán de ser breve:

> El poema "Horario Sentimental" podría ser firmado por cualquiera de nuestros grandes poetas. Yo, no recusaría de firmarlo [...] Toruño, a veces, parecerá un poeta inglés, por la sobriedad en el detalle y la seguridad en el trazo. Tiene un ojo que no lo equivoca.

Este comentario es firmado por el exquisito peruano José Santos Chocano y publicado en el *Diario El Día*, de San Salvador en 1924.

O este otro:

> Juan Felipe Toruño logra [...] volver a trasfundir en las palabras la esencia apacible de la poesía. La palabra cambia esencialmente su destino. Ya no es un vehículo, un instrumento, una materia intermediaria para expresar estados del alma, emociones, sentimientos. Es la emoción misma, el estado de alma, el sentimiento mismo [...]. Es la poesía desnuda [...].

Éste es firmado por Miguel Ángel Espino y publicado en el periódico *El Excelsior*, de México.

Con ello diré entonces que Toruño fue un hombre instalado muy a gusto en su época: un escritor propio de su tiempo que supo indagar los asuntos literarios y artísticos en su momento justo. Y lo hizo con integridad y con el rigor intelectual necesario, a través del autoconocimiento y de su infatigable curiosidad por lo que es humano y sus manifestaciones. Así hasta los protagonistas de sus novelas son una fiel reflexión personal en la que los conceptos filosóficos se entrelazan con la pasión poética, actitud artística dirigida a la resolución del eterno enigma en la vida del hombre: la revelación de lo que significa ser humano en la aventura metafísica de la existencia. A esto dedicaría Toruño gran parte de su preocupación artística y estética.

En sus líricos poemas titulados "Tríptico de vida", tres sonetos de evidente corte romántico, Toruño, como un clásico héroe trágico —esos seres de elevado valor moral, como dice exactamente Aristóteles— exalta el descubrimiento de la pasión por la vida y nos dice en el último soneto:

En vano el tenebroso viento quiso
desgarrar el velamen. Ni la muerte
pudo con esta fuerza que es más fuerte
que la ilusoria muerte. Ni el hechizo

del tiempo a nuestro unido amor deshizo.
Somos, siempre seremos: ya en la inerte
modulación de un eco que se hizo
o en la mentira sombra de la muerte.

¡Alma mía, hemos llegado! Somos
en la sola Unidad porqués [*sic*] y cómos [*sic*].
Somos la misma Vida y nuestra vida

es esencia de Amor y de Verdad.
¿No sientes alentar con tu encendida
sutil llama la de la Eternidad?

Ahora, a casi dos décadas de su muerte y a cien años de su nacimiento, considero que se trata de renovar la vida y obra de Juan Felipe Toruño y no de sacarlo del olvido, como pudiera creerse.

Diría con más justeza que se trata de exaltar su genio y figura, para que juntas en una sola persona sirvan de paradigma de esa filosofía del arte basada en el arraigo a la tierra a través del trabajo arduo y esmerado. Nuestras jóvenes naciones centroamericanas todavía padecen de una suerte de apatía hacia las cosas del alma y del espíritu, y para nuestro detrimento en esa indolencia yacía la memoria de Toruño. La suya fue también una lucha contra eso y contra el filisteísmo que tanto daño causa a nuestra sociedad. La lucha todavía continúa y es cuestión de asumir el reto con lo mejor de nuestro talento y coraje moral. Pienso que él así lo hubiese querido: el rigor intelectual y el criterio cultivado.

Nada menos que esa justa medida para la memoria de un hombre cuya obra apuntó siempre hacia la exaltación de ese acervo artístico y literario centroamericano, que es ahora patrimonio de nosotros, sus herederos desconocidos.

V Análisis lingüístico de sus obras

La creación del lenguaje centroamericano en la obra narrativa de Juan Felipe Toruño

por John M. Lipski

Entre las zonas dialectales del español mundial, Centroamérica sufre de la escasez más aguda de investigaciones lingüísticas y literarias. Asimismo la literatura centroamericana, si bien cuantiosa en comparación con la población del istmo, no se ha dado a conocer lo suficiente como para facilitar las aproximaciones comparativas. Son relativamente pocos los autores centroamericanos que han optado por el empleo del lenguaje regional o popular en sus obras, y aun menos los escritores que han logrado el triunfo del signo que constituye el lenguaje costumbrista eficaz y fidedigno. Entre los distinguidos escritores centroamericanos que se destacan por el uso convincente del lenguaje regional y popular (Salarrué, Napoleón Rodríguez Ruíz, Roque Dalton y Manlio Argueta en El Salvador; Ramón Amaya Amador en Honduras; Fernando Silva y José Román en Nicaragua; Manuel González Zeledón "Magón", Carlos Luis Fallas y Fabián Dobles en Costa Rica; Virgilio Rodríguez Macal en Guatemala), la obra de Juan Felipe Toruño merece una atención especial, puesto que este autor nicaragüense asentado en tierra salvadoreña logró captar la esencia lingüística tanto de su pueblo natal como de su país adoptivo. Siendo a la vez tan semejantes y tan distintos los dialectos de Nicaragua y El Salvador, las características lingüísticas de ambos países requieren un trato cauteloso para no caer en la incoherencia geográfica o los pecados de un lenguaje macarrónico (tal como produjo —deliberadamente y con otras finalidades— Valle-Inclán en *Tirano Banderas*). Además de representar las hablas de dos pueblos centroamericanos, Juan Felipe Toruño supo crear un nuevo lenguaje pan-centroamericano, a través de técnicas literarias innovadoras que entretejen denominadores comunes y rasgos populares en una manera que no traiciona la realidad lingüística de ninguno de los países. En lo que va a continuación exploraremos algunas facetas de la obra narrativa de Toruño, enfocando la matización del sistema pronominal, las modificaciones fonéticas y la representación gráfica del habla espontánea.

Una característica fundamental de toda literatura costumbrista-regionalista es la representación del lenguaje de los protagonistas, que casi siempre proviene del habla popular de la región en que trascurren los eventos del texto. Algunos autores optan por el empleo selectivo de vocablos dotados de connotaciones populares y regionales, dejando intactas las bases gramaticales de la lengua. Estos elementos léxicos pueden aparecer tanto en el trasfondo narrativo como en el diálogo, y aportan un sabor exótico al texto sin entorpecer la comprensión por parte de lectores extraterritoriales. Más aventureras son las narrativas que emplean la sintaxis popular o regional, pues algunas combinaciones derivadas del habla popular, sobre todo de las áreas rurales más marginadas, pueden resultar ajenas a la competencia pasiva de muchos lectores cultos y de los que habitan el ámbito urbano, aun dentro del mismo país. La cúspide de los experimentos lingüísticos regionalistas se encuentra en aquellas narrativas que intentan presentar la pronunciación de un grupo o región en particular, pues la ortografía del castellano difícilmente da cuenta de los matices fonéticos que más captan la atención popular. Aun la lectura en voz alta puede producir resultados que distan mucho de la auténtica *vox populi*, y son pocos los autores que logran un lenguaje regionalista a la vez fiel a sus orígenes y atractivo como vehículo literario. La obra narrativa de Toruño incorpora el lenguaje regional en sus aspectos fonético, léxico y morfosintáctico; en sus cuentos y novelas se enfrentan los dialectos de Nicaragua y El Salvador, y surge un lenguaje literario a la vez híbrido e integral que connota un panorama centroamericano más allá de las fronteras nacionales.

Empleo del voseo en la obra de Toruño

Empecemos con el aspecto morfosintáctico más significativo, el empleo de los pronombres personales de segunda persona singular. Tanto Nicaragua como El Salvador son naciones eminentemente "voseantes", es decir que se prefiere el empleo del pronombre "vos" (y las formas verbales correspondientes) frente al "tú" que aparece como único ocupante del paradigma pronominal de segunda persona singular en los manuales de gramática. Es más, en Nicaragua se puede afirmar que el pronombre "tú" no existe en el lenguaje cotidiano, aunque hasta hace muy poco era la forma preferida en el discurso literario, así como en la correspondencia amistosa entre personas de clase media. El filólogo nicaragüense Carlos Mántica declara contundentemente que: "El voseo (tratar de 'vos') es la única forma de tratamiento en el habla popular nicaragüense".[1] El lingüista estadounidense Charles Kany indica que "idéntico empleo confuso rige en Nicaragua [...] parte de la confusión en las formas, sobre todo el empleo del tú con el verbo en plural, se debe indudablemente [...] al deseo que ciertos iletrados sienten por conformarse con el uso social correcto".[2] El investigador venezolano Iraset Páez Urdaneta observa que: "Hablantes

---

[1] Carlos Mántica, *El habla nicaragüense* (San José: Editorial Universitaria Centroamericana, 1973) 55.

[2] Charles Kany, *Sintaxis hispanoamericana* (Madrid: Gredos, 1969) 112. Después será citado en el texto como: Kany.

nicaragüenses afirman que en su país se vosea más rápida y fácilmente a una persona desconocida que en otros lugares de Centroamérica; creen así mismo que el tuteo no tiene 'muchas posibilidades' en Nicaragua".[3]

Para el vecino país de Costa Rica, observa Kany que: "El voseo es tan general en Costa Rica, que se puede oír incluso en las escuelas, siendo tachados de pedantes y presuntuosos quienes hacen uso del 'tú'" (110). Páez Urdaneta dice que en Costa Rica, "el voseo es general socialmente hablando. A diferencia de otros países voseantes, el voseo se utiliza aquí en tratamientos extra-clase ascendientes" (82). El costarricense Francisco Villegas dice que: "El uso de 'tú' indicará en Costa Rica procedencia extranjera, afectación, pretensiosidad o pedantería. Puede incluso implicar afeminación".[4]

Hablando de Honduras, dice Kany que "prevalece aproximadamente el mismo uso popular que en el resto de Centroamérica", mientras que para Guatemala "el voseo es más general en Guatemala que en El Salvador" (113, 116). Alberto Rey descubre un complejo sistema de trato pronominal en el hablar hondureño contemporáneo, que incluye una alta preferencia por el "usted" para personas desconocidas y encuentros callejeros, y una notable variación entre "tú" y "vos" para compañeros de trabajo.[5] Es en el dominio familiar y entre los amigos íntimos donde prevalece el voseo casi exclusivo. Páez Urdaneta nota que: "Hay cierto tuteo presente en el español hondureño, al menos en el habla de Tegucigalpa", mientras que en Guatemala: "Con amigos o con

---

[3] Iraset Páez Urdaneta, *Historia y geografía hispanoamericana del voseo* (Caracas: Casa de Bello, 1981) 81. Después será citado en el texto como: Páez Urdaneta.

[4] Francisco Villegas, "*The* voseo *in Costa Rican Spanish*", *Hispania* 46 (1965): 612- 15 [613].

[5] Alberto Rey, "*Social Correlates of the* vosco *of Honduras: Workplace, Street and Party Domains*" (manuscrito inédito) Howard University.

desconocidos, vos puede ser usado y algunas veces, como un distanciante relacional, puede sustituírsele por un TÚ esporádico + {formas verbales de 'vos'}" (79-81). Nuestras propias observaciones realizadas en tierras centroamericanas confirman los apuntes de Kany y Páez, quienes se basaban principalmente en fuentes literarias y lexicográficas.[6]

La situación de los pronombres personales en El Salvador es más matizada, pues además de la dicotomía pan-centroamericana "vos-usted", existen casos de tuteo interno, es decir entre interlocutores salvadoreños sin pretensiones extranjerizantes.[7] Algunos salvadoreños, pero no todos, aceptan el empleo ocasional de "tú" como variante intermedia: significa amistad pero sin el grado de confianza que requiere el voseo. Este trato tridimensional se encuentra sobre todo entre los individuos de mayor preparación escolar, pero se puede afirmar que el uso esporádico de "tú" no es tan ajeno a las normas salvadoreñas como el mismo pronombre en territorio nicaragüense. Kany nota que:

> El Salvador no constituye excepción en lo referente al voseo popular. De hecho, el voseo está allí enormemente extendido en la conversación familiar. Menos general que en Argentina, su uso (no sus formas) es tal vez más comparable con el de Chile. En las clases altas se usa ocasionalmente "de una manera velada", si bien el uso

---

[6] John Lipski, "*Salvadorans in the United States: Patterns of Sociolinguistic Integration*". *National Journal of Sociology* 3.1 (1989): 97-119. Ver también estas obras de Lipski: *Latin American Spanish* (Londres: Longman, 1994); *El español de América* (Madrid: Cátedra, 1996).

[7] Lipski, "*Salvadorans in the United States*". Ver también las siguientes obras de Sandra Baumel-Schreffler, "Una perspectiva del voseo: una comparación de dos naciones voseantes, Guatemala y El Salvador" (University of Houston, 1989); "*Second-person Singular Pronoun Options in the Speech of Salvadorans in Houston, Texas*", *Southwest Journal of Linguistics* 13 (1994): 101-19; "*The* voseo*: Second Person Singular Pronouns in Guatemalan Speech*", *Language Quarterly* 33.1-2 (1995): 33-44.

social educado impone el “tú”. (114)

Kany también observa la alternancia de formas propias de “tú” y “vos” en el habla salvadoreña popular (116). Páez Urdaneta afirma que:

> Nacionalmente, el tuteo [...] es raro [...]. En comparación con Guatemala y Nicaragua y Costa Rica, El Salvador y Honduras presentan cierto tuteo verbal que sin ser intenso no deja de ser algo evidente. En el trato familiar, “vos” es “universal” [...] el voseo es intenso en cada una de las clases sociales salvadoreñas. (79-80)

En mis propias encuestas, realizadas entre salvadoreños residentes en los Estados Unidos, mis informantes (que representaban casi todas las capas socioeconómicas del país) indicaban una preferencia extraordinaria por el pronombre “vos” para el trato familiar, aunque casi todos reconocían el empleo de “tú”, sobre todo cuando existe una distancia profesional o un grado menor de confianza entre los interlocutores. Estos resultados fueron confirmados por Sandra Baumel-Schreffler, quien efectuó una encuesta entre salvadoreños residentes en Houston, Texas, casi todos de la clase trabajadora. Los hombres preferían el pronombre “vos” (50%) o “usted” (37.5%) frente a “tú” (12.5%) al hablar a otro hombre; para dirigirse a una mujer, los mismos hombres optarían por “vos” (44%), “usted” (33%) y “tú” (22%). Las mujeres no demostraban un trato diferencial; preferían el “usted” deferencial tanto para interlocutores femeninos como masculinos. En cuanto a las actitudes, un 71% de los informantes salvadoreños afirmaba que “tú” era más refinado que “vos” (un 20% no encontraba ninguna diferencia, y un 10% indicaba que “vos” era más refinado); sin embargo, un 61% pensaba que “vos” era un trato más amistoso, frente a 20% que se inclinaba hacia el "tú" y un 20% que no detectaba ninguna diferencia.

En la narrativa de Toruño, los personajes populares (tanto nicaragüenses como salvadoreños) emplean el voseo incondicionalmente, mientras que los protagonistas cultos casi siempre optan por el tuteo.[8] En el cuento "El vaticinio", de escenario salvadoreño, una gitana que chapurrea el español mezcla los tres pronombres de trato personal:

> Sufriste mucho "vos", "tú", en la niñez [...] en esta línea de tu vida, "usté" [*sic*] [...] —y la gitana se detuvo— En esta línea de tu vida, "vos" [...]. No. Mejor no decir [...]. Verás niño "usté" [*sic*], "tú", "vos", por esa mujer [...] tendrés cuidado [...]. (*De dos tierras* 59)

Este fragmento da constancia de la existencia del tuteo en algunos registros del español salvadoreño. Notamos la forma arcaica del futuro, terminada en "-és", que también se da en otros textos, por ejemplo "Sobre el cuero" (Nicaragua): "¿A quioras [*sic*] llegarés a los planes del cerro?" (*De dos tierras* 101). Aunque hoy en día este sufijo verbal está en vías de extinción, hace medio siglo todavía gozaba de plena vigencia, y los textos de Toruño corresponden a la realidad lingüística de décadas pasadas.

Asimismo, en el cuento "La medicina", un nicaragüense se burla de un panameño angloparlante con estas palabras: "'Tú' pikinglis [*sic*] de Panamá, pura babosada [...] si lioyen [*sic*] la *gurbay* y *yes* a los cheles y ya vienen presumiendo [...]" (*De dos tierras* 92).

El centroamericano suele titubear en su trato pronominal frente a un interlocutor de otra región dialectal, pues el voseo puede

---

[8] Juan Felipe Toruño, *De dos tierras* (San Salvador: Imprenta Funes, 1947). Después será citado en el texto como: *De dos tierras*.

ser malentendido o provocar una reacción de extrañeza y aun hilaridad. Es usual el cambio inconsciente al tuteo en estas circunstancias y era más frecuente aun esta estrategia en la época en que el tuteo tenía mayor circulación entre las personas instruidas.

El mayor panorama de trato pronominal se desenvuelve a lo largo de la novela *El silencio* donde los personajes manejan los tres pronombres, "vos", "tú" y "usted", en un complejo sistema de actos de habla.[9] El argumento de la novela se desenvuelve en Nicaragua en el siglo XIX. Aunque Nicaragua es hoy una nación completamente voseante, el tuteo todavía se empleaba en el seno de las familias pudientes hasta bien entrado el siglo XX. El terrateniente Evaristo Meneses emplea el voseo con sus peones, aunque a veces las formas verbales son propias del tuteo: "vos, Felipe [...] acuérdate de lo que has hecho conmigo [...] piensas que me tienes de chocho [...]" (*El silencio* 30).

Hasta hoy en día, el campesino centroamericano es el que más usa y más recibe el trato de "vos". El tuteo es desconocido en el entorno rural, y mientras que el campesino suele emplear el "usted" frente a personas de condición socioeconómica superior, éstas a su vez pueden emplear el voseo para dirigirse a sus subordinados, tipificando la clásica asimetría pronominal descrita por Brown y Gilman que caracteriza la relación peón-patrono en muchas lenguas y culturas.[10]

Al tratar a su hijo adoptivo Oscar, Meneses utiliza el tuteo exclusivamente, tal como corresponde a los miembros de una familia de terratenientes: "Y cuando yo me muera [...] 'tú' vas a ser un hombre [...]" (*El silencio* 44). "'Tú' no sabes de eso porque estás

---

[9] Juan Felipe Toruño, *El silencio,* 2.ª ed. (San Salvador: Editorial Universitaria, 1976). Después será citado en el texto como: *El silencio.*

[10] Roger Brown y Albert Gilman, "*The Pronouns of Power and Solidarity*", *Style in Language*, ed. Thomas Sebeok (Cambridge: MIT Press, 1960) 253-76.

muy pequeño [...]. 'Tú' me tienes que reponer y quiero que seas todo un hombre [...]" (45). "¿No me quieres decir quién asegura eso, Oscar? ¿Temes alguna cosa?" (60).

Oscar siempre le habla de "usted" a Meneses, ejemplificando la preferencia centroamericana que persiste hasta el momento de tratar a los padres de "usted"; hay un lapso temprano en que lo tutea: "¿Y para qué quiero saber y ser un hombre, si dices que son malos?" (45).

Al tratar a las hijas de Meneses, con las cuales mantiene unas relaciones sumamente ambivalentes a lo largo de la novela, Oscar estrena el voseo en el primer encuentro, cuando tiene apenas siete años: "Agradezco 'tus' cariños [...] 'vos' tenés buen corazón [...]" (43).

A medida que crece Oscar, después de haberse educado y de haber tratado con distintos grupos sociales, prefiere el tuteo con las mujeres de su familia, aun cuando llegan a entablar relaciones íntimas: "¿O quieres que me enoje y sea como las tempestades [...] quieres que yo intervenga en asuntos que no me corresponden" (197). "¿Qué haces sola ahí todas las tardes?" (199). "¿No crees que se puede vengar?" (211).

En un momento Oscar, ya de adulto, reprocha a Bertha con el "usted" de distanciamiento, recurso común a muchas variedades del español: "Acuérdese 'usted' [...] que no tiene que entrometerse ni dirigirme la palabra. ¿No recuerda?" (191).

Aunque en el momento de realizarse este diálogo Oscar y Bertha se tratan como hermanastros, prefiriendo el tuteo para sus conversaciones cotidianas, el empleo de "usted" reviste una ironía cruel, ya que al final de la novela se da la tremenda revelación de que Bertha es la madre de Oscar, con quien ha mantenido relaciones íntimas.

Entre sí, las hermanas Meneses se tratan de "tú", menos en

momentos de gran enojo, donde pueden recurrir al "vos" insultante:

> Tienes razón [...]. Espera a Oscar [...] para que te cases con él. Una pareja [...]: él de veinte años y tú de treintiséis [...]
>
> Carmen salió de la estancia, molesta, después de haberle dicho a Bertha, por toda contestación:
>
> —¡*Ándate* a la porra! (48)

Asimismo, Bertha le habla de "tú" a su marido: "No me gusta, Francisco, que te vayas continuamente con ese muchacho a bañarte a la laguna [...] de repente le va a pasar algún accidente y te van a echar la culpa a ti [...]" (63).

Por fin, las familias campesinas emplean el voseo entre sí, y aun optan por la forma arcaica de haber, "(ha)bís", que en la época en que transcurren los eventos de la novela todavía era muy frecuente en todo el agro centroamericano: "¿De qué tiha [*sic*] servidua [*sic*] vos todo lo que 'bís' hecho? Todo lo que 'bís' rezado? Todo lo que tia [*sic*] 'bís' molestado?" (137).

Una excepción es Pastor Suazo, fiel mandador en las propiedades de Meneses, quien se empeña en educar al niño en toda materia relacionada con la vida campestre. Suazo trata a Oscar con mucho cariño y siempre le habla de "tú": "Tan [*sic*] te adora que te da los gustos que quieres [...]. A él le cuestas y puede dar la vida por ti" (58). Este trato es inesperado en boca de un hombre rústico —aun tratándose de un interlocutor de clase superior—, pero el personaje Suazo aparece como una persona de modalidades finas, a pesar de su oficio. Es más, Suazo reemplaza a don Evaristo *in loco parentis* cuando éste no está presente para participar en la educación de su hijo adoptivo.

Los ejemplos del voseo en la obra de Toruño responden a los denominadores comunes que unen los dialectos de Nicaragua y

El Salvador, si bien reflejan un ámbito sociolingüístico que ha dejado de existir hace ya casi un siglo. En el seno de las familias pudientes, el tuteo era el trato preferencial si no obligada (frente al "usted" de respeto para con las personas mayores en edad o autoridad). El "vos" se empleaba con el personal de servicio y con los campesinos (en combinación siempre con "usted"), pero no se toleraba como trato amistoso entre miembros de las clases altas. Se empleaba el voseo para insultar a los familiares, a la vez que los hombres podían expresar una solidaridad jocosa con el mismo pronombre.

Los ejemplos extraídos de la obra narrativa de Juan Felipe Toruño revelan que este autor reproducía fielmente los matices sociolingüísticos que rigen el empleo de los pronombres de trato personal, tanto en Nicaragua como en El Salvador, evidenciando la muy arraigada ambivalencia que despierta el tema del voseo en Centroamérica. Si bien las clases populares emplean el voseo sin complejos ni reparos, los intelectuales centroamericanos y de otras naciones en su gran mayoría han rechazado el pronombre "vos" en el discurso culto, llegando algunos escritores al extremo de repudiar cualquier empleo de este pronombre y aun a los pueblos que han caído en semejante "vicio". Así el autor guatemalteco José María Bonilla Ruano vociferaba en contra de este "craso barbarismo", "repugnante vos", "infamante vos", "el denigrante voseo".[11] El filólogo nicaragüense Alfonso Valle ofrece la siguiente crítica del voseo: "Tratamiento vulgar y plebeyo, que para desgracia y vergüenza nuestra es común a todas nuestras clases sociales. El 'tú' y el 'usted' han sido sustituidos por el villano 'vos', y este cáncer idiomático ha alcanzado a todos los verbos de la lengua castellana".[12] El lexicógrafo guatemalteco Lisando Sandoval describe el

---

[11] José María Bonilla Ruano, *Gramática castellana, vol. III: Mosaico de voces y locuciones viciosas* (Guatemala: Unión Tipográfica, 1939) 11-13.

[12] Alfonso Valle, *Diccionario del habla nicaragüense,* 2.ª ed. (Managua: Editorial Unión Cardoza y Cía., 1972) 298.

voseo como "solecismo" y "barbarismo", pero "tan usado entre personas de confianza, como en la correspondencia familiar".[13]

El costarricense Carlos Gagini dijo que las formas híbridas del voseo "ponen los pelos de punta a los peninsulares que las oyen".[14] Otro costarricense, Abelardo Bonilla, dijo en una ocasión que el voseo "responde a la mayor facilidad de dicción que proporciona a la pereza mental, como lo demuestra el empleo que de esa forma hacen los indios y los niños cuando comienzan a hablar [...]".[15] El escritor hondureño Froylán Turcios vapuleaba el voseo constantemente (Kany 86); su compatriota Alberto Membreño escribía en su diccionario de *Hondureñismos* que "el solecismo ha nacido ahora después que aprendimos a conjugar los verbos, y que el pronombre 'vos' no ha querido ceder su puesto al 'tú'".[16] Fuera de Centroamérica, el argentino Arturo Capdevila considera que el voseo rioplatense es "sucio mal, negra cosa, horrendo voseo [...]".[17]

Podemos mencionar también las muy conocidas críticas de Andrés Bello y Rufino José Cuervo; para este último, el voseo era "repugnante", y las formas mixtas forman un "menjurge que encalabrina los sesos" (Kany 87), mientras que para Bello, el voseo (de Chile y otras naciones) era "una vulgaridad que debe evitarse, y el construirlo con el singular de los verbos una corrupción

---

13 Lisando Sandoval, *Semántica guatemalense,* vol. II (Guatemala: Tipografía Nacional, 1941-2) 603.

14 Carlos Gagini, *Diccionario de costarriqueñismos*, 4.ª ed. (San José: Editorial Costa Rica, 1979) 214.

15 Citado en Constantino Láscaris, *El costarricense* (San José: Editorial Universitaria Centroamericana, 1975) 186.

16 Alberto Membreño, *Hondureñismos*, 3.ª ed. (Tegucigalpa: Guaymuras, 1982) 204-5.

17 Ver Arturo Capdevila, *Babel y el castellano* (Buenos Aires: Losada, 1940) a partir de la página 77.

insoportable" (Sandoval 603). El costarricense Arturo Agüero observa acertadamente que "es además, un tratamiento de menosprecio, y aunque alguien no tuviera esa intención al vosear a una persona, esta [*sic*] podría considerarlo así. Según a quién [*sic*] se trate de 'vos', esto podría constituir asimismo una falta de educación [...]".[18]

Por supuesto, no todos los intelectuales centroamericanos tienen sentimientos tan negativos ante el voseo popular. El costarricense Constantino Láscaris opina que "en un pueblo donde todos vosean [...] no puede haber nobleza", para luego concluir que "Costa Rica, país de poco folklore [*sic*], debería cuidar el voseo". Aun el antes citado Bonilla reconoce que "entre nosotros es, además, una característica de la familiaridad democrática [...]" (Láscaris 186-188). Otro costarricense, Víctor Manuel Arroyo, afirma sin comentarios emotivos que "en Costa Rica el 'tú' lo usa un número reducidísimo de personas, algún profesor universitario, algún académico [...]".[19] El lexicógrafo guatemalteco Francisco Rubio observa que "actualmente poco se utiliza el 'tú' en Guatemala. Si no hay confianza o existe respeto se emplea 'usted', de otro modo se usa el 'vos'".[20] En una encuesta sociolingüística realizada en Costa Rica hace unos años, los informantes contestaban a la pregunta ficticia: "¿Qué pensaría y qué haría usted si la Academia Costarricense de la Lengua declara que en adelante es obligatorio usar 'tú' en lugar de 'vos'?" Y aunque algunos costarricenses dijeron que se conformarían mansos y sumisos, otros no fueron tan tolerantes: "Es

---

[18] Arturo Agüero, *El español de América y Costa Rica* (San José: Antonio Lehmann Librería e Imprenta Atenea, 1962) 167.

[19] Víctor Manuel Arroyo Soto, *El habla popular en la literatura costarricense* (San José: Universidad de Costa Rica, 1971) 71.

[20] Francisco Rubio, *Diccionario de voces usadas en Guatemala* (Guatemala: Editorial Piedra Santa, 1982) 240.

una solemne babosada y por supuesto hablaría como a mí me diera la gana". "Me reiría a carcajadas y pensaría que es ridículo". "¿Quién acataría esa disposición?" "Es un irrespeto a la idiosincrasia del país". "Me importa un bledo; lo seguiría usando lo mismo, pues para mí es imprescindible dentro de la graduación de mis amistades". Y lo más directo: "Son unos locos".[21] Por fin un personaje en la novela *Pobrecito poeta que era yo* de Roque Dalton dice sencillamente: "Mirá [*sic*] 'tú' no tenemos".[22]

Conviene preguntar por qué tantos intelectuales de renombre han considerado que un trato pronominal tan legítimo como el voseo —que se daba en España en siglos pasados y que se encuentra hoy en día en todos los países hispanoamericanos con excepción de Puerto Rico y la República Dominicana— debe ser extirpado de la lengua nacional. Será, en muchos casos, que los autores ignoraban la verdadera extensión geográfica del voseo, su aceptación amplia en algunas naciones sudamericanas y su ilustre trayectoria histórica, que remonta a los períodos más antiguos de la lengua castellana hasta llegar al latín clásico. Puede ser que al no encontrar el pronombre "vos" en los manuales de gramática, algunos centroamericanos hayan equiparado la ausencia de dicho pronombre en los pronunciamientos oficiales y el parentesco ilegítimo que deja marginados a los registros sociales menos favorecidos por su alcance económico. A otros les produce consternación la combinación de formas verbales derivadas del paradigma de "vosotros" y el clítico "te", propio del pronombre "tú"; las construcciones híbridas les parecen aberrantes y por lo tanto poco dignas. Sean las que fueran las razones, lo cierto es que el voseo lleva el estandarte de las clases

---

[21] Carlos Alonso Vargas, "El uso de los pronombres 'vos' y 'usted' en Costa Rica", *Revista de Ciencias Sociales* 8 (1974): 7-30.

[22] Roque Dalton, *Pobrecita poeta que era yo* (San José: EDUCA, 1976) 172. Después será citado en el texto como: Roque Dalton.

populares, y por lo tanto los que prefieren mantener su condición privilegiada mediante las barreras lingüísticas encuentran un poderoso aliado en la distribución socioeconómica de "vos" y "tú".

Las narrativas de Toruño, sobre todo la novela *El silencio* y los cuentos de la colección *De dos tierras*, revelan la complejidad sociolingüística del trato pronominal centroamericano, a la vez que definen un lenguaje que combina los matices nicaragüenses y salvadoreños, así como las demás naciones centroamericanas. La intertextualidad pronominal define un español centroamericano común a los cinco países hispanohablantes; no se trata del dialecto nicaragüense ni la variedad salvadoreña, pues ninguna de estas modalidades coincide completamente con el perfil lingüístico trazado por las narraciones de Toruño. Al desplegar ante el lector la problemática de la variación pronominal, Toruño reproduce en miniatura el microcosmos sociolingüístico de Centroamérica, donde están en pugna las normas clásicas del español y las innovaciones más atrevidas.

Modificaciones fonéticas en la obra de Toruño

Igualmente llamativas son las modificaciones fonéticas que caracterizan el habla de los personajes rústicos en la narrativa de Juan Felipe Toruño. Al igual que la mayoría de los escritores hispanoamericanos, Toruño emplea la fonética regional exclusivamente para presentar a los sectores sociales más apartados de la preparación académica: campesinos, peones y obreros son los que se destacan por su pronunciación, aunque los fenómenos atribuídos a las clases populares también ocurran, en grado menor, en el habla culta de cada región. Para lograr una descripción del lenguaje popular centroamericano, Toruño ha dejado de lado algunos rasgos regionales para concentrarse en un puñado de modificaciones fonéticas que enmarcan el habla rústica de Nicaragua y El Salvador.

Los principales hilos fonéticos de El Salvador y Nicaragua son bien conocidos entre los dialectólogos, aunque no todos reciben un trato adecuado en las imitaciones literarias. Ambas naciones, al igual que el resto de Centroamérica, velarizan la /n/ final de palabra y frase, realizan la /j/ como una ligera aspiración que puede desaparecer en el habla rápida, y le dan a la /y/ intervocálica una pronunciación muy relajada, hasta el punto de eliminar la /y/ en contacto con las vocales "e" e "i". Es frecuente la presencia de una /y/ ultracorrecta o antihiática en los hiatos que llevan como primera vocal una "e" o "i": *Mariya* [María], *veya* [vea], etc. En El Salvador es frecuente la realización interdental de /s/ en el habla rural, aunque esta pronunciación tan marcada no tiene representación literaria.

De las características fonéticas del español nicaragüense, la que más llama la atención es la aspiración de la /s/ final de sílaba/palabra; las tasas de aspiración de /s/ son de las más elevadas en toda Hispanoamérica.[23] Tan fuerte es la reducción de esta consonante entre los nicaragüenses que les merece el apodo de: Mucos (toro de un solo cuerno), en el vecino país de Honduras.

La aspiración de la /s/ en Nicaragua se ha representado en algunas narrativas nicaragüenses mediante la letra "j", por ejemplo en *Cosmapa* de José Román:[24] "le *vua* decir, *puej* [...] sólo yo y *usté*

---

[23] Ver de Heberto Lacayo, "Apuntes sobre la pronunciación del español en Nicaragua", *Hispania* 37 (1954): 267-68; y *Cómo pronuncian el español en Nicaragua* (México: Universidad Iberoamerica, 1962). Ver también los ensayos de Lipski, "*On the Weakening of /s/ in Latin American Spanish*", *Zeitschrift für Dialektologie und Linguistik* 51 (1984): 31-43; "*/s/ in Central American Spanish*", *Hispania* 68 (1985): 143-49; "*Reduction of Spanish Word-final /s/ and /n/*", *Canadian Journal of Linguistics* 31 (1986): 139-56; y "*/s/ in the Spanish of Nicaragua*", Orbis 33 (1989): 171-81.

[24] José Román, *Cosmapa* (Managua: Distribuidora e Impresora de Libros Especializados, 1984).

lo *sabemoj* [...] si *voj* se lo *decís* a *naides* [...] (53); lo que tengo *ej* brama tancada, que me case, y *ej verdá* [...] .¿*Pa* qué quiero *maj*?" (71); y en *Más cuentos*, de Fernando Silva:[25] "ésta *e'* la última vez que *vení* [...] a lo que te *arrimá* aquí vos (habla un cantinero turco)".

A pesar de estos ejemplos, la /s/ aspirada aparece raras veces en la literatura nicaragüense, precisamente por ser una característica tan arraigada entre todas las capas sociales que no sobresale como marcador sociolingüístico dentro de Nicaragua. En los países vecinos, sobre todo en Costa Rica donde la /s/ final es muy resistente, la realización de la /s/ en Nicaragua figura en la literatura costumbrista. He aquí unos ejemplos de la novela *Mamita Yunai* de Carlos Luis Fallas:[26]

> Buenos *diaj*, *muchachoj* [...] hablaba despacio, acentuando graciosamente el peculiar dejillo de los nicas [...] (116).
> ¡Hey, *cartagoj*, *cuidao* los *ajujtan laj bruujaj*! (159).
> ¡Adentro Cachuchita, *ají* me *gujta*! (163).
> ¡Hey, *catracho'el* diablo, *jodidóo*! ¡*Todaviilla* hay quien *je acuerda'e laj pijiadaj qu'hemoj daoo*! [...] *nojotroj*, en *Laj Grietaj*, cuando *noj dimoj cuenta'el embojcada* [...] ¡*Choocho! Je* corrieron como *cipotej*! [...] y cuando el general *Japata* gritó [...] (164).

La reducción de la /s/ en español comenzó en la posición final de palabra para alcanzar rápidamente las posiciones preconsonánticas interiores de palabra. Es difícil establecer con exactitud la época en que la /s/ empezaba a aspirarse por primera vez, pero es muy probable que el dialecto andaluz haya manifestado una articulación relajada de la /s/ implosiva por lo menos en el siglo

---

[25] Fernando Silva, *Más cuentos* (Managua: Ediciones Primavera Popular, 1982) 100.

[26] Carlos Luis Fallas, *Mamita Yunai* (San José: Lehmann, 1975).

XVII. La propagación de este fenómeno a tierras americanas coincidía con su difusión en las áreas meridionales de España, ya que el denominado "español atlántico" era una gama de variantes dialectales que vinculaban los puertos andaluces y canarios con las principales ciudades del litoral hispanoamericano.

La reducción de la /s/ preconsonántica y ante pausa tiene una explicación puramente fisiológica, ya que la posición implosiva facilita la erosión de gestos articulatorios que culmina en la desvinculación de toda obstrucción oral, es decir, una simple aspiración. El próximo paso en la evolución de la /s/ final de palabra es la extensión de la aspiración a contextos prevocálicos ("los amigos"). En este contexto, la resilabificación natural del español coloca la /s/ aspirada en posición inicial de sílaba, y por lo tanto la reducción de /s/ no se puede atribuir al desmantelamiento de gestos articulatorios en un contexto desfavorable. Más bien se trata de una extensión analógica. Sabemos que el proceso de aspiración y elisión de /s/ surgió por primera vez en posición preconsonántica, sin alcanzar todavía los contextos prevocálicos; todavía existen dialectos del español (por ejemplo, el habla semiculta de Buenos Aires, Montevideo, Lima y algunas ciudades españolas) en que la /s/ final de palabra se aspira sólo ante consonante y nunca ante vocal; no existen dialectos con la configuración opuesta. El factor que más influye en la extensión de la /s/ aspirada a posiciones prevocálicas es la eliminación del polimorfismo; se logra así la realización como "h" de toda /s/ final de palabra sin importar el contexto siguiente. Este proceso no tiene nada de motivación puramente fonética; es más bien el resultado de una presión morfológica hacia la eliminación de variantes condicionadas por el contexto fonético.

En El Salvador y Honduras, la /s/ final de sílaba/palabra también se aspira, aunque las tasas de reducción son menores que las que se dan en Nicaragua, sobre todo entre las capas socioculturales más altas. En Honduras, la realización de /s/ está notablemente regionalizada, mientras que en El Salvador, la variabilidad de la /s/ gira alrededor del eje CIUDAD-CAMPO.[27] Otra faceta de la reducción de /s/ en El Salvador y Honduras es la aspiración de /s/ en posición INICIAL de palabra, sobre todo después de vocal ("a semana, cincuenta centavos", y aun "El Salvador"). La aspiración de la /s/ intervocálica interior e inicial de palabra ha sido señalada como fenómeno esporádico en las capas sociales más humildes en varias áreas del mundo hispanoparlante, tanto en España como en Hispanoamérica, pero en ninguna descripción tenemos noticias de un proceso tan avanzado en todos los niveles socioculturales como el que podemos observar en el español salvadoreño (y hondureño). Todavía es imposible postular con exactitud la motivación de esta circunscripción geográfica, pero creemos que no se debe enteramente a la casualidad que tanto en El Salvador como en Honduras, entre las palabras que más se oyen con /s/ inicial aspirada sea "centavos", junto con los números "cincuenta", "sesenta" y "setenta", por ejemplo en las combinaciones tipo "uno cincuenta". En los dos países es muy frecuente que los precios se expresen con fracciones, utilizando las combinaciones antes mencionadas; basta pasear por cualquier mercado, calle, autobús u otro lugar donde se practique el comercio interpersonal para observar la reducción fonética en estas palabras.

La /s/ interior intervocálica también suele aspirarse en el español salvadoreño, pero en la mayoría de los casos se trata de un

[27] De D. Lincoln Canfield, "Andalucismos en la pronunciación salvadoreña", *Hispania* 36 (1953): 32-33; y "Observaciones sobre el español salvadoreño", *Filología* 6 (1960): 29-76. Ver también los siguientes estudios de Lipski, "Reducción de /s/ en el español de Honduras", *Nueva Revista de Filología Hispánica* 32 (1983): 272-88; "*/s/ in Central American Spanish*"; "*Instability and reduction of /s/ in the Spanish of Honduras*", *Revista Canadiense de Estudios Hispánicos* 11 (1986): 27-47; "*Central American Spanish in the United States: El Salvador*", *Aztlán* 17 (1986): 91-124; *Fonética y fonología del español de Honduras* (Tegucigalpa: Guaymuras, 1987): 87-118; y "*Salvadorans in the United States*".

verdadero prefijo (ej.: "presupuesto") o una combinación fonética que presenta la forma de un prefijo ("presidente"), así que desde un punto de vista morfofonético podemos describir la aspiración de la /s/ intervocálica interior como una extensión, motivada por un proceso de analogía popular, de la reducción de la /s/ final de palabra/fin de morfema. Lo cierto es que el español salvadoreño no ha alcanzado el nivel de reducción de /s/ final de sílaba y palabra ante vocal que caracteriza los dialectos caribeños (aunque las tasas de reducción de /s/ en Nicaragua están más cerca de las cifras antillanas); por otro lado la aspiración innovadora de la /s/ inicial de palabra se debe precisamente a la reducción de esta misma consonante al final de las palabras.

Por la misma razón que explica la escasez de indicaciones de la /s/ aspirada en la literatura nicaragüense —es decir, el hecho de ser una pronunciación que alcanza casi toda la población— hay pocas indicaciones de la reducción de /s/ en la literatura salvadoreña. En los pocos casos en que aparece un reflejo de este fenómeno, consiste en la eliminación del grafema /s/ al final de la palabra, tal como vemos en la obra de Salarrué:[28]

¡Lléveme, *pué*! (48).
Estirate, *pué* (284).
Aligere, *pué* (290).
Sí, *pué*, pobrecita (320).
Entonces *juguémola* [...] (338).
¿Qué *mirá*, *cheró*? (362).

Y en *Jaraguá* de Napoleón Rodríguez Ruíz:[29]

---

[28] Salarrué (Salvador Salazar Arrué), *Obras completas*, 2 vols. (San Salvador: Editorial Universitaria, 1970). Después será citado en el texto como: Salarrué.

[29] Napoléon Rodríguez Ruíz, *Jaraguá: novela de las costas de El Salvador*, 3.ª ed. (San Salvador: Ministerio de Educación, 1968). Después será citado en el texto como: Rodríguez Ruíz.

Que yo creo que estoy empreñada, *pué* (9).
Nas tarde, tío Cande (117).
¡Si *é'* infalible [...]![30]
¿Y por qué no lo vergueamos, *pué*? (Dalton 211).

Son aun más insólitos los ejemplos de reducción de /s/ en la literatura hondureña:

¡*Vámole pué*! ¡Yo ya me empujé el primer trago![31]

En la narrativa de Toruño, la reducción de la /s/, tan categórica en Nicaragua y muy destacada en El Salvador, ocurre muy escasamente, en la novela *El silencio*:

Ay lo van a ver en el corral. *Adió* (41).
¡Ay *tá* que nos arruinamos! (49).
yaytá pagando su mal gobierno (66).
¡*Monó* [vámonos] Chón [...]! (73).
¡*Tá* tan enferma la pobre! (81).
los perritos que *so* nuna *fiera*, acorrala *na la nimal* [...] (129).
Entonce que se conmiendia [...] (140).
Puejúmb [pues hombre] [...] yo creo que será difícil [...] (163).
entonce los *bejuco sestiran* [...] (237).

Hay un solo caso de /s/ ultracorrecta: "*eléstrica*" [eléctrica] (117).

Al no hacer hincapié en la aspiración de /s/ en los diálogos

---

[30] José María Peralta Lagos, *Brochazos*, 2.ª ed. (San Salvador: Ministerio de Educación, 1961) 56.

[31] Ramón Amaya Amador, *Prisión verde*, 2.ª ed. (Tegucigalpa: Editorial "Ramón Amaya-Amador", 1974) 164.

narrados, Toruño presupone un lector centroamericano o por lo menos que sea conocedor de la realidad lingüística de Centroamérica, donde la reducción de /s/ es un denominador común que apenas sirve para identificar grupos sociales dentro de las naciones correspondientes. La escasa presencia de la /s/ aspirada en la obra de Toruño contribuye a la construcción de un lenguaje centroamericano prototípico, dejando al margen de los hilos fundamentales los matices cualitativos y cuantitativos que separan los dialectos individuales en cuanto a la realización de /s/.

La reducción de la /y/ intervocálica en contacto con vocales anteriores es patrimonio común del español centroamericano, y casi nunca aparece como indicador sociolingüístico en la literatura regionalista. En El Salvador y Nicaragua, así como en los demás países centroamericanos, la inserción de una /y/ antihiática alcanza todas las capas sociales en determinados momentos, pero sobresale por su frecuencia alta entre los sectores rurales, y figura prominentemente en los textos costumbristas del istmo. Abundan los ejemplos en la obra de Toruño; aparecen siempre en boca de personajes rústicos.

De *De dos tierras*:
Seya como *seya*, me las paga. Yo no *queriyun* [...] (71).
ses *tán* cuatro *diyas* rempujando en claro [...] (92).
Pero *veya*, compadre, ha de ser *desos* dolores pasajeros.
Tenemos una *boteya todaviya* [...] (94).

De *El silencio*:
Nue terminado *todaviya* (54).
los patrones lo *queriyan* [...] Otro *diya mes plicarás* eso [...] (55-6).
¡*Nuhay* tu *tiya* con él! (117).
No siento más que *decayimiento* [...] (138).

en cuanto pasen los nueve *diyas* [...] (140).
¡*Seya* lo que *seya*! (161).
Estuvo un hombre renco que *deciya yamarse* Juan [...] hace *diyas* que se fue (186).

La inserción de la /y/ antihiática figura prominentemente en la obra de otros autores salvadoreños; he aquí unos ejemplos:

De Salarrué:
Tan, esos caminos bien *feyos* (49).
Qué *feyo* este baboso (277).
¡No *creya,* Padre, *entuavía sioye* un *bisbiseyo*! (289).
ai veya, mano (290).
él la *veiya* desde el taburete (301).
con un *perjume* que *mareya* (301).
con su cuerpo de *guineyo* pasado (299).
Esos [*sic*] han sido los *Garciya* (293).

De Rodríguez Ruíz, *Jaraguá*:
Que se lo *teniya* merecido, *pue* (73).
Alabado *seya* Dios (127).
Usté ya lo *sabiya* (170).

De Peralta Lago, *Brochazos*:
Apéyense [...] descansen un rato (33).

De otros cuentos salvadoreños:[32]
Andariyas ensezando el trasero (Ramón González Montalvo, "La cita").

---

[32] Manuel Barba Salinas, *Antología del cuento salvadoreño, 1880-1955* (San Salvador: Ministerio de Cultura, 1959). Después será citado en el texto como: Barba Salinas.

Si desconfía de yo, *leya* esta recomienda [...] (Ricardo Martel Caminos, "La fuga").

Unos ejemplos de la elisión de /y/ intervocálica en contacto con vocales anteriores son:

De Salarrué:

blanco de todas las burlas y jugarretas del *blanquío* (369).

el *hijío* de la *maistra*! (69).

un su *barquío* cacho de sorbete (159).

un su *cipotío* chelito (22).

De Rodríguez Ruíz:

sólo por quitarle la *golía* a ese chapín [...] (187-8).

De Roque Dalton:

Vámolos de aquí. *Robertío*, papacito [...] (320).

Las demás modificaciones fonéticas que aparecen en la obra de Toruño son propias del habla rústica hispanoamericana, y no conllevan connotaciones regionalistas. Podemos señalar los siguientes fenómenos:

(1) Realización de /f/ como aspiración:

dijunto [difunto] (*De dos tierras* 18).

juera [fuera] (*El silencio* 66).

(2) Sinéresis de vocales medias átonas:

siaburre [se aburre] (*De dos tierras* 62).

si lioyen [si lo oyen] (92).

A *quioras* [a qué horas] (101).

esperé *quia maneciera* [esperé que amaneciera] (116).

luin cuentrual caer [lo encontré al caer] (*El silencio* 31).

digües [digo eso]; *tia liviés* [te aliviés]; *ochua ños* [ocho años] (49).
esues lu extraño [eso es lo extraño]; *cuandui ba* [cuando iba] (54).
nues [no es] (56).
nuhay [no hay]; *comu él* [como él] (66).
tengües tas [tengo éstas] (112).
sia garraba [se agarraba]; *quiha cer* [qué hacer]; *luestá* [lo está]; *li oyí* [lo oí] (117).
quihay [qué hay] (142).
no *biero curri dueso* [no hubiera ocurrido eso] (161).

(3) Metátesis:
suidá [ciudad] (*De dos tierras* 62).
naide [nadie] (68).

(4) Eliminación de la /d/ final de palabra (fenómeno que alcanza todas las capas sociales, pero que sólo aparece en la literatura costumbrista como señal del habla vulgar):
suidá [ciudad] (*De dos tierras* 62).
se [sed] (*El silencio* 51).
usté [usted] (112).
lhumedá [la humedad] (163).
debilidá [debilidad] (138).
En un momento, Oscar se dirige a un peón utilizando la variante *usté* (112).

(5) Desplazamiento del acento hacia el final de las palabras vocativas; este fenómeno se da en todo el istmo centroamericano a nivel popular:
¡*Monó* [vámonos] Chón [...]! (*El silencio* 73).

hombré (113).
parrandá; *berrinché* (138).

(6) Realización de la combinación "hue" como *güe*:
güevos (*El silencio* 31).
güevudo (66).

En efecto, Toruño no emplea los regionalismos fonéticos para distinguir a sus personajes rústicos, si bien salpica sus narrativas de elementos propios del habla rural. Para lograr la creación de un nuevo lenguaje literario, Toruño modifica una técnica que ha formado una parte integral de la literatura costumbrista: la representación del habla espontánea mediante la eliminación de fronteras entre palabras y la fusión vocálica. Ya hemos visto ejemplos de este procedimiento en la obra de Toruño; otros autores centroamericanos también han recurrido a esta técnica para imitar el habla popular:

De Salarrué:
Tan galán *ques* [que es] allá arriba (48).
A saber *onde le* agarraría *lagua* [el agua] (48).
Ai nomasito nel [en el] valle (49).
Tihacía [te hacía] en Cojute (49).
Quen [que en] la escuela *habido* [ha habido] zapío (62).
Lian [le han] dado dos puñaladas (63).
Ay, no, *sies* [si es] increíble (63).
La *vide ai* bocabajo en el *charcuesangre* [charco de sangre].
No *mianimé* [me animé] a tentarla [...] *jueraser* [fuera a ser] que nos creyeran [...] no *lemos* [la hemos] movido ni tantito (64).
El patrón se arremacha con la Aranda, de lo que *nuai* [no hay] *quihacer* [que hacer] (103).

Qués [que es] nicesario que *tioficiés* [te oficiés] en algo, *yastás* [ya estás] indio entero (277).
En las aradas se incuentran catizumbadas. También se hallan botijas llenas *dioro* [de oro] [...] y *yastuvo* [ya estuvo]; *tihacés* [te hacés] de plata (278).

De Rodríguez Ruíz, *Jaraguá*:
Ya sabés *quel* duende hace a veces travesuras (9).

De Barba Salinas:
El Meterio me contó el cuento, *porquel lo vido* (Arturo Ambrogi, "La sacadera" 102).
V'entender luego (Eva Alcaine de Palomo, "La botija" 193).

De Manuel González Zeledón "Magón":[33]
¿Qués la cosa? [...] *¿Porqués* que no quieren pagarle a este hombre su leña? (113).
Esta plaza es de la Catedral y *nu'es* del Cuartel [...]. Yo estoy muy rendida *di'andar pa'rriba* y *pa'bajo* vendiendo *güebos* (177).
Estoy *di'alta* en el Prensipal *dende* hace ya un chorro *di'años* (178).
o *l'arranca* ni *l'uña* y queda más blanca *qui'azucena* y jasmín del cabo; hágale caso a *Fuan* [...] (193).
¡Eh, *Fuan* Barranca! *¿Dionde salís com'un enlustrao*? [...] mañana tengo *qu'encalar* esa tapia [...] pero *sol'uno*; porque en casa *m'está* esperando la mujer [...] (193).

---

[33] Manuel González Zeledón "Magón", *Cuentos* (San José: Editorial Universitaria, 1947).

El lingüista salvadoreño Pedro Geoffroy Rivas opina que la fusión de palabras tiene sus orígenes en el sustrato nahua/pipil:

> En el aspecto morfológico, los nahuas trasladaron al español los patrones, [las] formas y [los] procedimientos propios del polisintetismo. Unieron dos o más palabras, suprimiendo fonemas, para formar nuevas palabras, surgiendo así en el habla mestiza formas como *vapué* [vaya pues], *puesí* [pues sí], *vuá* [voy a [...].[34]

Lo cierto es que la misma fusión de palabras se da en todas partes del mundo hispanoparlante, ya que no responde al contacto de lenguas sino al proceso universal de enlace silábico, combinado con la sinalefa, la sinéresis y la diptongación (véase Navarro Tomás 1918); el resultado final de estas modificaciones silábicas es la fusión de palabras y la eliminación de linderos entre palabras propia del habla rápida y espontánea. Los autores centroamericanos han recurrido a la representación gráfica de la fusión fonética más que cualquier otra literatura regional, tal vez debido a la escasez de otras características dialectales que se prestan a la alteración ortográfica.

En la obra narrativa de Toruño, encontramos abundantes ejemplos de la fusión de palabras:

De dos tierras:
quen paz descanse [...] (18).
por qué siaburre (62).
¿Por qué no *vael* chancletudo, ese? (68).
¡Ya *testá* silvando el *güesista*! (68).
Tenéal muchacho aquí (71).
voyir a trer los periódicos [...] (98).

---

[34] Pedro Geoffroy Rivas, *La lengua salvadoreña* (San Salvador: Ministerio de Educación, 1978) 17-18

El silencio:

en cuanto me *mejorun* poco (49).

se paró a ver *querel* ruido (53).

nunca tenemos siquiera *parir* allá a la ciudad (55).

se quiere venir *contrel chavalo* (66).

¿Ya sí *tirusté* patrón? (131).

¿Qué *bua* saber? (168).

Pero Toruño ha ido más allá de la fusión silábica para crear una nueva técnica literaria, al representar el carácter libre del habla coloquial mediante nuevas divisiones ortográficas que no corresponden ni a las fronteras entre palabras ni a la natural división silábica ocasionada por el enlace. He aquí algunos de los muchos ejemplos de esta técnica ortográfica, que no encuentra paralelo en la literatura regionalista hispanoamericana:

De dos tierras:

yos taba por *hay* (18).

Hijó; esos ta pelis (18).

quel padre Noriega quiere *quel* domingo *naide* se quede *si nir* a ser *fajina porques tá* muy enmontada la plaza (68).

Mi mujer está *yá* y *yos toy* aquí (92).

Y yo [...] *ques peraba* irme al principio del otro mes! (98).

No *meé quivocado* [...] pero los *tigre sestán* más para allá [...] (105).

El silencio:

¡Son *ochua ños* de padecer! En cuanto me *mejorun* poco, *vuelvia inflamarses ta chochadi* viene la calentura [...] nos *vamo sotra* parte y *dejamo sestos* montes que ya también me *tiene naburrido* [...] los zancudos *yestamo sacostumbrados*; pero cuando *ses case* y el maíz y no

siembro porque *vo sestás* enferma [...] (49).
Cuando yo *teniya quincia ños* [...] *habiyan* matado a *u* nombre [...] *aquellal men* pena *saliya* los viernes *quera* el *diya* en que *bian* matado al hombre (53).
Yes que *la sánimas* de *lo sombres* que han sido matados no se *va nal* infierno [...] (54)
en *miu milde* modo de pensar [...] (55).
Ya me *ve sa mí* ¿qué *mal lia go* a nadie, *ques* lo que *yecho* en mi vida? (56).
¡A saber si por ese *descreyimiento tuyes* que Dios *no sa castigad* [...] *Siempres tas* informe [...] siempre con esa tu *ideyen* la cabeza de que no nos *demeos ir dia quí* [...] (80).
Por *vo ses* que *meyecho* hasta baboso [...] y no te das cuenta que *yes* mucho aguantar *eses pinen* mi cabeza. Me levanto *mia cuesto* [...] (96).
Acordate que *yas tamos* en abril y *quepronto va na* venir *la saguas* (97).
¿Y no *sia cuerdan* cómo *domua Pirriimplín*, pues? [...] ¿Y cómo *sia garraba* con los *zambo sesos* de la cocinera y de la molendera? ¡Desde *chiquitue ra* bien fragado! Y *va dar quih cer* aquí [...] (117)
Mi mujer sufrió *po rél*; también *po rél mi'ja*, porque si no me *biera* fregado, no *biero curri dueso* [...]. ¿Y yo me *vua queda rasí* no más? (161)

Si estos fragmentos se leen en voz alta, sin hacer pausa entre las palabras, resulta un lenguaje poco notable, propio del estilo coloquial. Desde luego, ningún hablante del español centroamericano coloca linderos fonéticos en las divisiones indicadas por la representación ortográfica; Toruño emplea este procedimiento gráfico para dar cuenta de la espontaneidad del discurso rústico, que si bien no se aproxima a las normas gramaticales contenidas en los manuales académicos, está dotado de una riqueza propia, adornado de metáforas y refranes, fortalecido por el robusto léxico de la faena agrícola, y enmarcado dentro de una fonética segmental y suprasegmental irreproducible mediante los escasos recursos ortográficos de la lengua castellana. El desplazamiento de las divisiones ortográficas se combina con rasgos fonéticos propios del habla rural para crear una imagen visual que requiere la lectura en voz alta, de esta manera involucrando al lector en los actos locutivos de los grupos que no tienen voz propia: los campesinos más marginados del agro centroamericano. Esta técnica experimental antecede a las maniobras semióticas del "boom" novelístico hispanoamericano, anticipando las obras de Cortázar, Donoso, Fuentes y Vargas Llosa en las cuales el lector es cómplice inseparable del acto creativo.

Léxico regional en las narrativas de Toruño

Los dialectos de El Salvador y Nicaragua comparten muchos elementos léxicos, sobre todo los vocablos de origen nahua, pero hay diferencias igualmente marcadas que separan las dos variedades. La obra narrativa de Toruño incorpora una cantidad modesta de regionalismos léxicos, pocos de los cuales pertenecen exclusivamente a Nicaragua o El Salvador. La palabra "chele" (rubio, de complexión clara), común a El Salvador, Honduras y Nicaragua, aparece en varias ocasiones. *El silencio* contiene un puñado de palabras regionales, entre las cuales "guásimo" [tipo de árbol] (31); "chane" [guía] (34); "maquenque, teonoste y punteldiablo" [flora regional], "sonchiche" [tipo de ave] (45); "escopeta chachagua" [escopeta de doble cañón] (52); "chilamate" [tipo de árbol] (53); "mosote" [tipo de arbusto] (59); "guapinol, guachipilín, guanacaste y güilgüiste" [tipos de árbol] (65); "güiscoyol y ojoche" [tipos de árbol] (66); "hoja chigüe" [tipo de hoja resinosa"] (69); "totoyón" [niño], "musuco" [de pelo crespo] (72); "jalón" [novio] (76); "tapesco" [cama] (80); "ocote" [pino] (82); "coyol" [tipo de árbol] (83); "guayacán" [tipo de árbol] (100); "hacer campo" [darle cabida a una persona] (108); "guarumo, madroño y guayavillo" [tipos de árbol o arbusto] (112); "cocobolo y nacascolo" [tipos de árbol] (118); "idiay" [exclamación de sorpresa] (121 y passim.); "sayul" [mosca] (123); "pinolillo" [bebida hecha de maíz tostado y cacao] (126); "giñocuao" [tipo de árbol] (126); "huevoechancho" [tipo de árbol] (130); "querque" [tipo de ave] (143); "choreque, pimpín y malinche" [tipos de arbusto] (185); "pijul" [especie de pájaro] (193); "cotona" [blusa rústica] (210); "chocoyo" [perico] (235); "mapachín" [pequeño mamífero] (235); "crique" [riachuelo], "zuampo" [pantano] (278); "pijigay o pijibay" [tipo de palmera] (278). Todas estas palabras se usan en Nicaragua, y la mayoría son conocidas en El Salvador y los demás países centroamericanos, debido a su procedencia nahua.

Al incorporar estos vocablos a su narrativa, Toruño crea un trasfondo natural centroamericano, pues la mayoría de los regionalismos designan la flora y la fauna de Nicaragua y El Salvador. El vocabulario regional tiene un valor meramente descriptivo, ya que estas palabras aparecen más en la narración que en los diálogos; Toruño las introduce sin preámbulo, presumiendo un lector centroamericano conocedor del léxico campestre y recurriendo al regionalismo sólo cuando el castellano mundial carece de referentes adecuados. Los segmentos dialogados contienen pocos elementos regionales; el autor prefiere los recursos fonéticos y morfosintácticas para captar el auténtico sabor del campista centroamericano, mientras que los personajes cultos emplean un lenguaje neutral, propio de las personas instruídas.

Conclusiones

En resumen, Juan Felipe Toruño fue un escritor regionalista que amaba profundamente a su patria adoptiva así como a su tierra natal. Sus narrativas erigen una estructura lingüística que trasciende las fronteras nacionales para dar una voz integral al pueblo centroamericano, siendo Nicaragua y El Salvador los dos focos de su intertextualidad regional. Su representación del habla popular combina elementos fonéticos, morfosintácticos y léxicos logrando así una reproducción fidedigna del habla rural de antaño. Pero Toruño era más que un autor costumbrista, ya que sus innovaciones narrativas, sobre todo las deslocaciones ortográficas, caben dentro de las obras experimentales de las últimas décadas. La obra de Juan Felipe Toruño ha enriquecido la literatura centroamericana y ha colocado en el primer plano la voz de la marginalidad mediante la creación de configuraciones lingüísticas pan-dialectales.

VI Bibliografía

Crónicas:

Toruño, Juan Felipe. *Cuidad Dormida: León, Nicaragua*. San Salvador: Ediciones Orto, Talleres Gráficos Cisneros, 1955.

- - - . *Un Viaje por América: Itinerario*. San Salvador: Ediciones "Orto" 1951.

Ficción:

- - - . *De dos tierras*. San Salvador: Imprenta Funes, 1948.

- - - . *El silencio*. San Salvador: Imprenta editora Arévalo, 1935. Segunda edición. Universidad Nacional de El Salvador: Editorial Universitaria, 1976.

- - - . *La mariposa negra*. Ahuachapán, El Salvador: Imprenta Gutemberg, 1928.

Poemarios:

- - - . *Arcilla mística (Evocación y elegía)*. San Salvador: J. F. T., Edición numerada, 1946.

- - - . *Hacia el Sol*. San Salvador: Imprenta Funes, 1940.

- - - . *Huésped de la noche y otros poemas*. San Salvador: Imprenta Funes, 1947.

- - - . *Órbita de sonetos y otros poemas*. San Salvador: Imprenta Acosta, 1952.

- - - . *Raíz y sombra del futuro*. San Salvador: Imprenta Funes,

1944.

- - - . *Ritmos de vida*. San Salvador: Centro Editorial Salvadoreño, 1924.

- - - . *Vaso espiritual*. San Salvador: Imprenta Funes, 1941

- - - . *Senderos espirituales*. León, Nicaragua: Imprenta Los Hechos, 1922.

- - - . "Tríptico de vida", en *El libro de los 1001 sonetos*. ed. Héctor F. Miri. Buenos Aires: Editorial Claridad, 1936.

Historiografía:

- - - . *Desarrollo literario de El Salvador: Ensayo cronológico de generaciones y etapas de las letras salvadoreñas*. San Salvador: Departamento Editorial del Ministerio de Cultura, 1958.

- - - . *El introvertismo en poesía: Enfoque- Sondeo- Cotejo- Fondo- Claves*. San Salvador: La Unión Dutriz Hnos., 1950.

- - - . *Gavidia: Entre raras fuerzas étnicas: De su obra y de su vida*. San Salvador: Ministerio de Educación: Dirección General de Cultura, 1969.

- - - . *Índice de poetas de El Salvador en un siglo: 1840-1940*. San Salvador: Imprenta Funes, 1945.

- - - . *José María Villafañe: Mecenas salvadoreño*. San Salvador: 1949.

- - - . *Los desterrados: Estudios de poetas de América,* Tomo I. San Salvador: Tipografía "La Luz" de *Diario Latino*, 1938.

- - - . *Los desterrados: Semblanzas de poetas de América,* Tomo II. San Salvador: (Publicado por el autor), 1942.

- - - . *Los desterrados: Semblanzas de poetas de América,* Tomo III. San Salvador: Ediciones Orto, Imprenta Funes, 1952.

- - - . *Poemas andantes: Ensayos sobre literatura europea y oriental*. San Salvador: Editorial Universitaria, 1977.

- - - . *Poesía negra: Ensayo y Antología*. México, D.F.: Colección Obsidiana, 1953.

- - - . *Poesía y poetas de América: Trayecto en ámbitos, fisonomía y posiciones*. San Salvador: Imprenta Funes, 1945.

- - - . "Walt Whitman, bíblico, futurista poeta de América". *Journal of Inter-American Studies* IV.I. School of Inter-American Studies. University of Florida, Gainesville. (Jan. 1962): 23-31.

VII Colaboradores

Yvette Aparicio

Es de origen salvadoreño. Actualmente se desempeña como profesora titulada en Grinnell College y fue doctorada por la Universidad de California, Irvine. Se especializa en la poesía hispanoamericana, con énfasis en la poesía centroamericana y en la literatura escrita por mujeres. Ha ofrecido conferencias sobre diversos temas, entre ellos, las obras de César Vallejo y Claudia Lars, y la poesía contemporánea de El Salvador y Nicaragua. Sus publicaciones incluyen artículos sobre Claribel Alegría, Octavio Paz, Clementina Suárez y poesía actual nicaragüense.
E-mail: aparicio@grinnell.edu

Manlio Argueta

Es de origen salvadoreño, es novelista y poeta. Terminó sus estudios de Jurisprudencia y Ciencias Sociales en la Universidad de El Salvador, donde se destacó como fundador del Círculo Literario Universitario. Es autor de varias novelas, entre ellas: *Un día en la vida*, traducida al inglés y otros diez idiomas, *Caperucita en la Zona Roja* con la que obtuvo el Premio Latinoamericano de Novela, *El valle de las hamacas, Cuzcatlán donde bate la mar del sur, Milagro de la paz, El siglo de o(g)ro: bio-no-vela circular* y varios poemarios. Actualmente es director de la Biblioteca Nacional de El Salvador.
E-mail: manlio_argueta@yahoo.com.mx

Ellen Blossman

Es de origen estadounidense y cursó estudios sobre

Literatura Latinoamericana en la Universidad Estatal de Louisiana. Vivió muchos años en Madrid, España, donde asistió a la Universidad Complutense. Entre sus escritos se incluyen presentaciones sobre José Donoso, Renato Prada Oropeza, Elena Garro, Guillermo Schmidhuber, Marcela Del Río y Rosario Castellanos.
E-mail: blossmel@mail.armstrong.edu

William O. Deaver Jr.

Es de origen estadounidense y es profesor asociado de Español en la Universidad Estatal de Armstrong Atlantic. Realizó su doctorado en la Universidad Estatal de Florida, donde se especializó en la literatura hispana de los Estados Unidos. Tiene varias publicaciones sobre Tomás Gutiérrez Alea, Pío Baroja y Gabriel García Márquez, entre otros. Además ha escrito sobre Miguel Piñero, Rubén Blades y García Márquez, para *Latino/Latina Writers* y *Encuentro con la literatura panameña.*
E-mail: deaverbi@mail.armstrong.edu

David Escobar Galindo

Es de origen salvadoreño, fundador y actual Rector de la Universidad Dr. José Matías Delgado, de San Salvador. Es catedrático, abogado de profesión y poeta de nacimiento. Ha publicado 62 poemarios, 10 libros de cuentos, 2 novelas, 2 colecciones de fábulas, 11 antologías, 3 obras de teatro, 4 libros de aforismos y 2 libros de poesía infantil. Ha sido ganador de certámenes poéticos en Madrid, Barcelona, Granada, Cádiz, Costa Rica y Guatemala.

En los Juegos Florales Centroamericanos de Quetzaltenango, Guatemala, obtuvo cinco premios de poesía, dos de cuento y uno de teatro. En 1983, al haber ganado por tres veces el primer premio de poesía en dicho certamen, fue declarado "Maestro de la Gaya Ciencia", siendo el segundo poeta que obtiene tal distinción en dicho certamen desde 1916.

"Hijo Meritísimo de El Salvador", declarado por la Asamblea Legislativa Nacional en 1994, fue negociador y suscriptor del Acuerdo de Paz entre El Salvador y Honduras en 1980; y negociador y suscriptor del Acuerdo de Paz que concluyó la guerra civil interna de El Salvador, en 1992.

Actualmente es Director electo de la Academia Salvadoreña de la Lengua y miembro de la Comisión Nacional de Desarrollo. Colabora permanentemente en los periódicos salvadoreños: especialmente con *La prensa Gráfica* y *El Mundo*. Es el escritor que más premios nacionales e internacionales ha ganado en la historia literaria de El Salvador. En 2000, los Juegos Florales de Santa Ana llevaron su nombre; y, desde 1986, el Instituto Nacional de la ciudad de Guazapa también lleva su nombre.

E-mail: davidescobargalindo@saltel.net

Mara L. García

Es de origen peruano y es catedrática en la Universidad de Brigham Young. Ha publicado artículos sobre Elena Garro, Rosario Castellanos, Vargas Llosa, Bioy Casares y Ana María Shua. Es coeditora de los libros: *Baúl de recuerdos: Homenaje a Elena Garro* (1999), *Todo ese fuego: Homenaje a Merlin Forster* (1999). Autora de la colección de cuentos *La casa de calamina* (1997), *Escritoras venezolanas de hoy* (2005) y *Elena Garro: Serie de valoración múltiple* (Casa de las Américas, en prensa). En 1994 obtuvo el Premio Gabriela Mistral (Sigma Delta Pi), en 1996, el segundo Premio Minaya-Alvar Fañez (Sigma Delta Pi), y el Premio Goliardos 2001 (Instituto de Cultura de la Ciudad de México).

E-mail: mara_garcia@byu.edu

David Hernández

Es de origen salvadoreño, y es poeta y novelista. Ha publicado varios libros, entre ellos: *En la prehistoria de aquella declaración de amor* (1977); *Salvamuerte* (1993); *Putolión* (1995) y *Berlín años guanacos* (2004). Desde 1992 es columnista cultural del periódico *La Opinión* de Los Angeles. También se desempeña como ingeniero agrónomo-fitotecnista para la Academia de Ciencias Agrícolas de Kiev, Ucrania. Obtuvo una Maestría en Filología Germana por la Universidad de Hannover, una Maestría en Ciencias Políticas por la Universidad de Hannover y un Doctorado por las Universidades de Hannover y Berlín, Alemania.

E-mail: david.hernandez@stud.uni-hannover.de

Rafael Lara-Martínez

Es de origen salvadoreño y estudió Antropología Lingüística y Literatura Latinoamericana en México, Francia y Estados Unidos. Se desempeña como catedrático asociado de humanidades en el Instituto Tecnológico y de Minas de Nuevo México (NMIMT). Ha publicado artículos sobre lenguas indígenas y literatura. Entre sus más recientes obras se destacan: *Otros Roques: La poética múltiple de Roque Dalton* (1999) y *La tormenta entre las manos: Ensayos polémicos de literatura salvadoreña* (2000). Se hallan en prensa: *Ensayos sobre antropología y literatura: Entre ciencia y ficción* (2004) y *Balsamera bajo la guerra fría: El etnocidio de 1932 en El Salvador* (2004).

E-mail: soter@nmt.edu

Rafael Antonio Lara Valle

Es de origen salvadoreño y catedrático en Literatura en la Universidad de El Salvador, donde se encarga del Arca de Literatura en el Departamento de Letras. Obtuvo una Licenciatura en Letras y una Maestría en Didáctica y Formación de Profesorado. Entre sus publicaciones se encuentran: *El encostalado* (1987); *El hombre hormiga* (1988); *Al porta militante y otros poemas* (1991); e *Historias de Meropis* (1991). Es investigador literario y ha realizado varias investigaciones sobre literatura oral y testimonial.

John M. Lipski

Es de origen estadounidense y catedrático de lingüística en el Departamento de Español, Italiano y Portugués de la Universidad del Estado de Pennsylvania (Penn State). Ha desempeñado la docencia en las universidades de Nuevo México, Florida, Houston y Michigan. Es especialista en dialectología, contacto de lenguas, los aspectos formales del bilingüismo, lenguas criollas y los elementos africanos en el español y el portugués. Además de más de 200 artículos, ha publicado 11 libros, entre ellos: *The Spanish of Equatorial Guinea* (1999); *Fonética y fonología del español de Honduras (1987); El español de Malabo* (1990); *El español de América* (1996); y *A history of Afro-Hispanic Language Contact* (2004).
Email: jlipski@psu.edu

Armando Mauricio Molina

Es de origen salvadoreño, y a partir de 1974 estudió en Estados Unidos y trabajó como ingeniero, periodista y editor cultural. En 1987 se dedicó exclusivamente a la literatura y al quehacer cultural. En 1997 fundó la revista *Voces*, una publicación de arte y cultura latinoamericana en los Estados Unidos. Es autor de novelas, cuentos, obras de teatro, ensayos y artículos periodísticos. Ha publicado: *El amanecer de los tontos* (1989); *Almuerzo entre dioses* (1991); *Imponiendo presencias* (1995); y *Bajo el cielo del istmo* (1996). En la actualidad se desempeña como director ejecutivo

de LatinoVision Media de California.
E-mail: sfvoces@juno.com

Amelia Mondragón

Es de origen venezolano y actualmente se desarrolla como profesora asociada en el Departamento de Literatura e Idiomas Modernos en la Universidad de Howard. Luego de hacer su tesis doctoral sobre la novela en Nicaragua, publicó diversos artículos sobre narrativa y poesía nicaraguense. También editó el libro *Cambios estéticos y nuevos proyectos culturales en Centroamérica* (1993).
E-mail: amondragon@howard.edu

John Andrew Morrow

Es de origen canadiense y se doctoró en Literatura Hispanoamericana por la Universidad de Toronto. Se especializa en poesía, cuento, estudios islámicos, sociolingüística, medicina natural y literatura medieval, indígena y aljamiada. Actualmente es profesor de lenguas y literaturas modernas en la Universidad Estatal Norteña de South Dakota en los Estados Unidos. Ha publicado varios ensayos, reseñas, poemas y obras musicales en diversos idiomas. Sus obras se pueden encontrar en publicaciones como: *Romance Notes, Albawaba, Canadian Journal of Herbalism, The Message International, El Cid, Mahjubah, Qué Pasa Magazine,* e *Hispanos.*
E-mail: drjamorrow@hotmail.com

Ardis L. Nelson

Es de origen estadounidense, profesora de Español y cine hispano, y directora del *Language and Culture Resource Center* (Centro de Recursos del Lenguaje y Cultura) en la Universidad Estatal del Este de Tennessee. Tiene títulos del Oberlin College,

Middlebury College y de la Universidad de Indiana, Bloomington, donde recibió su Doctorado en Literatura Hispana. Ha publicado: *Cabrera Infante in the Menippean Tradition* (1983) y editó *Guillermo Cabrera Infante: Assays, Essays, and Other Arts* (1999). Ha publicado numerosos ensayos sobre escritores, desde Cervantes hasta Carmen Naranjo. De 1981 a 1994 enseñó en la Universidad Estatal de Florida en Tallahassee como profesora asociada. Actualmente en ETSU ofrece clases de Traducción e Interpretación como parte de un programa de Español Aplicado, fundado con el objetivo de servir a la comunidad. Dirige además un programa de educación para niños emigrantes en los veranos.

E-mail: nelsona@etsu.edu

Nydia Palacios Vivas

Es de origen nicaragüense. Cursó su doctorado en la Universidad de Tulane. Es profesora Emérita de Ave María College y Vicepresidenta del Instituto Nicaragüense de Cultura Hispánica. Ha publicado tres libros: *Antología de la novela nicaragüense* (1989), *Voces femeninas en la narrativa de Rosario Aguilar* (1998) y *Estudios de literatura hispanoamericana y nicaragüense* (2000). La nombraron Ciudadana Notable del Siglo de su país en 1999 y es la primera mujer miembro de la Academia Nicaragüense de la Lengua (2001).

E-mail: nydiapalacios@hotmail.com

Jorge J. Rodríguez-Florido

Es de origen cubano y profesor de Español. Tiene una Licenciatura en Español, de la Universidad de Miami, una Maestría y un doctorado en Español de la Universidad de Wisconsin-Madison y una Maestría en Matemáticas de la Universidad de Roosevelt. Ha publicado docenas de poemas y dos escritos sobre poesía. Ha escrito

artículos y ofrecido varias conferencias. Sus obras se han publicado en diversos países y medios de comunicación. Se especializó en la literatura y cultura afrohispana y latina, y contribuyó con la cultura cubana y afrohispana a través de varios artículos periodísticos y diversos trabajos en medios de comunicación.
E-mail: j-florido@csu.edu

Ana Torres

Es de origen peruano. Luego de su Licenciatura en Educación, siguió cursos posgraduados en la Universidad del Estado de Florida, la cual le otorgó su Doctorado en Español. Si bien su especialidad es la poesía latinoamericana contemporánea también ha realizado ponencias y trabajos sobre la novela latinoamericana contemporánea. Actualmente trabaja en la Universidad Estatal de Armstrong Atlantic, enseñando cursos de literatura y lengua.
E-mail: torresan@mail.armstrong.edu

Rhina Toruño-Haensly

Es de origen salvadoreño, catedrática de Literatura de Latinoamérica y coordinadora del Departamento de Letras de la Universidad de Texas del Permian Basin. Tiene dos Doctorados, uno en Literatura Latinoamericana de la Universidad de Indiana y otro en Filosofía Contemporánea de la Universidad Católica de Lovaina, Bélgica. Tiene además una Maestría en Literatura otorgada por la Universidad de la Sorbona de París. Ha publicado tres libros sobre la vida y obra de Elena Garro: *Tiempo, destino y opresión en la obra de Elena Garro* (1996), 2.ª edición aumentada y corregida (1998) y *Cita con la memoria. Elena Garro cuenta su vida a Rhina Toruño* (2004). Ha publicado más de cincuenta artículos en francés, inglés y español sobre temas filosóficos y escritores latinoamericanos, como Alejo Carpentier, Mario Bencastro, David Escobar Galindo, Carlos

Fuentes, Matilde Elena López y David Hernández, y sobre la literatura de mujeres y las consecuencias de la guerra civil salvadoreña en la literatura.

Es la primera mujer electa como Miembro Correspondiente de la Academia Salvadoreña de la Lengua —correspondiente de la Española. Ha impartido conferencias en Argentina, Bélgica, Brasil, Chile, EE.UU., El Salvador, Francia, Japón, México, Nicaragua, Perú, Venezuela, etc. Además, ha sido investigadora visitante en la Universidad de Stanford en EE.UU.

E-mail: toruno_r@utpb.edu

Antonio Velásquez

Es de origen salvadoreño y creció en Canadá donde cursó estudios sobre Literatura Latinoamericana en la Universidad de Toronto. Actualmente es profesor de Literatura Peninsular y Latinoamericana en la Universidad de Mcmaster en Ontario, Canadá. Entre sus publicaciones se incluyen cuentos, artículos y el libro *Las novelas de Claribel Alegría: Historia, sociedad y (re)visión de la estética literaria centroamericana* (2002).

E-mail: velasqu@mcmaster.ca

De la presente edición:
Juan Felipe Toruño en dos mundos Análisis crítico de sus obras
Editoras: Rhina Toruño-Hansley y Ardis L. Nelson
producida por la casa editorial CBH Books
(Lawrence, Massachusetts, Estados Unidos)
e impresa en los talleres poligráficos de
Quebec, Canadá, año 2006.
Cualquier comentario sobre esta obra
o solicitud de permisos, puede escribir a:
Departamento de español
Cambridge BrickHouse, Inc.
60 Island Street
Lawrence, MA 01840, U.S.A.